智能税务申报与管理

李俊婧 赵素娟 李然 蔡理强◎主　编

张娜 陈蕾 卢曼 朱一强 季振凯◎副主编

清华大学出版社

北京

内 容 简 介

本书以当前税收行政法规为编写依据，以税务会计岗位的涉税业务工作为着眼点，以纳税业务流程为主线，内容包括 6 个模块，围绕纳税的准备工作、增值税、消费税、企业所得税、个人所得税及财产和行为税的涉税业务工作过程展开。每个模块由一个完整的工作任务贯穿，并按每个税种的认知、计算、申报的工作流程展开，同时依托厦门网中网软件有限公司 EPC 金税仿真平台完成纳税申报过程，使读者能熟练掌握税法知识、准确完成办税业务。

本书配备丰富的教学资源，包括教学课件、动画视频、操作录屏等，既方便教师教学，又方便学生课下反复观看，从而取得熟练运用和举一反三的效果。本书资源下载地址为 www.tup.com.cn。

本书适用于高等职业院校和应用型本科财会类专业和经济管理类相关专业的"智能税务申报与管理""税法"和"税费计算与申报"等课程的教学，也可供相关在职人员自学和培训使用。

图书在版编目（CIP）数据

智能税务申报与管理 / 李俊婧等主编 .—北京：清华大学出版社，2022.9（2025.1 重印）
ISBN 978-7-302-61578-1

Ⅰ . ①智…　Ⅱ . ①李…　Ⅲ . ①税收管理 – 管理信息系统 – 中国　Ⅳ . ① F812.423

中国版本图书馆 CIP 数据核字（2022）第 141336 号

责任编辑：孟毅新
封面设计：刘艳芝
责任校对：袁　芳
责任印制：杨　艳

出版发行：清华大学出版社
　　　　网　　　址：https://www.tup.com.cn，https://www.wqxuetang.com
　　　　地　　　址：北京清华大学学研大厦 A 座　　　邮　　编：100084
　　　　社 总 机：010-83470000　　　　　　　　　邮　　购：010-62786544
　　　　投稿与读者服务：010-62776969，c-service@tup.tsinghua.edu.cn
　　　　质量反馈：010-62772015，zhiliang@tup.tsinghua.edu.cn
　　　　课件下载：https://www.tup.com.cn，010-83470410
印 装 者：三河市人民印务有限公司
经　　销：全国新华书店
开　　本：185mm×260mm　　　印　　张：18.75　　　字　　数：452 千字
版　　次：2022 年 9 月第 1 版　　　　　　　　　　印　　次：2025 年 1 月第 6 次印刷
定　　价：68.00 元

产品编号：093296-01

前　言

　　"智能税务申报与管理"是应用型本科和高等职业院校大数据与会计专业（群）的专业核心课程，承载着培养"通税法、精报税、懂管理"，适应"大智移云"时代税务信息化要求的高技能应用型人才的重要任务。本书是"智能税务申报与管理"课程建设的重要载体。为了促进大数据与会计专业（群）的建设与经济、社会发展的深度融合，满足应用型本科院校和高等职业院校会计类专业教育发展的要求，我们立足于为大数据与会计行业发展新要求而开发的"智能税务申报与管理"课程标准，依托厦门网中网软件有限公司 EPC 金税仿真教学平台，并通过与政府税务部门、行业组织、多家企业深入合作编写了本书。本书围绕税务申报与管理岗位的工作任务设计了 6 个教学模块，涵盖了从纳税的准备工作到增值税、消费税、企业所得税、个人所得税等主要税种的具体申报和筹划工作。

　　本书具有以下特点。

　　（1）实践性强。本书依托厦门网中网软件有限公司 EPC 金税仿真教学平台，配备大量的高仿真实训操作资料。学生完成书中的训练内容即可完成企业智能报税和税务筹划工作，在理实一体化的教学过程中掌握纳税申报与管理等技能。

　　（2）编写理念新。本书按照"模块整合、任务驱动"的编写理念，依据税务申报与管理岗位的要求及职业标准，以企业的税务申报与管理为主线设计训练任务。通过课前给学生布置任务，课中在教师的指导下完成任务，培养学生的学习能力及综合职业素养。

　　（3）满足信息化教学需求。本书配有丰富的教学资源，包括教学课件、动画视频、操作录屏等，可以从 www.tup.com.cn 下载。学生课下可以反复观看，以实现线上操作与线下学习的有机结合，从而取得熟练运用和举一反三的效果。

　　（4）内容全面新颖，具有时效性。本书以截至 2021 年 12 月 31 日的税收制度为依据，反映税收领域改革的新动态，时效性强。

　　（5）智能化财税场景应用。本书基于财税 RPA 机器人，融入账务处理、发票查验、发票认证、发票开具、纳税申报等主要应用场景，融合财税 RPA 机器人的业务使用场景，辅以实际案例，形成易操作、人性化的实施方案。

　　本书编写理念新，结构与内容设计紧密结合企业实际，可以满足应用型本科院校和高等职业院校财会类专业教学的需要，也可供在职财会人员培训和自学使用。

　　本书由廊坊职业技术学院智能税务申报与管理教学团队和厦门网中网软件有限公司企业专家团队共同编写，由厦门网中网软件有限公司提供平台和相关资源支持。由李俊婧、赵素娟、李然和蔡理强任主编，张娜、陈蕾、卢曼、朱一强和季振凯任副主编。李俊婧负责总纂全书内容，赵素娟负责教材的总体结构设计，李然负责总体校对。具体编写分工如下：李俊婧编写模块 4，赵素娟编写模块 2，李然编写模块 5，张娜编写模块 3，陈蕾编写模块 6，卢曼编写模块 1。

在本书的编写过程中，除选用现行税收法规以外，还参考了一些专家、学者编写的有关资料和教材，同时得到院系领导和正保远程教育的大力支持，在此一并表示感谢。

由于编者水平有限，书中难免有不足之处，恳请读者批评、指正。

编　者

2022 年 5 月

目　　录

模块 1　纳税准备工作 ·· **1**

　　任务 1.1　企业开办涉税事项 ··· 2

　　任务 1.2　企业存续涉税事项 ··· 7

　　任务 1.3　企业终止涉税事项 ··· 11

　　模块小结 ·· 11

　　训练 1 ·· 12

模块 2　增值税申报与管理 ·· **14**

　　任务 2.1　认识增值税 ··· 34

　　任务 2.2　一般计税法计算增值税 ··· 46

　　任务 2.3　简易计税法计算增值税及税收优惠 ······································· 54

　　任务 2.4　管理增值税发票 ·· 59

　　任务 2.5　申报一般纳税人增值税 ··· 64

　　任务 2.6　申报小规模纳税人增值税 ··· 80

　　任务 2.7　增值税筹划管理 ·· 89

　　模块小结 ·· 92

　　训练 2 ·· 93

模块 3　消费税申报与管理 ·· **100**

　　任务 3.1　认识消费税 ··· 105

　　任务 3.2　消费税计算 ··· 108

　　任务 3.3　消费税纳税申报 ·· 114

　　任务 3.4　消费税筹划管理 ·· 122

　　模块小结 ·· 123

　　训练 3 ·· 124

模块 4　企业所得税申报与管理 ·· **130**

　　任务 4.1　认识企业所得税 ·· 136

　　任务 4.2　确定企业所得税的收入 ·· 138

　　任务 4.3　确定企业所得税的扣除项目 ·· 140

　　任务 4.4　资产的所得税处理 ··· 145

　　任务 4.5　弥补亏损与税收优惠 ·· 149

　　任务 4.6　计算企业所得税应纳税额 ·· 150

任务 4.7　预缴企业所得税纳税申报 ································· 153

任务 4.8　汇算清缴企业所得税纳税申报 ······················· 159

任务 4.9　企业所得税筹划管理 ································· 180

模块小结 ··· 182

训练 4 ·· 183

模块 5　个人所得税申报与管理 ······························· **189**

任务 5.1　认识个人所得税 ································· 191

任务 5.2　确定应纳税所得额 ································· 197

任务 5.3　计算应纳税额 ································· 201

任务 5.4　个人所得税纳税申报 ································· 212

任务 5.5　个人所得税筹划管理 ································· 220

模块小结 ··· 224

训练 5 ·· 225

模块 6　财产和行为税申报与管理 ······························· **231**

任务 6.1　印花税申报与管理 ································· 232

任务 6.2　车船税申报与管理 ································· 245

任务 6.3　城镇土地使用税和房产税申报与管理 ················· 253

任务 6.4　契税申报与管理 ································· 272

模块小结 ··· 286

训练 6 ·· 286

参考文献 ·· **292**

模块1

纳税准备工作

📋 学习目标

【能力目标】能够准确确认"多证合一"登记信息，办理申请税务信息变更、注销事项。

【知识目标】"多证合一"登记信息，税务信息变更，停业、复业税务登记，跨区域涉税事项的办理流程及所需资料。

【素质目标】能够保持认真、严谨的工作作风，遇到不懂的问题主动探究。

📝 工作任务

赵薇是北京市康宁服装有限公司的办税员。该公司由孙鑫和李奕二人分别以货币出资50万元设立，该公司已领取营业执照，聘用中国籍职工30人，执行企业会计制度，实行个人所得税代扣代缴制度。现公司财务负责人钱三安排张红负责办理公司开业的涉税手续。

【任务分析】企业无论是开业、运营还是终止，都应处于税务机关的监管之下，依法办理各项涉税手续。在国家实行"多证合一、一照一码"商事登记模式以后，企业办税人员需要办理的涉税手续已经大大简化。在开业阶段，企业领取加载统一社会信用代码的营业执照之后，办税人员需要办理的涉税手续包括"多证合一"登记信息确认、领购发票等。随着企业的发展，企业办税人员可能面临办理税务信息变更，停业、复业税务登记，跨区域涉税事项报验等税务登记，进行纳税申报以及依法使用和保管会计账簿、凭证、发票等工作。企业终止经营时，必须向税务机关申请清税申报，以便到工商行政管理部门办理登记手续。

任务 1.1 企业开办涉税事项

要依法办理企业开业阶段的涉税手续，张红需要首先了解我国的商事登记模式。我国目前全面推行"多证合一、一照一码"的商事登记模式，即由工商行政管理部门核发加载法人和其他组织统一社会信用代码的营业执照。因此张红在企业领取营业执照以后，已经无须办理开业税务登记，不再领取税务登记证。但是，在企业初次办理涉税事宜时，张红应当对税务机关根据工商部门共享的信息生成的"多证合一"登记信息确认表进行确认、补充或者更正。在完成信息确认后，凭加载统一社会信用代码的营业执照可代替税务登记证使用。企业涉税手续办理流程如图 1-1 所示。

1.1.1 "一照一码"户登记信息确认

已实行"多证合一、一照一码"登记模式的纳税人，首次办理涉税事宜时，对税务机关依据市场监督管理等部门共享信息制作的《"多证合一"登记信息确认表》进行确认，对其中不全的信息进行补充，对不准确的信息进行更正。

1. 办理"多证合一、一照一码"登记信息确认的时间

企业在领取加载了统一社会信用代码的营业执照以后，在首次办理涉税事宜时，如增值税一般纳税人资格登记、发票领用、纳税申报等，应当对"多证合一"登记信息进行确认、补充或者更正。

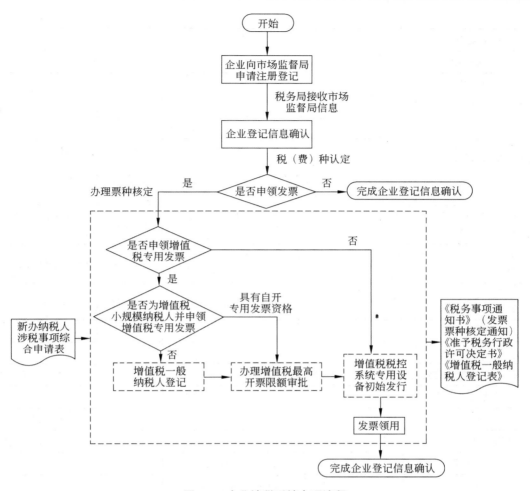

图 1-1 企业涉税手续办理流程

2. 办理"多证合一、一照一码"登记信息确认的程序

纳税人在首次办理涉税事宜时，税务机关应当依据工商部门共享的登记信息，制作《"多证合一"登记信息确认表》，交由纳税人进行确认，提醒纳税人对其中不全的信息进行补充，对不准的信息进行更正，就需要对更新的信息进行补正（表 1-1）。

表 1-1 "多证合一"登记信息确认表

尊敬的纳税人：

以下是您在工商机关办理注册登记时提供的信息。为保障您的合法权益，请您仔细阅读，对其中不全的信息进行补充，对不准的信息进行更正，对需要更新的信息进行补正，以便为您提供相关服务。

一、以下信息非常重要，请您务必仔细阅读并予以确认

纳税人名称			统一社会信用代码		
登记注册类型		批准设立机关		开业（设立）日期	
生产经营期限起			生产经营期限止		

续表

注册地址邮政编码			注册地址联系电话		
注册地址					
生产经营地址					
经营范围					
注册资本	币种			金额	

投资方名称	证件类型	证件号码	投资比例	国籍或地址
如投资方为企业即填写营业执照上标注的企业名称	营业执照	（营业执照上标注的18位统一社会信用代码）	（填写百分比）	（营业执照上标注的营业场所）
如投资方为个人即填写个人身份证上的姓名	居民身份证	（身份证号码）	（填写百分比）	（身份证上的地址）

联系人 项目	姓名	证件类型	证件号码	固定电话	移动电话
法定代表人					
财务负责人					

二、以下信息比较重要，请您根据您的实际情况予以确认

法定代表人电子邮箱			财务负责人电子邮箱	
投资总额	币种		金额	

若您是总机构，请您确认

分支机构名称		分支机构统一社会信用代码	
分支机构名称		分支机构统一社会信用代码	
分支机构名称		分支机构统一社会信用代码	
……		……	

若您是分支机构，请您确认

总机构名称		总机构统一社会信用代码	

经办人：　　　　纳税人（签章）

公　章

××××年××月××日

1.1.2　存款账户账号报告

　　从事生产、经营的纳税人在开立或者变更存款账户后，依照法律、行政法规规定，将全部账号向税务机关报告。

1. 办理程序

存款账号办理流程如图 1-2 所示。

2. 办理时限

从事生产、经营的纳税人应当自开立基本存款账户或者其他存款账户之日起 15 日内，向主管税务机关书面报告其全部账号；发生变化的，应当自发生变化之日起 15 日内，向主管税务机关书面报告。

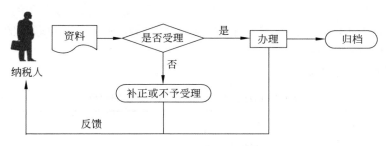

图 1-2　存款账号办理流程

3. 办理材料（表1-2）

表 1-2　存款账号办理材料

序号	材料名称	数量/份	备注
1	《纳税人存款账户账号报告表》	2	
2	账户、账号开立证明复印件	1	

有以下情形的，还应提供相应材料

适用情形	材料名称	数量	备注
社会保险费缴费人	《社会保险费缴费人存款账户账号报告表》	1	

1.1.3　财务会计制度及核算软件备案报告

从事生产、经营的纳税人的财务、会计制度或者财务、会计处理办法和会计核算软件，应当报送税务机关备案。

1. 办理程序

财务会计制度及核算软件备案流程如图 1-3 所示。

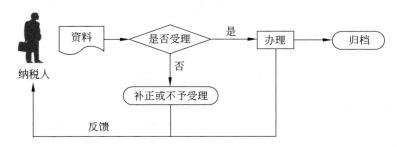

图 1-3　财务会计制度及核算软件备案流程

2. 办理时限

从事生产、经营的纳税人应当自领取税务登记证件起15日内，将其财务、会计制度或者财务、会计处理办法等信息报送税务机关备案。

非境内注册居民企业应当按照中国有关法律、法规和国务院财政、税务主管部门的规定，编制财务、会计报表，并在领取税务登记证件之日起15日内将企业的财务、会计制度或者财务、会计处理办法及有关资料报送主管税务机关备案。

纳税人未准确填报适用的财务会计制度的，将影响财务会计报告报送等事项的办理。

纳税人使用计算机记账的，还应在使用前将会计电算化系统的会计核算软件、使用说明书及有关资料报送主管税务机关备案。

3. 办理材料（表1-3）

表1-3 财务会计制度及核算软件备案办理材料

序号	材料名称	数量/份	备注
1	《财务会计制度及核算软件备案报告书》	2	
2	纳税人财务、会计制度或纳税人财务、会计核算办法	1	

有以下情形的，还应提供相应材料

适用情形	材料名称	数量/份	备注
使用计算机记账的纳税人	财务会计核算软件、使用说明书复印件	1	

1.1.4 银税企三方（委托）划缴协议

纳税人需要使用电子缴税系统缴纳税费的，可以与税务机关、开户银行签署委托银行代缴税款三方协议或委托划转税款协议，实现使用电子缴税系统缴纳税费、滞纳金和罚款。

1. 办理程序

银税企三方（委托）划缴协议流程如图1-4所示。

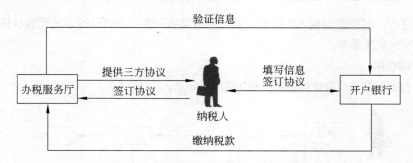

图1-4 银税企三方（委托）划缴协议流程

2. 办理时限

纳税人在办理"银税企三方（委托）划缴协议"事项前，需先办理完成"存款账户账号报告"事项。

3. 办理材料（表1-4）

表 1-4 三方协议办理材料

序号	材料名称	数量/份	备注
1	《委托银行代缴税款三方协议（委托划转税款协议书）》	3	
2	经办人身份证件原件	1	查验后退回

任务 1.2 企业存续涉税事项

1.2.1 "一照一码"户信息变更

"一照一码"户市场监管等部门登记信息发生变更的，应当向市场监管等部门申报办理变更登记。税务机关接收市场监管等部门变更信息，经纳税人确认后更新系统内的对应信息。

"一照一码"户生产经营地、财务负责人、核算方式、从业人数、办税人等非市场监管等部门登记信息发生变化时，向主管税务机关申报办理变更。

1. 办理程序

纳税人生产经营地址、财务负责人、核算方式、从业人数、办税人等登记信息发生变更时，应当向税务机关提出变更信息申请，填写《"多证合一"登记信息确认表》中涉及的变更项目，并按照主管税务机关的要求提供有关变更信息的有关资料或证明材料及其复印件；税务机关应当对纳税人提交的各项资料进行审核，资料审核无误的，由税务机关在系统中录入有关变更信息并打印，交纳税人签章确认。"一照一码"户信息变更流程如图 1-5 所示。

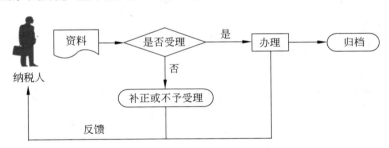

图 1-5 "一照一码"户信息变更流程

2. 办理时限

（1）《中华人民共和国税收征收管理法》第十六条规定：从事生产、经营的纳税人，税务登记内容发生变化的，自工商行政管理机关办理变更登记之日起 30 日内或者在向工商行政管理机关申请办理注销登记之前，持有关证件向税务机关申报办理变更或者注销税务登记。

（2）《中华人民共和国税收征收管理法实施细则》第十四条规定：纳税人税务登记内容发生变化的，应当自工商行政管理机关或者其他机关办理变更登记之日起 30 日内，持有关证件向原税务登记机关申报办理变更税务登记。纳税人税务登记内容发生变化，不需要到工商行政管理机关或者其他机关办理变更登记的，应当自发生变化之日起 30 日内，持有关证件向原税务登记机关申报办理变更税务登记。

3. 办理材料（表1-5）

表1-5 "一照一码"户办理材料

序号	材 料 名 称	数量/份	备 注
1	经办人身份证件原件	1	查验后退回

有以下情形的，还应提供相应材料

适 用 情 形	材 料 名 称	数量/份	备 注
非市场监管等部门登记信息发生变化	变更信息的有关材料复印件	1	

1.2.2 增值税一般纳税人登记

增值税纳税人年应税销售额超过财政部、国家税务总局规定的小规模纳税人标准，或虽未超过标准但会计核算健全、能够提供准确税务资料，应当向主管税务机关办理一般纳税人登记。应税销售额是指纳税人在连续不超过 12 个月或四个季度的经营期内累计应征增值税销售额。财政部、国家税务总局规定的增值税小规模纳税人标准为年应征增值税销售额 500 万元及以下。

可不办理增值税一般纳税人登记的特殊规定是指：应税销售额超过规定标准的自然人不办理增值税一般纳税人登记；非企业性单位、年应税销售额超过规定标准且不经常发生应税行为的单位和个体工商户，可选择按照小规模纳税人纳税。

从事成品油销售的加油站、航空运输企业、电信企业总机构及其分支机构，一律由主管税务机关登记为增值税一般纳税人。

1. 办理流程

增值税一般纳税人登记流程如图1-6 所示。

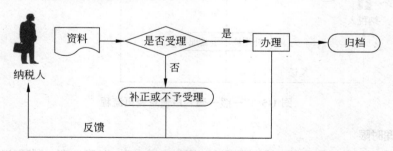

图 1-6 增值税一般纳税人登记流程

2. 办理时限

纳税人应在年应税销售额超过规定标准的月份（季度）所属申报期结束后 15 日内办理增值税一般纳税人登记或者选择按照小规模纳税人纳税的手续；未按规定时限办理的，应在收到《税务事项通知书》后 5 日内向主管税务机关办理相关手续；逾期未办理的，自通知时限期满的次月起按销售额依照增值税税率计算应纳税额，不得抵扣进项税额，直至办理相关手续为止。

3. 办理材料（表1-6）

表1-6　一般纳税人资格办理材料

序号	材料名称	数量/份	备注
1	《增值税一般纳税人登记表》	2	
2	经办人身份证件原件	1	查验后退回
3	加载统一社会信用代码的营业执照（或税务登记证、组织机构代码证等）原件	1	查验后退回，已实行实名办税的纳税人可取消报送

1.2.3　跨区域涉税事项

1. 跨区域涉税事项报告

纳税人跨省（自治区、直辖市和计划单列市）临时从事生产经营活动的，向机构所在地的税务机关填报《跨区域涉税事项报告表》。

纳税人在省（自治区、直辖市和计划单列市）内跨县（市）临时从事生产经营活动的，是否实施跨区域涉税事项报验管理，由各省（自治区、直辖市和计划单列市）税务机关自行确定。

纳税人跨区域经营合同延期的，可以选择在经营地或机构所在地的税务机关办理报验管理有效期限延期手续。

异地不动产转让和租赁业务不适用跨区域涉税事项管理相关制度规定，需根据《国家税务总局关于发布〈纳税人转让不动产增值税征收管理暂行办法〉的公告》（国家税务总局公告2016年第14号）、《国家税务总局关于发布〈纳税人提供不动产经营租赁服务增值税征收管理暂行办法〉的公告》（国家税务总局公告2016年第16号）中的相关条款办理。

1）办理流程

跨区域涉税事项报告流程如图1-7所示。

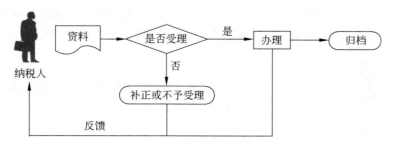

图1-7　跨区域涉税事项报告流程

2）办理材料（表1-7）

表1-7　跨区域涉税事项办理材料

序号	材料名称	数量/份	备注
1	《跨区域涉税事项报告表》	2	
2	加载统一社会信用代码的营业执照（或税务登记证、组织机构代码证等）原件，或加盖纳税人公章的复印件	1	原件查验后退回，已实行实名办税的纳税人可取消报送

2. 跨区域涉税事项报验

纳税人跨省（自治区、直辖市和计划单列市）临时从事生产经营活动的，向机构所在地的税务机关填报《跨区域涉税事项报告表》。

纳税人首次在经营地办理涉税事宜时，向经营地税务机关报验跨区域涉税事项。

跨区域报验管理事项的报告、报验、延期、反馈等信息，通过信息系统在机构所在地和经营地的税务机关之间传递，实时共享。

1）办理流程

跨区域涉税事项报验流程如图 1-8 所示。

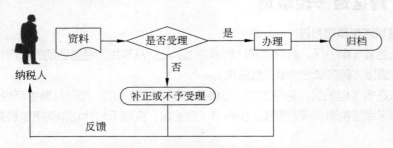

图 1-8　跨区域涉税事项报验流程

2）办理材料（表 1-8）

表 1-8　跨区域涉税事项办理材料

适用情况	材 料 名 称	数量/份	备　注
1	加载统一社会信用代码的营业执照（或税务登记证、组织机构代码证等）原件，或加盖纳税人公章的复印件	1	原件查验后退回，已实行实名办税的纳税人可取消报送

3）跨区域涉税事项信息反馈

纳税人跨区域经营活动结束后，应当结清经营地税务机关的应纳税款以及其他涉税事项，向经营地税务机关填报《经营地涉税事项反馈表》，办理流程如图 1-9 所示。

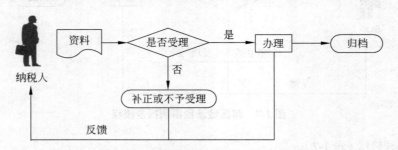

图 1-9　跨区域涉税事项信息反馈流程

经营地税务机关核对《经营地涉税事项反馈表》后，及时将相关信息反馈给机构所在地的税务机关。纳税人不需要另行向机构所在地的税务机关反馈。

任务 1.3 企业终止涉税事项

申报已实行"一照一码"登记模式的纳税人向市场监督管理等部门申请办理注销登记前，须先向税务机关申报清税。清税完毕，税务机关向纳税人出具《清税证明》，纳税人持《清税证明》到原登记机关办理注销。

1. 办理材料（表1-9）

表 1-9　企业终止涉税事项办理材料

序号	材料名称	数量/份	备注
1	《清税申报表》	2	
2	经办人身份证件原件	1	查验后退回

有以下情形的，还应提供相应材料

适用情形	材料名称	数量/份	备注
上级主管、董事会决议注销	上级主管部门批复文件或董事会决议复印件	1	已实行实名办税的纳税人，可取消报送
境外企业在中国境内承包建筑、安装、装配、勘探工程和提供劳务	项目完工证明、验收证明等相关文件复印件	1	已实行实名办税的纳税人，可取消报送
已领取发票领用簿的纳税人	《发票领用簿》	1	已实行实名办税的纳税人，可取消报送

2. 办理时限

依法终止纳税义务的纳税人，应当在向市场监督管理机关或者其他机关办理注销登记之前申报办理税务注销；被市场监督管理机关吊销营业执照或者被其他机关予以撤销登记的，应当自营业执照被吊销或者被撤销登记之日起15日内，向原税务登记机关申报办理税务注销。

模 块 小 结

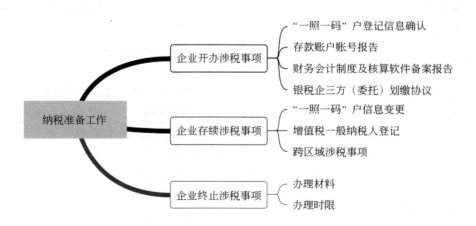

训　练　1

一、单项选择题

1. 从事生产、经营的纳税人应当自领取税务登记证件起（　　）日内，将其财务会计制度或者财务、会计处理办法等信息报送税务机关备案。

  A. 5   B. 10   C. 15   D. 20

2. 财政部、国家税务总局规定的增值税小规模纳税人标准为年应征增值税销售额（　　）。

  A. 大于 5 000 万元   B. 小于或等于 5 000 万元

  C. 大于 500 万元   D. 小于或等于 500 万元

3. 纳税人按规定不需要在工商行政管理机关办理注销登记的，应当自有关机关批准或者宣告终止之日（　　）日内，持有关证件向主管税务机关申报办理注销税务登记。

  A. 45   B. 15   C. 30   D. 60

4. 下列项目中，不需要办理注销税务登记的是（　　）。

  A. 纳税人被吊销营业执照

  B. 纳税人经营不善而破产

  C. 纳税人改变经济性质或企业类型

  D. 纳税人变更住所而涉及主管税务机关改变

5. 下列不属于变更税务登记证的是（　　）。

  A. 改变纳税人名称，法定代表人的   B. 改变房权关系的

  C. 改变注册资金的   D. 纳税人发生破产的

6. 根据税收征收管理法律制度的规定，下列关于纳税申报方式的表述中，不正确的是（　　）。

  A. 邮寄申报以税务机关收到的日期为实际申报日期

  B. 数据电文方式的申报日期以税务机关计算机网络系统收到该数据电文的时间为准

  C. 实行定期定额缴纳税款的纳税人，可以实行简易申报、简并征期等方式申报纳税

  D. 自行申报是指纳税人、扣缴义务人按照规定的期限自行直接到主管税务机关办理纳税申报手续

7. 根据税收征收管理法律制度的规定，下列关于纳税申报的表述中，正确的是（　　）。

  A. 纳税人享受减税待遇的，在减税期间无须办理纳税申报

  B. 纳税人在纳税期内没有应纳税款的，也应当按照规定办理纳税申报

  C. 纳税人享受免税待遇的，在免税期间无须办理纳税申报

  D. 经核准延期办理纳税申报的，在纳税期内无须预缴税款

二、多项选择题

1. 根据税收征收管理法律制度的规定，下列各项中属于纳税申报方式的有（　　）。

  A. 简易申报   B. 数据电文申报   C. 自行申报   D. 邮寄申报

2. 根据税收征收管理法律制度的规定，下列关于重大税收违法失信案件的说法中，正确

的有（　　　）。

  A. 纳税人虚开增值税专用发票属于重大税收违法失信案件

  B. 对重大税收违法失信案件的法人应当公布其名称、统一社会信用代码、注册地址、
   法定代表人

  C. 税务机关作出处罚决定后，重大税收违法失信案件的当事人在法定期间内没有申请
   行政复议，税务机关依法向社会公布其信息

  D. 重大税收违法失信案件信息一经录入相关税务信息管理系统，作为当事人的税收信
   用记录保存3年

  3. 纳税人跨区域经营合同延期的，可以选择在（　　　）的税务机关办理报验管理有效期
限延期手续。

  A. 住所地　　　　　　B. 经营地　　　　　　C. 注册地　　　　　　D. 机构所在地

  4. 下列选项中，不属于重大税收违法失信案件信息公布的案件范围有（　　　）。

  A. 虚开了一份增值税专用发票

  B. 纳税人未按照规定将其全部银行账号向税务机关报告

  C. 虚开普通发票1份，金额为3 000元

  D. 逃避追缴欠税，经税务机关检查确认走逃（失联）

  5. 根据税收征收管理法律制度的规定，下列纳税申报方式中，符合规定的有（　　　）。

  A. 甲企业在规定的申报期限内，自行到主管税务机关指定的办税服务大厅申报

  B. 经税务机关批准，丙企业以网络传输方式申报

  C. 经税务机关批准，乙企业使用统一的纳税申报专用信封，通过邮局交寄

  D. 实行定期定额缴纳税款的丁个体工商户，采用简易申报方式申报

三、判断题

1. 纳税人在纳税期内没有应纳税款，可以不办理纳税申报。　　　　　　　　　　　（　　）

2. 经核准延期办理纳税申报、报送事项的，应当在纳税期内按照上期实际缴纳的税额或
者税务机关核定的税额预缴税款，并在核准的延期内办理税款结算。　　　　　　　（　　）

3. "一照一码"户登记信息确认无须提供材料。　　　　　　　　　　　　　　　　（　　）

4. 从事成品油销售的加油站、航空运输企业、电信企业总机构及其分支机构，一律由主
管税务机关登记为增值税一般纳税人。　　　　　　　　　　　　　　　　　　　　（　　）

5. 企业在外地设立从事生产、经营的场所不需要办理税务登记。　　　　　　　　　（　　）

6. 纳税人发生纳税义务，未按照规定的期限办理纳税申报，经税务机关责令限期申报，
逾期仍不申报，税务机关有权核定其应纳税额。　　　　　　　　　　　　　　　　（　　）

模块2
增值税申报与管理

学习目标

【能力目标】能够准确计算企业应纳增值税额，能够正确办理企业增值税纳税申报，并能进行简单的纳税筹划。

【知识目标】企业增值税的征税范围、纳税人及纳税申报的办理流程及办税过程中的注意事项，税收筹划的基本原理。

【素质目标】坚守社会主义核心价值观，将会计专业素养与社会价值观紧密联系；树立良好的职业理想和职业道德；建立依法纳税的意识。

在本模块中，我们将来到北京市雪亮照明制造有限公司，以税务会计的身份完成企业增值税的申报工作。

工作任务

李想是北京市雪亮照明制造有限公司的税务会计，该公司基本情况如下。

企业名称：北京市雪亮照明制造有限公司

法人代表：王利

企业地址、电话：北京市昌平区南口街 118 号，010-25876666

企业信用代码：91110114028490××××

经营范围：主营各类家居灯具产品、商家灯具产品、景观灯具产品的加工生产、进口以及销售，兼营灯具各类配件，提供灯具设计、运输服务。

注册资本：陆佰万元整

成立日期：2016 年 02 月 01 日

行业性质：电气机械和器材制造业

开户银行和账号：北京银行 ×× 支行 260608098883××××

税务登记：核定为一般纳税人

法定代表人：李希

财务负责人：张向阳

2021 年 4 月主要业务如下。

（1）2021 年 4 月 1 日，从山西大同灯具材料有限公司购入一批材料，其中灯笼专用竹条 25 000 副，单价 4.8 元，金额 120 000 元；精绒布料 30 000 米，单价 3.8 元，金额 114 000 元，缴纳增值税进项税 30 420 元。所购原材料已验收入库，款项通过银行存款划转，收到 1 张增值税专用发票（图 2-1）。

（2）2021 年 4 月 2 日，销售投光灯 300 个给杭州巨龙灯具商城，单价 300 元，增值税专用发票（图 2-2），注明价款 90 000.00 元，税额 11 700.00 元。由北京市雪亮照明制造有限公司提供运输服务，运费 5 000.00 元（不含税），已开具增值税专用发票（图 2-3）。货已发出，并向银行办理了托收承付手续。

（3）2021 年 4 月 3 日，从山东好明亮灯具配件有限公司购入玻璃 50 000 千克，单价 2.80 元；涂料 1 500 升，单价 21 元；塑料 45 000 千克，单价 3.20 元；税率 13%，货款 315 500.00 元，税款 41 015.00 元。以上原材料已验收入库，取得 1 张增值税专用发票（图 2-4）。

图 2-1　增值税专用发票 1

图 2-2　增值税专用发票 2

图 2-3　增值税专用发票 3

图 2-4　增值税专用发票 4

（4）2021 年 4 月 4 日，出售给个体户李萌萌报废的生产边角钢材余料 150.00 元，现金收取，开具收据。

（5）2021 年 4 月 5 日，销售给达美家居商城水晶灯 100 个，不含税单价 1 500 元，金额 150 000.00 元；景观灯 1 000 个，不含税单价 200 元，金额 200 000.00 元；税率 13%，双方当初签订合同规定：付款条件为 2/10、1/20、N/30；货已发出且开出增值税专用发票（图 2-5），货款尚未收到。

图 2-5　增值税专用发票 5

（6）2021 年 4 月 6 日，销售给辽宁矿山（集团）有限公司隧道灯 200 个，不含税单价 580 元，金额 116 000.00 元，税率 13%，税额 15 080.00 元。货已发出且开具增值税专用发票（图 2-6），销售当日收到辽宁矿山（集团）有限公司开出并承兑的面值 131 080.00 元的银行承兑汇票，汇票期限 6 个月，票面利率 6%。

图 2-6　增值税专用发票 6

（7）2021 年 4 月 7 日，为新民商场加工一批景观灯，开出增值税专用发票（图 2-7），注明加工费 5 500.00 元，税率 13%，税额 715.00 元。

图 2-7　增值税专用发票 7

（8）2021 年 4 月 8 日，销售给闪闪灯具商店（小规模纳税人）护眼灯 10 个，开具增值税普通发票（图 2-8），售价 4 068.00 元（含税）。

图 2-8　增值税普通发票 1

（9）2021 年 4 月 9 日，从鞍山玉马金属材料有限公司购入铜材料 28 吨，不含税单价

1 650 元；钢材料 10 吨，不含税单价 1 850 元，税率 13%，取得 1 张增值税专用发票（图 2-9），所列材料价款 64 700.00 元，税额 8 411.00 元，验收入库。货款通过银行转账支付。

图 2-9 增值税专用发票 8

（10）2021 年 4 月 10 日，总经理张云报销支付给蓝天广告公司的广告费 20 000.00 元（不含税，税率 6%），取得 1 张增值税专用发票（图 2-10）。

图 2-10 增值税专用发票 9

（11）2021 年 4 月 11 日，向巨龙灯具商城提供运输服务收入 36 697.24 元，税率 9%，税额 3 302.75 元，收到银行存款 40 000.00 元，已开具增值税专用发票。

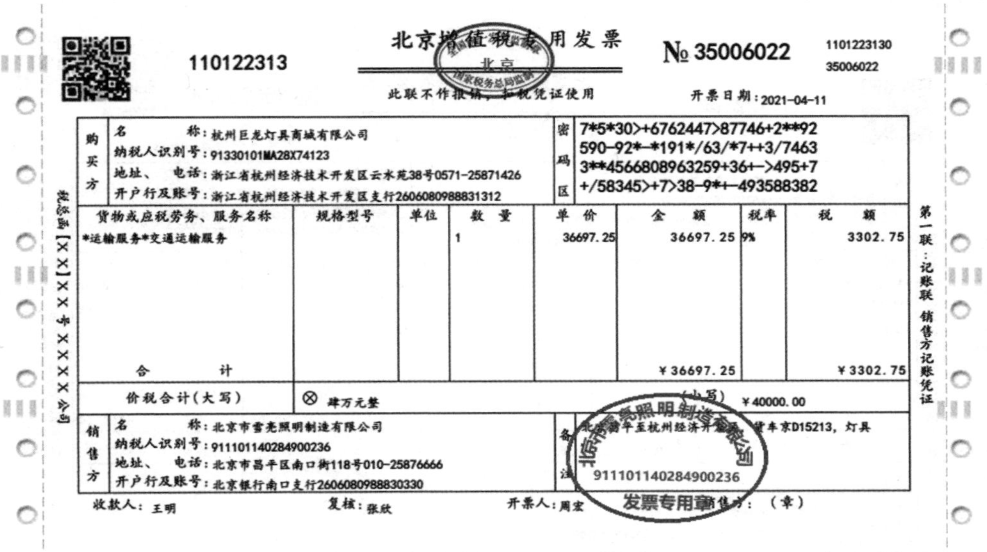

北京增值税专用发票

110122313　　№ 35006022　　1101223130　35006022

此联不作报销、扣税凭证使用　　开票日期：2021-04-11

购买方	名　　称：杭州巨龙灯具商城有限公司 纳税人识别号：91330101MA28X74123 地址、电话：浙江省杭州经济技术开发区云水苑38号0571-25871426 开户行及账号：浙江省杭州经济技术开发区支行2606080988831312	密码区	7*5*30>+6762447>87746+2**92 590-92*-*191*/63/*7++3/7463 3**4566808963259+36+->495+7 +/58345>+7>38-9*+-493588382

货物或应税劳务、服务名称	规格型号	单位	数量	单价	金额	税率	税额
*运输服务*交通运输服务			1	36697.25	36697.25	9%	3302.75
合　　计					¥36697.25		¥3302.75
价税合计(大写)	⊗肆万元整				(小写) ¥40000.00		

销售方	名　　称：北京市雷亮照明制造有限公司 纳税人识别号：911101140284900236 地址、电话：北京市昌平区南口街118号010-25876666 开户行及账号：北京银行南口支行2606080988830330	备注	北京市昌平至杭州经济开发区 货车京D15213，灯具

收款人：王明　　复核：张欣　　开票人：周宏　　销售方：（章）

第一联：记账联　销售方记账凭证

税总函[××]××号×××公司

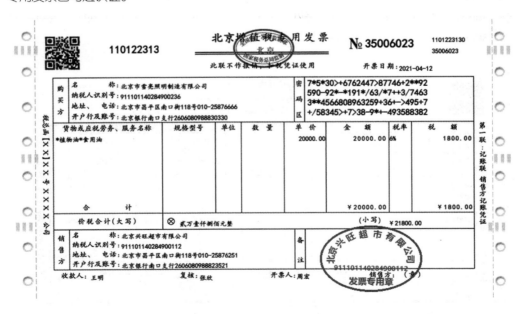

图 2-11　增值税专用发票 10

（12）2021 年 4 月 12 日，从兴旺超市购进一批食用油，发给职工做福利品，取得 1 张增值税专用发票（图 2-12），注明价款 20 000.00 元（税率 9%），税额 1 800.00 元。该增值税专用发票已勾选认证。

北京增值税专用发票

110122313　　№ 35006023　　1101223130　35006023

此联不作报销、扣税凭证使用　　开票日期：2021-04-12

购买方	名　　称：北京市雷亮照明制造有限公司 纳税人识别号：911101140284900236 地址、电话：北京市昌平区南口街118号010-25876666 开户行及账号：北京银行南口支行2606080988830330	密码区	7*5*30>+6762447>87746+2**92 590-92*-*191*/63/*7++3/7463 3**4566808963259+36+->495+7 +/58345>+7>38-9*+-493588382

货物或应税劳务、服务名称	规格型号	单位	数量	单价	金额	税率	税额
*植物油*食用油				20000.00	20000.00	6%	1800.00
合　　计					¥20000.00		¥1800.00
价税合计(大写)	⊗贰万壹仟捌佰元整				(小写) ¥21800.00		

销售方	名　　称：北京兴旺超市有限公司 纳税人识别号：911101140284900112 地址、电话：北京市昌平区南口街118号010-25876251 开户行及账号：北京银行南口支行2606080988823521	备注	

收款人：王明　　复核：张欣　　开票人：周宏　　销售方：（章）

第一联：记账联　销售方记账凭证

税总函[××]××号×××公司

图 2-12　增值税专用发票 11

（13）2021 年 4 月 13 日，向广州市金星灯饰有限公司销售吸顶灯 100 只，每只不含税单价 380 元；投光灯 60 只，每只不含税单价 195 元；以上共计价款 49 700.00 元，增值税销项税额 6 461.00 元，已开增值税专用发票（图 2-13）。另收取包装费 339.00 元。产品已发出，并向银行办理了托收承付手续。

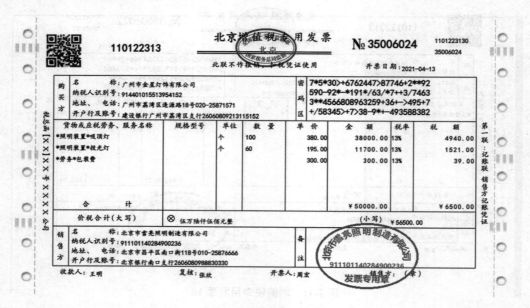

图 2-13　增值税专用发票 12

（14）2021 年 4 月 13 日，开给海振灯具批发市场增值税专用发票（图 2-14），货已发出，货款已通过银行转账支付。其中投光灯 200 只，不含税单价 495 元；庭院灯 160 只，不含税单价 300 元；吸顶灯 160 只，不含税单价 400 元；路灯 110 只，不含税单价 98 元；所列价款221 780.00 元，所列税款 28 831.40 元。

图 2-14　增值税专用发票 13

（15）2021年4月14日，向河北好明灯具配件有限公司购入铝材料25吨，不含税单价6 000元，取得1张增值税专用发票（图2-15），列明价款150 000.00元和税款19 500.00元，货已验收入库，此款项尚未支付。

图 2-15　增值税专用发票 14

（16）2021年4月15日，从重庆中泰汽车制造有限公司购入运输用汽车一辆，税控机动车销售统一发票（图2-16）上注明价款200 000.00元，税款26 000.00元。

图 2-16　机动车销售统一发票 1

（17）2021 年 4 月 16 日，办公室负责人李强报销本月差旅费，交来鸿运酒店开具的增值税专用发票（图 2-17）1 张，注明住宿费 4 000.00 元，适用税率 6%，税额 240.00 元；另外交来增值税普通发票（图 2-18）1 张，注明餐饮费 824.00 元。

图 2-17　增值税专用发票 15

图 2-18　增值税普通发票 2

（18）2021 年 4 月 16 日，从杭州易境照明灯具科技有限公司购入塑料包装物 7 000 只，每只 6 元，取得 1 张增值税专用发票（图 2-19），注明价款 42 000.00 元，增值税 5 460.00 元，货物已验收入库。同时以银行存款支付运输费用和装卸费用，取得 1 张增值税专用发票

（图 2-20），列明运输费 2 000.00 元，税率 9%，税额 180.00 元；装卸费 1 500.00 元，税率 6%，税额 90.00 元。

图 2-19 增值税专用发票 16

图 2-20 增值税专用发票 17

（19）2021 年 4 月 17 日，生产部刘斌报销 16 日发生的设备维修费 1 130.00 元（含税，税率 13%），取得 1 张北京大成设备维修有限公司开具的增值税专用发票（图 2-21），出纳以现金付讫。

图 2-21　增值税专用发票 18

（20）2021 年 4 月 18 日，发现 4 月 3 日从山东好明亮灯具配件有限公司购入的玻璃 1 000 千克（单价 2.80 元）因管理不善而被毁损，不能继续用于生产。

（21）2021 年 4 月 19 日，采购员刘海出差归来，向公司交来增值税专用发票 1 张（图 2-22），发票上列明从江苏苹果布艺有限公司购入布料 500 米，单价 30 元，价款 15 000.00 元，购入装饰物 200 个，单价 25 元，价款 5 000.00 元，床头灯底座 200 个，单价 35 元，价款 7 000.00 元；以上价款共计 27 000.00 元，增值税 3 510.00 元，货已验收入库，此款项尚未支付。

图 2-22　增值税专用发票 19

（22）2021 年 4 月 19 日，生产车间报销维修费 9 270.00 元（含税，税率 3%），取得 1 张北京三义修配有限公司开具的增值税普通发票（图 2-23）。

图 2-23　增值税普通发票 3

（23）2021 年 4 月 20 日，收到 1 张水费增值税专用发票（图 2-24），数量 3 000 吨，单价 2.50 元，金额 7 500.00 元，税率 9%，税额 675.00 元。收到 1 张电费增值税专用发票（图 2-25），数量 3 400 度，单价 0.60 元，金额 2 040.00 元，税率 13%，税额 265.20 元，均以银行存款支付。

图 2-24　增值税专用发票 20

图 2-25　增值税专用发票 21

（24）2021 年 4 月 20 日，办公室刘正从上海出差归来，报销火车票（图 2-26）558.00 元。

图 2-26　火车票

（25）2021 年 4 月 21 日，销售给海南佳佳美家居商城投光灯 60 只，每只不含税售价 278 元；水晶灯 90 只，每只不含税售价 860 元；计价为 94 080.00 元，增值税税款 12 230.40 元，已开出增值税专用发票（图 2-27）。由本公司承担送货费用，收到 1 张四方货运公司开具的增值税专用发票（图 2-28），注明运费 4 000.00 元，增值税 360.00 元。货已发出，货款尚未收到。

（26）2021 年 4 月 21 日，从境外进口 25 000 个控制电路用于护眼灯的生产，每个控制电路的到岸价格折合人民币 3 元，合计 75 000.00 元。进口关税税率为 15%，适用增值税税率为 13%。已向海关申报缴纳增值税，取得 1 张海关进口增值税专用缴款书（图 2-29）。

（27）2021 年 4 月 22 日，将自产的护眼灯 100 台捐赠给希望小学（同类不含税售价每台 360 元）。

图 2-27 增值税专用发票 22

图 2-28 增值税专用发票 23

Gs01　　　　东城　　　**海关进口增值税 专用缴款书**

收入系统：税务系统　　　　填发日期：2021-04-21　　　号码No.14449112

收款单位	收入机关	中央金库			缴款单位(人)	名称	北京市雪亮照明制造有限公司
	科目	进口增值税	预算级次	中央		账号	911101140284900236
	收款国库	京库 1101152222				开户银行	北京银行南口支行

税号	货物名称	数量	单位	完税价格（￥）	税率（%）	税款金额（￥）
1.14449112	*照明装置*控制电路	1	台	86250.00	13%	11212.50

金额人民币(大写)：玖万柒仟肆佰陆拾贰元伍角整		合计（￥）	97462.50

申请单位编号	395126545	报关单编号	451256384120000777	收款国库（银行）
合同（批文）号	DX122220	运输工具（号）	DX10001	
缴款期限	20220316	提/装货单号	DX2222	
备注				

从填发缴款书之日起限15日内缴纳（期末遇法定节假日顺延），逾期按日征收税款总额万分之五的滞纳金。

图 2-29　海关进口增值税专用缴款书

（28）2021 年 4 月 23 日，销售公司自用的 2008 年购进的小汽车一台，售价 5 000.00 元，由车管所开具机动车销售统一发票（图 2-30）。

机动车　　**北京增值税电子专用发票**

发票代码：011012200113
发票号码：55025012
开票日期：2021-04-23
校验码：45121 56856 45865 45826

机器编号：358469325121

购买方	名　称：	北京星空商城有限公司	密码区	7*5*30>+6762447>87746+2**92 590-92*-*191*/63/*7++3/7463 3**456680896325 9+36+->495+7 +/58345>+7>38-9**+-493588382
	纳税人识别号：	91460000621345641311		
	地址、电话：	北京市昌平区南口街9号010-24649874		
	开户行及账号：	北京银行南口支行2606613164613664		

项目名称	规格型号	单位	数量	单　价	金　额	税率	税　额
*机动车*小汽车		台	1	4854.37	4854.37	3%	145.63
合　　　计					￥4854.37		￥145.63

价税合计（大写）	⊗伍仟元整	（小写）￥5000.00

销售方	名　称：	北京市雪亮照明制造有限公司	备注	
	纳税人识别号：	911101140284900236		
	地址、电话：	北京市昌平区南口街118号010-25876666		
	开户行及账号：	北京银行南口支行2606080988830330		

收款人：朱龙　　　复核：赵雨欣　　　开票人：蒋淼

图 2-30　机动车销售统一发票 2

（29）2021年4月24日，从鑫鑫灯具材料商店（小规模纳税人）购进零件一批，价值8 240.00元（含税），取得增值税普通发票（图2-31）。

图2-31 增值税普通发票4

（30）2021年4月25日，以自产景观灯3 000个对北京天鸿商场进行投资，经确认投资金额按公允价值2 034 000.00元（含税金额）进行计价（成本1 500 000.00元），增值税税率13%。

（31）2021年4月26日，上门为星空商城修理已过保修期的灯具，开具增值税专用发票（图2-32），注明修理费800.00元，税额104.00元。

图2-32 增值税专用发票24

（32）2021 年 4 月 27 日，公司为畅想商城提供设计服务，取得收入 200 000.00 元，开具增值税专用发票（图 2-33），注明价款 200 000.00 元，税额 12 000.00 元。

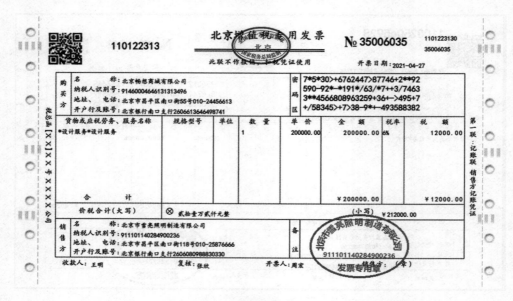

图 2-33　增值税专用发票 25

（33）2021 年 4 月 27 日，公司卖出前期持有的兴安银行的股票 30 000 股，每股售价 6.5 元，买入价每股 5 元。

（34）2021 年 4 月 28 日，公司将闲置的厂房及设备对外租赁（合同分签），开具增值税专用发票（图 2-34），注明当期厂房租金 10 000.00 元，税额 900.00 元；设备租金 3 000.00 元，税额 390.00 元。

图 2-34　增值税专用发票 26

（35）2021年4月29日，公司将一项非专利生产技术对外出售，开具增值税专用发票（图2-35），注明转让金额50 000.00元，税额3 000.00元。

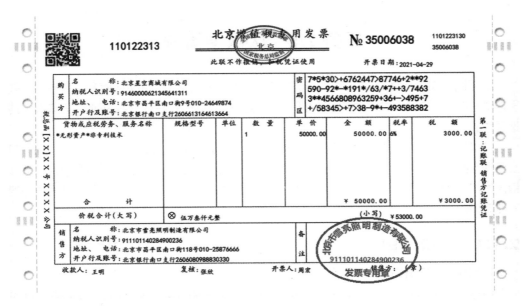

图2-35　增值税专用发票27

（36）2021年4月30日，向河北好明灯具配件有限公司退还2020年4月14日购入的1吨不合格铝材料，收回款项6 780.00元，开具红字信息表并取得红字增值税专用发票（图2-36）。

（37）2021年4月10日，缴纳上月增值税100 000.00元。

图2-36　增值税专用发票28

以上增值税专用发票、机动车销售统一发票均已通过增值税发票综合服务平台勾选确认，海关进口增值税专用缴款书已稽核比对通过。

任务 2.1　认识增值税

要正确完成增值税的纳税申报，李想首先要明确自己公司经营的哪些产品、哪些行为属于增值税的征税范围，并明确该由谁缴纳、缴纳多少，然后才能针对相关的业务去申报缴纳增值税。

《中华人民共和国增值税暂行条例》规定：增值税是指对在我国境内销售货物、提供加工修理修配劳务、销售服务、无形资产或者不动产，以及进口货物的企业单位和个人，就其销售货物、劳务、服务、无形资产或者不动产的增值额和进口货物金额为计税依据而课征的一种流转税。

2.1.1　征税范围

1. 销售或进口货物

销售货物是指有偿转让货物的所有权。"有偿"是指从购买方取得货币、货物或者其他经济利益。"货物"是指有形动产，包括电力、热力、气体。

进口货物是指申报进入中国海关境内的货物，只要是报关进口的应税货物，均属于增值税的征税范围，除享受免税政策外，在进口环节缴纳增值税。

【任务分析 2-1】北京市雪亮照明制造有限公司 4 月 2 日、5 日、6 日、8 日、13 日、21 日销售产品；4 月 4 日卖废料；4 月 23 日卖小汽车，都是有偿转让了货物的所有权，属于在我国境内销售货物的行为，均应缴纳增值税。

2. 提供加工或修理修配劳务

"加工"是指受托加工货物，即委托方提供原料及主要材料、受托方按照委托方的要求制造货物并收取加工费的业务。"修理修配"是指受托方对损伤和丧失功能的货物进行修复，使其恢复原状和功能的业务。这里的"提供加工或修理修配劳务"都是指有偿提供加工或修理修配劳务。单位或个体经营者聘用的员工为本单位或雇主提供加工或修理修配劳务则不包括在内。

【任务分析 2-2】北京市雪亮照明制造有限公司 4 月 7 日为新民商场加工一批景观灯，属于提供加工劳务的行为，按规定应缴纳增值税；4 月 26 日为星空商城修理已过保修期的灯具，属于提供修理修配劳务的行为，按规定应缴纳增值税。

3. 销售服务

销售服务是指提供交通运输服务、邮政服务、电信服务、建筑服务、金融服务、现代服务、生活服务。

1）交通运输服务

交通运输服务是指利用运输工具将货物或者旅客送达目的地，使其空间位置得到转移的业务活动，包括陆路运输服务、水路运输服务、航空运输服务和管道运输服务。

（1）陆路运输服务

陆路运输服务是指通过陆路（地上或者地下）运送货物或者旅客的运输业务活动，包括铁路运输服务和其他陆路运输服务。

出租车公司向使用本公司自有出租车的出租车司机收取的管理费用，按照陆路运输服务缴纳增值税。

（2）水路运输服务

水路运输服务是指通过江、河、湖、川等天然、人工水道或者海洋航道运送货物或者旅客的运输业务活动。

水路运输的程租、期租业务，属于水路运输服务。

程租业务是指运输企业为租船人完成某一特定航次的运输任务并收取租赁费的业务。

期租业务是指运输企业将配备有操作人员的船舶承租给他人使用一定期限，承租期内听候承租方调遣，不论是否经营，均按天向承租方收取租赁费，发生的固定费用均由船东负担的业务。

（3）航空运输服务

航空运输服务是指通过空中航线运送货物或者旅客的运输业务活动。航空运输的湿租业务属于航空运输服务。

湿租业务是指航空运输企业将配备有机组人员的飞机承租给他人使用一定期限，承租期内听候承租方调遣，不论是否经营，均按一定标准向承租方收取租赁费，发生的固定费用均由承租方承担的业务。

航天运输服务按照航空运输服务缴纳增值税。

航天运输服务是指利用火箭等载体将卫星、空间探测器等空间飞行器发射到空间轨道的业务活动。

（4）管道运输服务

管道运输服务是指通过管道设施输送气体、液体、固体物质的运输业务活动。

【任务分析2-3】北京市雪亮照明制造有限公司4月11日向巨龙灯具商城提供运输服务，属于提供交通运输服务，按规定应缴纳增值税。

2）邮政服务

邮政服务是指中国邮政集团公司及其所属邮政企业提供邮件寄递、邮政汇兑和机要通信等邮政基本服务的业务活动，包括邮政普遍服务、邮政特殊服务和其他邮政服务。

（1）邮政普遍服务是指函件、包裹等邮件寄递，以及邮票发行、报刊发行和邮政汇兑等业务活动。

（2）邮政特殊服务是指义务兵平常信函、机要通信、盲人读物和革命烈士遗物的寄递等业务活动。

（3）其他邮政服务是指邮册等邮品销售、邮政代理等业务活动。

3）电信服务

电信服务是指利用有线、无线的电磁系统或者光电系统等各种通信网络资源，提供语音通话服务，传送、发射、接收或者应用图像、短信等电子数据和信息的业务活动，包括基础电信服务和增值电信服务。

（1）基础电信服务

基础电信服务是指利用固网、移动网、卫星、互联网，提供语音通话服务的业务活动，以及出租或者出售带宽、波长等网络元素的业务活动。

（2）增值电信服务

增值电信服务是指利用固网、移动网、卫星、互联网、有线电视网络，提供短信和彩信服务、电子数据和信息的传输及应用服务、互联网接入服务等业务活动。

卫星电视信号落地转接服务按照增值电信服务缴纳增值税。

4）建筑服务

建筑服务是指各类建筑物、构筑物及其附属设施的建造、修缮、装饰，线路、管道、设备、设施等的安装以及其他工程作业的业务活动，包括工程服务、安装服务、修缮服务、装饰服务和其他建筑服务。物业服务企业为业主提供的装修服务，按照"建筑服务"缴纳增值税。纳税人将建筑施工设备出租给他人使用并配备操作人员的，按照"建筑服务"缴纳增值税。

（1）工程服务

工程服务是指新建、改建各种建筑物、构筑物的工程作业，包括与建筑物相连的各种设备或者支柱、操作平台的安装或者装设工程作业，以及各种窑炉和金属结构工程作业。

（2）安装服务

安装服务是指生产设备、动力设备、起重设备、运输设备、传动设备、医疗实验设备以及其他各种设备、设施的装配、安置工程作业，包括与被安装设备相连的工作台、梯子、栏杆的装设工程作业，以及被安装设备的绝缘、防腐、保温、油漆等工程作业。

（3）修缮服务

修缮服务是指对建筑物、构筑物进行修补、加固、养护、改善，使之恢复原来的使用价值或者延长其使用期限的工程作业。

（4）装饰服务

装饰服务是指对建筑物、构筑物进行修饰装修，使之美观或者具有特定用途的工程作业。

（5）其他建筑服务

其他建筑服务是指上列工程作业之外的各种工程作业服务。

5）金融服务

金融服务是指经营金融保险的业务活动，包括贷款服务、直接收费金融服务、保险服务和金融商品转让。

（1）贷款服务

贷款服务是指将资金贷与他人使用而取得利息收入的业务活动。

各种占用、拆借资金取得的收入，包括金融商品持有期间（含到期）利息（保本收益、报酬、资金占用费、补偿金等）收入、信用卡透支利息收入、买入返售金融商品利息收入、融资融券收取的利息收入，以及融资性售后回租、押汇、罚息、票据贴现、转贷等业务取得的利息及利息性质的收入，按照贷款服务缴纳增值税。

融资性售后回租是指承租方以融资为目的，将资产出售给从事融资性售后回租业务的企业后，从事融资性售后回租业务的企业将该资产出租给承租方的业务活动。

以货币资金投资收取的固定利润或者保底利润，按照贷款服务缴纳增值税。

（2）直接收费金融服务

直接收费金融服务是指为货币资金融通及其他金融业务提供相关服务并且收取费用的业务活动，包括提供货币兑换、账户管理、电子银行、信用卡、信用证、财务担保、资产管理、信托管理、基金管理、金融交易场所（平台）管理、资金结算、资金清算、金融支付等服务。

（3）保险服务

保险服务是指投保人根据合同约定，向保险人支付保险费，保险人对于合同约定的可能发生的事故因其发生所造成的财产损失承担赔偿保险金责任，或者当被保险人死亡、伤残、疾病或者达到合同约定的年龄、期限等条件时承担给付保险金责任的商业保险行为，包括人身保险服务和财产保险服务。

（4）金融商品转让

金融商品转让是指转让外汇、有价证券、非货物期货和其他金融商品所有权的业务活动。其他金融商品转让包括基金、信托、理财产品等各类资产管理产品和各种金融衍生品的转让。

【任务分析 2-4】北京市雪亮照明制造有限公司 4 月 27 日卖出前期持有的兴安银行的股票，属于金融商品转让，按规定应缴纳增值税。

6）现代服务

现代服务是指围绕制造业、文化产业、现代物流产业等提供技术性、知识性服务的业务活动，包括研发和技术服务、信息技术服务、文化创意服务、物流辅助服务、租赁服务、鉴证咨询服务、广播影视服务、商务辅助服务和其他现代服务。

（1）研发和技术服务

研发和技术服务包括研发服务、合同能源管理服务、工程勘察勘探服务、专业技术服务。

（2）信息技术服务

信息技术服务是指利用计算机、通信网络等技术对信息进行生产、收集、处理、加工、存储、运输、检索和利用，并提供信息服务的业务活动，包括软件服务、电路设计及测试服务、信息系统服务、业务流程管理服务和信息系统增值服务。

（3）文化创意服务

文化创意服务包括设计服务、知识产权服务、广告服务和会议展览服务。宾馆、旅馆、旅社、度假村和其他经营性住宿场所提供会议场地及配套服务的活动，按照"会议展览服务"缴纳增值税。

（4）物流辅助服务

物流辅助服务包括航空服务、港口码头服务、货运客运场站服务、打捞救助服务、装卸搬运服务、仓储服务和收派服务。

（5）租赁服务

租赁服务包括融资租赁服务和经营租赁服务。

水路运输的光租业务、航空运输的干租业务，属于经营性租赁。

光租业务是指运输企业将船舶在约定的时间内出租给他人使用，不配备操作人员，不承担运输过程中发生的各项费用，只收取固定租赁费的业务活动。

干租业务是指航空运输企业将飞机在约定的时间内出租给他人使用，不配备机组人员，不承担运输过程中发生的各项费用，只收取固定租赁费的业务活动。

（6）鉴证咨询服务

鉴证咨询服务包括认证服务、鉴证服务和咨询服务。

（7）广播影视服务

广播影视服务包括广播影视节目（作品）的制作服务、发行服务和播映（含放映，下同）服务。

（8）商务辅助服务

商务辅助服务包括企业管理服务、经纪代理服务、人力资源服务、安全保护服务。纳税人提供武装守护押运服务，按照"安全保护服务"缴纳增值税。

（9）其他现代服务

其他现代服务是指除研发和技术服务、信息技术服务、文化创意服务、物流辅助服务、租赁服务、鉴证咨询服务、广播影视服务和商务辅助服务以外的现代服务。

纳税人对安装运行后的电梯提供的维护保养服务，按照"其他现代服务"缴纳增值税。

【任务分析 2-5】北京市雪亮照明制造有限公司 4 月 27 日为畅想商城提供设计服务，属于提供现代服务，按规定应缴纳增值税。

7）生活服务

生活服务是指为满足城乡居民日常生活需求提供的各类服务活动，包括文化体育服务、教育医疗服务、旅游娱乐服务、餐饮住宿服务、居民日常服务和其他生活服务。

（1）文化体育服务

文化体育服务包括文化服务和体育服务。纳税人在游览场所经营索道、摆渡车、电瓶车、游船等取得的收入，按照"文化体育服务"缴纳增值税。

（2）教育医疗服务

教育医疗服务包括教育服务和医疗服务。

（3）旅游娱乐服务

旅游娱乐服务包括旅游服务和娱乐服务。

（4）餐饮住宿服务

餐饮住宿服务包括餐饮服务和住宿服务。提供餐饮服务的纳税人销售的外卖食品，按照"餐饮服务"缴纳增值税。

（5）居民日常服务

居民日常服务是指主要为满足居民个人及其家庭日常生活需求提供的服务，包括市容市政管理、家政、婚庆、养老、殡葬、照料和护理、救助救济、美容美发、按摩、桑拿、氧吧、足疗、沐浴、洗染、摄影扩印等服务。

（6）其他生活服务

其他生活服务是指除文化体育服务、教育医疗服务、旅游娱乐服务、餐饮住宿服务和居民日常服务之外的生活服务。

纳税人提供植物养护服务，按照"其他生活服务"缴纳增值税。

4. 销售无形资产

销售无形资产是指有偿转让无形资产所有权或者使用权的业务活动。无形资产是指不具实物形态，但能带来经济利益的资产，包括技术、商标、著作权、商誉、自然资源使用权和其他权益性无形资产。

技术包括专利技术和非专利技术。

自然资源使用权包括土地使用权、海域使用权、探矿权、采矿权、取水权和其他自然资源使用权。

其他权益性无形资产包括基础设施资产经营权、公共事业特许权、配额、经营权（包括特许经营权、连锁经营权、其他经营权）、经销权、分销权、代理权、会员权、席位权、网络游戏虚拟道具、域名、名称权、肖像权、冠名权、转会费等。

【任务分析2-6】北京市雪亮照明制造有限公司4月29日将一项非专利生产技术对外出售，属于销售无形资产，按规定应缴纳增值税。

5. 销售不动产

销售不动产是指有偿转让不动产所有权的业务活动。不动产是指不能移动或者移动后会引起性质、形状改变的财产，包括建筑物、构筑物等。

建筑物包括住宅、商业营业用房、办公楼等可供居住、工作或者进行其他活动的建造物。

构筑物包括道路、桥梁、隧道、水坝等建造物。

转让建筑物有限产权或者永久使用权的，转让在建的建筑物或者构筑物所有权的，以及在转让建筑物或者构筑物时一并转让其所占土地的使用权的，按照销售不动产缴纳增值税。

个人转让住房，在2016年4月30日前已签订转让合同，2016年5月1日以后办理产权变更事项的，应缴纳增值税，不缴纳营业税。

6. 视同销售货物行为

单位或个体经营者的下列行为，视同销售货物，征收增值税。

（1）将货物交付其他单位或个人代销。

（2）销售代销货物。

（3）设有两个以上机构并实行统一核算的纳税人，将货物从一个机构移送到其他机构用于销售，但相关机构设在同一县（市）的除外。

（4）将自产或委托加工的货物用于非增值税应税项目。

（5）将自产或委托加工的货物用于集体福利或个人消费。

（6）将自产、委托加工或购买的货物作为投资，提供给其他单位或个体工商户。

（7）将自产、委托加工或购买的货物分配给股东或投资者。

（8）将自产、委托加工或购买的货物无偿赠送给其他单位或者个人。

根据《增值税暂行条例》规定，对上述行为视同销售货物或提供应税劳务，按规定计算销售额并征收增值税。企业若发生固定资产视同销售行为对已使用过的固定资产无法确定销售额的，以固定资产净值为销售额。

单位或个体经营者的下列情形视同销售服务、无形资产或者不动产。

（1）单位或者个体工商户向其他单位或者个人无偿提供服务，但用于公益事业或者以社会公众为对象的除外。

（2）单位或者个人向其他单位或者个人无偿转让无形资产或者不动产，但用于公益事业或者以社会公众为对象的除外。

（3）财政部和国家税务总局规定的其他情形。需要注意的是，纳税人出租不动产，租赁合同中约定免租期的，不属于视同销售服务。

【任务分析 2-7】北京市雪亮照明制造有限公司 4 月 22 日将自产的护眼灯 100 台捐赠给希望小学，符合视同销售货物行为，按规定应缴纳增值税；4 月 25 日以自产景观灯 3 000 个对北京天鸿商场进行投资，符合视同销售货物行为，按规定应缴纳增值税。

7. 混合销售

混合销售是指纳税人的一项销售行为，既涉及服务又涉及货物。从事货物的生产、批发或者零售的单位和个体工商户的混合销售行为，按照销售货物缴纳增值税；其他单位和个体工商户的混合销售行为，按照销售服务缴纳增值税。此处所称从事货物的生产、批发或者零售的单位和个体工商户，包括以从事货物的生产、批发或者零售为主，并兼营销售服务的单位和个体工商户在内。

【任务分析 2-8】北京市雪亮照明制造有限公司 4 月 2 日销售投光灯 300 个给杭州巨龙灯具商城，并提供运输服务，属于混合销售。由于该公司是从事灯具产品的加工生产、进口以及销售为主的单位，所以应按销售货物缴纳增值税。

8. 兼营行为

纳税人兼营销售货物、加工修理修配劳务、服务、无形资产或者不动产，适用不同税率或者征收率的，应当分别核算适用不同税率或者征收率的销售额；未分别核算的，从高适用税率。

2.1.2 增值税纳税人

在中华人民共和国境内销售货物、提供加工修理修配劳务、销售服务、无形资产或者不动产，以及进口货物的单位和个人，为增值税的纳税义务人。

单位是指企业、行政单位、事业单位、军事单位、社会团体及其他单位；个人是指个体工商户和其他个人。

对于销售货物、提供加工修理修配劳务或者进口货物的行为，单位租赁或者承包给其他单位或者个人经营的，以承租人或者承包人为纳税人。

对于销售服务、无形资产或者不动产的行为，单位以承包、承租、挂靠方式经营的，承包人、承租人、挂靠人（以下统称承包人）以发包人、出租人、被挂靠人（以下统称发包人）名义对外经营并由发包人承担相关法律责任的，以该发包人为纳税人。否则，以承包人为纳税人。

建筑企业与发包方签订建筑合同后，以内部授权或者三方协议等方式，授权集团内其他纳税人（以下称"第三方"）为发包方提供建筑服务，并由第三方直接与发包方结算工程款的，由第三方缴纳增值税并向发包方开具增值税专用发票。与发包方签订建筑合同的建筑企业则不缴纳增值税。发包方可凭实际提供建筑服务的纳税人开具的增值税专用发票抵扣进项税额。

境外的单位或者个人在境内提供加工修理修配劳务，在境内未设有经营机构的，以其境内代理人为增值税扣缴义务人；在境内没有代理人的，以购买方为增值税扣缴义务人。

境外单位或者个人在境内销售服务、无形资产或者不动产，在境内未设有经营机构的，以购买方为增值税扣缴义务人。财政部和国家税务总局另有规定的除外。

为便于征管，借鉴国际通行做法，我国将增值税纳税人按其经营规模大小及会计核算健全与否，划分为一般纳税人和小规模纳税人，并实行不同的计税及征收管理方式。

1. 确定一般纳税人和小规模纳税人

1）小规模纳税人的标准

小规模纳税人是指年销售额在规定标准以下，并且会计核算不健全，不能按规定报送有关税务资料的增值税纳税人。

根据规定，凡符合下列条件的视为小规模纳税人。

（1）自2018年5月1日起，增值税小规模纳税人标准统一为年应征增值税销售额500万元及以下。

（2）年应税销售额超过小规模纳税人标准的其他个人（指自然人）按小规模纳税人纳税（不属于一般纳税人）。

（3）年应税销售额超过小规模纳税人标准但不经常发生应税行为的单位和个体工商户，以及非企业性单位、不经常发生应税行为的企业，可选择按照小规模纳税人纳税。

（4）兼有销售货物、提供加工修理修配劳务以及应税服务，且不经常发生应税行为的单位和个体工商户，可选择按小规模纳税人纳税。

2）一般纳税人的标准

增值税纳税人（以下简称纳税人）是指年应税销售额超过财政部、国家税务总局规定的小规模纳税人标准的，除税法另有规定外，应当向其机构所在地主管税务机关办理一般纳税人登记。其中年应税销售额是指纳税人在连续不超过12个月或4个季度的经营期内累计应征增值税销售额，包括纳税申报销售额、稽查查补销售额、纳税评估调整销售额。纳税申报销售额是指纳税人自行申报的全部应征增值税销售额，其中包括免税销售额和税务机关代开发票销售额。稽查查补销售额和纳税评估调整销售额计入查补税款申报当月（或当季）的销售额，不计入税款所属期销售额。经营期是指在纳税人存续期内的连续经营期间，含未取得销售收入的月份或季度。

销售服务、无形资产或者不动产有扣除项目的纳税人，其应税行为年应税销售额按未扣除之前的销售额计算。纳税人偶然发生的销售无形资产、转让不动产的销售额，不计入应税行为年应税销售额。

年应税销售额未超过规定标准的纳税人，会计核算健全，能够提供准确税务资料的，可以向主管税务机关办理一般纳税人登记。会计核算健全，是指能够按照国家统一的会计制度规定设置账簿，根据合法、有效凭证进行核算。

2. 一般纳税人和小规模纳税人登记

1）增值税一般纳税人登记程序

纳税人办理一般纳税人登记的程序如下。

（1）纳税人向主管税务机关填报《增值税一般纳税人登记表》（表2-1），如实填写固定生产经营场所等信息，并提供税务登记证件（包括纳税人领取的由工商行政管理部门核发的加载法人和其他组织统一社会信用代码的营业执照）。

（2）纳税人填报内容与税务登记信息一致的，主管税务机关当场登记。

（3）纳税人填报内容与税务登记信息不一致，或者不符合填列要求的，税务机关应当场告知纳税人需要补正的内容。

纳税人年应税销售额超过规定标准的，且不符合可以选择按小规模纳税人纳税的有关政策规定，应当在年应税销售额超过规定标准的月份（或季度）的所属申报期结束后 15 日内按照上述规定办理一般纳税人登记手续；未按规定时限办理的，主管税务机关应当在规定期限结束后 5 日内制作《税务事项通知书》，告知纳税人应当在 5 日内向主管税务机关办理一般纳税人登记手续；逾期仍不办理的，次月起按销售额依照增值税税率计算应纳税额，不得抵扣进项税额，直至纳税人办理一般纳税人登记手续为止。

纳税人自一般纳税人生效之日起，按照增值税一般计税方法计算应纳税额，并可以按照规定领用增值税专用发票，财政部、国家税务总局另有规定的除外。生效之日，是指纳税人办理登记的当月 1 日或者次月 1 日，由纳税人在办理登记手续时自行选择。

表 2-1　增值税一般纳税人登记表

纳税人名称			社会信用代码（纳税人识别号）		
法定代表人（负责人、业主）		证件名称及号码		联系电话	
财务负责人		证件名称及号码		联系电话	
办税人员		证件名称及号码		联系电话	
税务登记日期					
生产经营地址					
注册地址					
纳税人类别：企业□　非企业性单位□　个体工商户□　其他□					
主营业务类别：工业□　商业□　服务业□　其他□					
会计核算健全：是□					
一般纳税人资格生效之日：当月 1 日□　次月 1 日□					
纳税人（代理人）承诺： 　　会计核算健全，能够提供准确税务资料，上述各项内容真实、可靠、完整。如有虚假，愿意承担相关法律责任。 　　　　　　　经办人：　　　　　　法定代表人：　　　　代理人：（签章） 　　　　　　　　　　　　　　　　　　　　　　　　　年　　月　　日					
以下由税务机关填写					
主管税务机关受理情况	 　　　　　　　　　　　　　　　　　　　　受理人：主管税务机关（章） 　　　　　　　　　　　　　　　　　　　　　　　　年　　月　　日				

填表说明：

①本表由纳税人如实填写。

②表中"证件名称及号码"相关栏次，根据纳税人的法定代表人、财务负责人、办税人员的居民身份证、护照等有效身份证件及号码填写。

③表中"一般纳税人资格生效之日"由纳税人自行勾选。

④主管税务机关（章）指各办税服务厅业务专用章。

⑤本表一式二份，主管税务机关和纳税人各留存一份。

2）不办理一般纳税人登记的情况

下列纳税人不办理一般纳税人登记。

（1）按照政策规定，选择按照小规模纳税人纳税的。

（2）年应税销售额超过规定标准的其他个人。纳税人年应税销售额超过财政部、国家税务总局规定标准（以下简称"规定标准"），且符合有关政策规定，选择按小规模纳税人纳税的，应当向主管税务机关提交书面说明（表2-2）。

表 2-2　选择按小规模纳税人纳税的情况说明

纳税人名称		社会信用代码（纳税人识别号）	
连续不超过12个月或四个季度的经营期内累计应税销售额	货物劳务：	年　月至　　年　月共　　　元	
	应税行为：	年　月至　　年　月共　　　元	
情况说明			
纳税人（代理人）承诺： 上述各项内容真实、可靠、完整。如有虚假，愿意承担相关法律责任。 经办人：　　法定代表人：　　　代理人：　　　（签章） 　　　　　　　　　　　　　　　　　　　　　　　　　年　月　日			
以下由税务机关填写			
税务机关受理情况		受理人：　　　　　　受理税务机关（章） 　　　　　　　　　　　年　月　日	

填表说明：

①"情况说明"栏由纳税人填写符合财政部、国家税务总局规定可选择按小规模纳税人纳税的具体情形及理由。

②本表一式二份，主管税务机关和纳税人各留存一份。

除国家税务总局另有规定外，纳税人一经登记为一般纳税人后，不得转为小规模纳税人。主管税务机关可以在一定期限内对下列一般纳税人实行纳税辅导期管理：①新登记为一般纳税人的小型商贸批发企业；②国家税务总局规定的其他一般纳税人。

纳税辅导期管理的具体办法详见《国家税务总局关于印发〈增值税一般纳税人纳税辅导期管理办法〉的通知》（国税发〔2010〕40号）"。

为配合"一照一码"登记制度改革，国家税务总局对增值税一般纳税人管理有关事项进行了调整，主管税务机关在为纳税人办理增值税一般纳税人登记时，纳税人税务登记证件上不再加盖"增值税一般纳税人"戳记。经主管税务机关核对后退还纳税人留存的《增值税一般纳税人登记表》，可以作为证明纳税人具备增值税一般纳税人资格的凭据。

2.1.3 增值税税率和征收率

1. 增值税税率

增值税一般纳税人在一般计税方法下适用 3 种情况的比例税率：①是基本税率；②低税率；③出口货物、劳务或者境内单位和个人发生的跨境应税行为适用的零税率。自 2017 年 7 月 1 日起，简并增值税税率结构，将原来的 13% 的增值税税率调整为 11%。自 2018 年 5 月 1 日起，增值税一般纳税人发生增值税应税销售行为或者进口货物，原适用 17% 和 11% 税率的，税率分别调整为 16%、10%。自 2019 年 4 月 1 日起增值税一般纳税人发生增值税应税销售行为或者进口货物，原适用 16% 税率的，税率调整为 13%；原适用 10% 税率的，税率调整为 9%。自 2019 年 4 月 1 日起，增值税税率具体适用范围如下。

1）基本税率

增值税的基本税率为 13%，适用于纳税人销售或者进口货物（适用 9% 的低税率的除外）、提供加工修理修配劳务、有形动产租赁服务。

2）低税率

增值税的低税率分以下两档。

（1）低税率 9%

① 一般纳税人销售或者进口下列货物，税率为 9%。

农产品（含粮食，不含淀粉；含干姜、姜黄；不含麦芽、复合胶、人发制品）、自来水、暖气、石油液化气、天然气、食用植物油（含橄榄油，不含肉桂油、桉油、香茅油）、冷气、热水、煤气、居民用煤炭制品、食用盐、农机、饲料、农药、农膜、化肥、沼气、二甲醚、图书、报纸、杂志、音像制品、电子出版物。

② 一般纳税人销售交通运输、邮政、基础电信、建筑、不动产租赁服务，销售不动产，转让土地使用权，税率为 9%。

（2）低税率 6%

一般纳税人销售增值电信服务、金融服务、现代服务和生活服务，销售土地使用权以外的无形资产，税率为 6%。

3）零税率

（1）货物或者劳务适用的零税率

零税率适用于纳税人出口货物或者劳务，是税收优惠的一种体现，是为了鼓励企业出口货物或者劳务而采用的一种税率。但是，国务院另有规定的除外。

（2）服务或者无形资产（统称为"跨境应税行为"）适用的零税率

中华人民共和国境内（以下称"境内"）的单位和个人销售的下列服务或者无形资产，适用增值税零税率。

① 国际运输服务。国际运输服务是指在境内载运旅客或者货物出境；在境外载运旅客或者货物入境；在境外载运旅客或者货物。

② 航天运输服务。

③ 向境外单位提供的完全在境外消费的下列服务：

研发服务；合同能源管理服务；设计服务；广播影视节目（作品）的制作和发行服务；软件服务；电路设计及测试服务；信息系统服务；业务流程管理服务；离岸服务外包业务，包括信息技术外包服务（ITO）、技术性业务流程外包服务（BPO）、技术性知识流程外包服务（KPO），其所涉及的具体业务活动，按照《销售服务、无形资产、不动产注释》相对应的业务活动执行；转让技术。完全在境外消费，是指服务的实际接受方在境外，且与境内的货物和不动产无关；无形资产完全在境外使用，且与境内的货物和不动产无关；财政部和国家税务总局规定的其他情形。

④ 财政部和国家税务总局规定的其他服务。

2. 增值税征收率

一般纳税人特殊情况下采用简易计税方法适用征收率。小规模纳税人缴纳增值税采用简易计税方法适用征收率。除部分不动产销售和租赁行为的征收率为 5% 以外，小规模纳税人发生的应税行为以及一般纳税人发生特定应税行为，增值税征收率为 3%。

1）销售不动产

（1）一般纳税人销售其 2016 年 4 月 30 日前取得的不动产，可以选择适用简易计税方法，按照 5% 的征收率计算应纳税额。

（2）小规模纳税人销售其取得的不动产（不含个体工商户销售购买的住房和其他个人销售不动产），按照 5% 的征收率计算应纳税额。

（3）房地产开发企业中的一般纳税人，销售自行开发的房地产老项目，可以选择适用简易计税方法按照 5% 的征收率计算应纳税额。

（4）房地产开发企业中的小规模纳税人，销售自行开发的房地产项目，按照 5% 的征收率计算应纳税额。

（5）其他个人销售其取得（不含自建）的不动产（不含其购买的住房），按照 5% 的征收率计算应纳税额。

2）不动产经营租赁服务

（1）一般纳税人出租其 2016 年 4 月 30 日前取得的不动产，可以选择适用简易计税方法，按照 5% 的征收率计算应纳税额。

（2）小规模纳税人出租其取得的不动产（不含个人出租住房），应按照 5% 的征收率计算应纳税额。

【任务分析 2-9】北京市雪亮照明制造有限公司是增值税一般纳税人，该公司销售产品、废料，对外捐赠、投资产品，进口原材料，为客户提供加工和修理服务，出租设备均应按 13% 税率计算缴纳增值税；对外提供运输服务，出租厂房均应按 9% 税率计算缴纳增值税；对外提供设计服务，转让非专利技术，转让股票均应按 6% 税率计算缴纳增值税。因为自用小汽车购进时不允许抵扣进项税额，所以公司销售自用小汽车，按规定应按 3% 征收率减按 2% 征收增值税。

（3）其他个人出租其取得的不动产（不含住房），应按照 5% 的征收率计算应纳税额。

（4）个人出租住房，应按照 5% 的征收率减按 1.5% 计算应纳税额。

任务 2.2　一般计税法计算增值税

北京市雪亮照明制造有限公司在确定了征税范围和相应税率后，需要选择适当的计税方法计算应纳增值税税额。

增值税的计税方法主要包括一般计税法和简易计税法。一般纳税人发生应税销售行为适用一般计税法计税。小规模纳税人发生应税销售行为适用简易计税法计税。一般纳税人销售或者提供或者发生财政部和国家税务总局规定的特定的货物、应税劳务、应税行为，也可以选择适用简易计税法计税，但是不得抵扣进项税额。

北京市雪亮照明制造有限公司属于一般纳税人，适用一般计税法计税。

计算公式如下。

当期应纳增值税税额 = 当期销项税额 − 当期进项税额

= 当期销售额（不含增值税）× 适用税率 − 当期进项税额

2.2.1　销项税额计算

销项税额是指纳税人发生应税销售行为时，按照销售额与规定税率计算并向购买方收取的增值税税额。销项税额的计算公式如下。

销项税额 = 销售额（不含税）× 适用税率

销项税额的计算取决于销售额和适用税率两个因素。在适用税率既定的前提下，销项税额的大小主要取决于销售额的大小。

销售额是指纳税人发生应税销售行为时向购买方（承受劳务和服务行为也视为购买方）收取的全部价款和价外费用。具体如下。

1. 一般销售

1）销售货物

销售货物是指有偿转让货物的所有权，能从购买方取得货币、货物或其他经济利益。

2）销售劳务

销售劳务是指有偿提供加工和修理修配劳务。

3）销售服务

销售服务是指提供交通运输服务、邮政服务、电信服务、建筑服务、现代服务、生活服务及金融服务，如咨询公司提供咨询服务、软件开发企业为客户开发软件、安装公司提供安装服务等实现的收入。

4）销售不动产

（1）纳税人转让不动产，按照有关规定差额缴纳增值税的，如因丢失等原因无法提供取得不动产时的发票，可向税务机关提供其他能证明契税计税金额的完税凭证等资料，进行差额扣除。

（2）纳税人以契税计税金额进行差额扣除的，按照下列公式计算增值税应纳税额。

① 2016年4月30日及以前缴纳契税的计算公式如下。

$$增值税应纳税额 = \frac{全部交易价格（含增值税）- 契税计税金额（含营业税）}{1+5\%} \times 5\%$$

② 2016年5月1日及以后缴纳契税的计算公式如下。

$$增值税应纳税额 = \left[\frac{全部交易价格（含增值税）}{1+5\%} - 契税计税金额（不含增值税） \right] \times 5\%$$

③ 纳税人同时保留取得不动产时的发票和其他能证明契税计税金额的完税凭证等资料的，应当凭发票进行差额扣除。

5）价外费用

价外费用是指价外收取的各种性质的收费，如手续费、奖励费、违约费、滞纳金、延期付款利息、赔偿金、代收款项、代垫款项、包装费、返还利润以及其他各种性质的价外收费。

凡随同应税销售行为向购买方收取的价外费用，无论其会计制度如何核算，均应并入销售额计算应纳税额。应当注意，根据国家税务总局规定：对增值税一般纳税人（包括纳税人自己或代其他部门）向购买方收取的价外费用和逾期包装物押金，应视为含增值税（以下简称"含税"）收入，在征税时应换算成不含税收入，再并入销售额。

【任务分析2-10】北京市雪亮照明制造有限公司业务（2）销售产品、业务（7）提供加工劳务、业务（11）提供运输服务、业务（32）提供设计服务、业务（34）对外租赁厂房和设备、业务（35）非专利技术转让，具体计算如下。

业务（2）：混合销售，应按销售货物缴纳增值税，销项税额 =（90 000＋5 000）× 13%=12 350（元）

业务（7）：销项税额 =715元

业务（11）：销项税额 =3 302.75元

业务（32）：销项税额 =12 000元

业务（34）：销项税额 =900＋390=1 290（元）

业务（35）：销项税额 =3 000元

2. 特殊销售

1）商业折扣

商业折扣是指销货方在发生应税销售行为时，因购货方购货数量较大等原因而给予购货方的价格优惠，如购买10件商品，销售价格折扣10%；购买50件商品，折扣20%等。

销售额和折扣额在同一张发票的"金额栏"上分别注明的，可按折扣后的余额作为销售额计算销项税额，仅在发票的"备注栏"注明折扣额的，折扣额不得从销售额中减除；如果将折扣额另开发票，无论其在财务上如何处理，扣除额均不得从销售额中减除。

【案例2-1】甲服装厂为增值税一般纳税人，2020年1月销售给乙企业300套服装，不含税价格为700元/套。由于乙企业购买数量较多，甲服装厂给予乙企业7折的优惠，并按原价开具了增值税专用发票，折扣额在同一张发票的"金额栏"注明。甲服装厂当月的销项税额如下。

销售额 =700×300×0.7=147 000（元）

$$销项税额 =147\,000×13\% =19\,110（元）$$

2）现金折扣

现金折扣是指销货方在发生应税销售行为后，为了鼓励购货方及早偿还货款而协议许诺给予购货方的一种折扣优待，如 10 天内付款，货款折扣 4%；20 天内付款，折扣 2%；30 天内付款，不享受折扣。由于销售折扣发生在应税销售行为之后，是一种融资性质的理财费用，因此，销售折扣不得从销售额中减除。

【任务分析 2-11】 2020 年 4 月 5 日，北京市雪亮照明制造有限公司销售给达美家居商城水晶灯 100 个，不含税单价 1 500 元，金额 150 000 元；景观灯 1 000 个，不含税单价 200 元，金额 200 000 元；税率 13%，双方当初签订合同规定：付款条件为 2/10、1/20、N/30；货已发出且开出增值税专用发票，货款尚未收到。

$$销售额 =150\,000＋200\,000=350\,000（元）$$
$$销项税额 =350\,000×13\%=45\,500（元）$$

3）销售折让

销售折让是指企业因售出商品的质量不合格等原因而在售价上给予的减让。对增值税而言，销售折让其实是指纳税人发生应税销售行为后因为劳动成果质量不合格等原因在售价上给予的减让，因此，对销售折让以折让后的货款为销售额。

【案例 2-2】 甲公司 2020 年 1 月 18 日销售一批商品，增值税发票注明的售价为 40 000 元，增值税为 5 200 元。货到后买方发现商品质量与合同要求不一致，要求给予价款 5% 的折让，甲公司同意折让。

$$销售额 =40\,000×（1－5\%）=38\,000（元）$$
$$销项税额 =38\,000×13\%=4\,940（元）$$

3. 视同销售

1）视同销售行为

视同销售行为全称为"视同销售货物行为"，意为其不同于一般销售，是一种特殊的销售行为，只是在税收的角度为了计税的需要将其"视同销售"。

2）视同销售价格确定

纳税人发生应税销售行为的情形，价格明显偏低并无正当理由的，或者视同发生应税销售行为而无销售额的，由主管税务机关按照下列顺序核定销售额。

（1）按照纳税人最近时期发生同类应税销售行为的平均销售价格确定。

（2）按照其他纳税人最近时期发生同类应税销售行为的平均销售价格确定。

（3）按照组成计税价格确定。组成计税价格的公式如下。

$$组成计税价格 = 成本 ×（1+ 成本利润率）$$

属于应征消费税的货物，其组成计税价格应加计消费税税额，公式如下。

$$组成计税价格 = 成本 ×（1+ 成本利润率）+ 消费税税额$$

或

$$组成计税价格 = 成本 ×（1+ 成本利润率）÷（1- 消费税税率）$$

成本利润率由国家税务总局确定。

【案例 2-3】乙公司是生产企业，增值税一般纳税人。2020 年 2 月将自产货物发放给职工作为春节福利，该货物市场公允价值含增值税价 113 万元，生产成本不含税价 80 万元。

$$销售额 =113÷（1＋13\%）=100（万元）$$
$$销项税额 =100×13\%=13（万元）$$

4. 差额确定销售额

1）金融商品转让

金融商品转让按照卖出价扣除买入价后的余额为销售额。

转让金融商品出现的正负差，按盈亏相抵后的余额为销售额。若相抵后出现负差，可结转下一纳税期与下期转让金融商品销售额相抵，但年末时仍出现负差的，不得转入下一个会计年度。

金融商品的买入价可以选择按照加权平均法或者移动加权平均法进行核算，选择后 36 个月内不得变更。

【案例 2-4】假设某经营金融业务的公司（一般纳税人）2020 年第四季度转让债券卖出价为 100 000 元（含增值税价格），该债券是 2019 年 9 月购入的，买入价为 60 000 元。该公司 2020 年第四季度之前转让金融商品亏损 15 000 元。

$$销售额 =100 000－60 000－15 000=25 000（元）$$
$$销项税额 =25 000÷（1＋6\%）×6\%=1 415.09（元）$$

2）旅游服务

纳税人提供旅游服务，可以选择以取得的全部价款和价外费用，扣除向旅游服务购买方收取并支付给其他单位或者个人的住宿费、餐饮费、交通费、签证费、门票费和支付给其他接团旅游企业的旅游费用后的余额为销售额。

3）人力资源外包

纳税人提供人力资源外包服务，按照经纪代理服务缴纳增值税，其销售额不包括受客户单位委托代为向客户单位员工发放的工资和代理缴纳的社会保险、住房公积金。

【案例 2-5】喜洋洋人力资源外包公司为增值税一般纳税人，于 2020 年 1 月份签约 A 客户，每月收取客户 50 000 元，代付工资社保等费用 45 000 元，对客户采用一般计税方式。

$$销售额 =（50 000－45 000）÷（1＋6\%）=4 716.98（元）$$
$$销项税额 =4 716.98×6\%=283.02（元）$$

2.2.2　进项税额计算

1. 凭票抵扣

1）增值税专用发票

从销售方取得的增值税专用发票上注明的增值税额可以抵扣。

增值税专用发票由基本联次或者基本联次附加其他联次构成，基本联次为三联：发票联、抵扣联和记账联。发票联作为购买方核算采购成本和增值税进项税额的记账凭证；抵扣联作为购买方报送主管税务机关认证和留存备查的凭证；记账联作为销售方核算销售收入和增值税销项税额的记账凭证。其他联次用途由一般纳税人自行确定。

2）机动车销售统一发票

从销售方取得的机动车销售统一发票上注明的增值税额可以抵扣。

《机动车销售统一发票》为计算机六联式发票。即第一联发票联（购货单位付款凭证），第二联抵扣联（购货单位扣税凭证），第三联报税联（车辆购置税征收单位留存），第四联注册登记联（车辆登记单位留存），第五联记账联（销货单位记账凭证），第六联存根联（销货单位留存）。第一联印色为棕色，第二联印色为绿色，第三联印色为紫色，第四联印色为蓝色，第五联印色为红色，第六联印色为黑色。发票代码、发票号码印色为黑色，当购货单位不是增值税一般纳税人时，第二联抵扣联由销货单位留存。

3）海关进口增值税专用缴款书

增值税一般纳税人进口货物时应准确填报企业名称，确保海关缴款书上的企业名称与税务登记的企业名称一致。税务机关将进口货物取得的属于增值税抵扣范围的海关缴款书信息与海关采集的缴款信息进行稽核比对。经稽核比对相符后，海关缴款书上注明的增值税额可作为进项税额在销项税额中抵扣。稽核比对不相符，所列税额暂不得抵扣，待核查确认海关缴款书票面信息与纳税人实际进口业务一致后，海关缴款书上注明的增值税额可作为进项税额在销项税额中抵扣。

【任务分析 2-12】北京市雪亮照明制造有限公司 4 月 21 日从境外进口原材料，取得的海关进口增值税专用缴款书上注明的增值税额，可以作为进项税额进行抵扣。

4）通行费增值税电子发票

通行费是指有关单位依法或者依规设立并收取的过路、过桥和过闸费用。

自 2018 年 1 月 1 日起，纳税人支付的道路通行费，按照收费公路通行费增值税电子普通发票上注明的增值税额抵扣进项税额。

2. 计算抵扣

1）农产品计算抵扣

自 2019 年 4 月 1 日起，纳税人购进农产品原适用 10% 扣除率的，扣除率调为 9%。纳税人购进用于生产或者委托加工 13% 税率货物的农产品，按照 10% 的扣除率计算进项税额。

【案例 2-6】某生产企业为增值税一般纳税人，生产的产品均适用 13% 的增值税税率。2020 年 4 月销售产品取得不含税销售额 100 万元，本月从农业生产者购进农产品作为生产用原材料，收购发票上注明买价为 50 万元。购进其他原材料取得增值税专用发票，注明的金额 10 万元，税额 1.3 万元。计算 2020 年 4 月该企业应纳增值税。

销项税额 =100×13%=13（万元）

进项税额 =50×10%＋1.3=6.3（万元）

2020 年 4 月该企业应纳增值税 =13－6.3=6.7（万元）

2）通行费计算抵扣

自 2018 年 1 月 1 日起，纳税人支付的道路、桥、闸通行费，按照以下规定抵扣进项税额。

（1）2018 年 1 月 1 日—6 月 30 日，纳税人支付的高速公路通行费，如暂未能取得收费公路通行费增值税电子普通发票，可凭取得的通行费发票（不含财政票据，下同）上注明的收费金额按照下列公式计算可抵扣的进项税额。

$$高速公路通行费可抵扣进项税额 = \frac{高速公路通行费发票上注明的金额}{1+3\%} \times 3\%$$

2018年1月1日至12月31日，纳税人支付的一级、二级公路通行费，如暂未能取得收费公路通行费增值税电子普通发票，可凭取得的通行费发票上注明的收费金额按照下列公式计算可抵扣进项税额。

$$一级、二级公路通行费可抵扣进项税额 = \frac{一级、二级公路通行费发票上注明的金额}{1+5\%} \times 5\%$$

（2）纳税人支付的桥、闸通行费，暂凭取得的通行费发票上注明的收费金额按照下列公式计算可抵扣的进项税额。

$$桥、闸通行费可抵扣进项税额 = \frac{桥、闸通行费发票上注明的金额}{1+5\%} \times 5\%$$

【案例2-7】某企业在2020年3月的经营中，支付桥、闸通行费7 140元，取得通行费发票（非财政票据）；支付高速公路通行费增值税电子普通发票注明税额492元，则该企业上述发票可抵扣进项税额如下。

$$进项税额 = 7\ 140 \div (1+5\%) \times 5\% + 492 = 832（元）$$

3）旅客运输计算抵扣

国内旅客运输服务限于与本单位签订了劳动合同的员工，以及本单位作为用工单位接受的劳务派遣员工发生的国内旅客运输服务。

纳税人允许抵扣的国内旅客运输服务进项税额，是指纳税人2019年4月1日及以后实际发生，并取得合法有效增值税扣税凭证注明的或依据其计算的增值税税额。以增值税专用发票或增值税电子普通发票为增值税扣税凭证的，为2019年4月1日及以后开具的增值税专用发票或增值税电子普通发票。

纳税人未取得增值税专用发票的，暂按照以下规定确定进项税额。

（1）纳税人购进国内旅客运输服务，以取得的增值税电子普通发票上注明的税额为进项税额的，增值税电子普通发票上注明的购买方"名称""纳税人识别号"等信息，应当与实际抵扣税款的纳税人一致，否则不予抵扣。

（2）取得注明旅客身份信息的航空运输电子客票行程单的，按照下列公式计算进项税额。

$$航空旅客运输进项税额 = （票价 + 燃油附加费） \div (1+9\%) \times 9\%$$

（3）取得注明旅客身份信息的铁路车票的，按照下列公式计算进项税额。

$$铁路旅客运输进项税额 = 票面金额 \div (1+9\%) \times 9\%$$

（4）取得注明旅客身份信息的公路、水路等其他客票的，按照下列公式计算进项税额。

$$公路、水路等其他旅客运输进项税额 = 票面金额 \div (1+3\%) \times 3\%$$

【案例2-8】金海公司系增值税一般纳税人，处于持续经营状态，2020年6月公司汇总报销差旅费的情况如下。

取得增值税专用发票1份，注明销售额5 000元，税额450元；打车取得电子发票5份，注明销售额 1 000 元,税额 30 元;取得《航空运输电子客票行程单》2 份,注明票价 3 000 元,燃油附加费 100 元;报销高铁票 2 份,票价合计 880 元;报销公路客运票(票面注明身份信息)10 份,票价合计 640 元。

增值税专用发票和电子发票按照票面税额计算进项税额 =450＋30 = 480(元)

飞机票凭《电子行程单》上注明的金额计算进项税额 = [3 000(票价)＋100(燃油附加费)]÷(1＋9%)×9%

= 255.96(元)

高铁等铁路乘坐票的进项税额 = 880(票面金额)÷(1＋9%)×9%

= 72.66(元)

公路水运的客运票的进项税额 = 640(票面金额)÷(1＋3%)×3%

= 18.64(元)

进项税额合计 = 480＋255.96＋72.66＋18.64 = 827.26(元)

3. 进项税额转出

纳税人购进货物、劳务、服务、无形资产、不动产,取得的增值税扣税凭证不符合法律、行政法规或者国务院税务主管部门有关规定的,其进项税额不得从销项税额中抵扣。

按《中华人民共和国增值税暂行条例》和"营改增通知"及其他相关政策规定,下列项目的进项税额不得从销项税额中抵扣。

1)用于简易计税、免税、集体福利、个人消费

用于简易计税方法计税项目、免征增值税项目、集体福利或者个人消费的购进货物、劳务、服务、无形资产和不动产不得抵扣。

【案例 2-9】2020 年 1 月,某企业(增值税一般纳税人)将三个月前外购的一批已抵扣进项税额的生产用材料改变用途,用于集体福利,账面成本 20 000 元。

需要作进项税额转出 =20 000×13%= 2 600(元)

2)非正常损失

(1)非正常损失的购进货物,以及相关劳务和交通运输服务。

(2)非正常损失的在产品、产成品所耗用的购进货物(不包括固定资产)、劳务和交通运输服务。

(3)非正常损失的不动产,以及该不动产所耗用的购进货物、设计服务和建筑服务。

(4)非正常损失的不动产在建工程所耗用的购进货物、设计服务和建筑服务。纳税人新建、改建、扩建、修缮、装饰不动产,均属于不动产在建工程。

上述所说的非正常损失,是指因管理不善造成货物被盗、丢失、霉烂变质,以及因违反法律法规造成货物或者不动产被依法没收、销毁、拆除的情形。这些非正常损失是由纳税人自身原因造成导致征税对象实体的灭失,为保证税负公平,其损失不应由国家承担,因而纳税人无权要求抵扣进项税额。

【案例 2-10】某企业(增值税一般纳税人)2019 年 6 月开始一项不动产建造,在建工程发生全部进项税额 90 万元,已抵扣进项税额 52 万元,待抵扣进项税额 38 万元。2020 年 2 月,该在建不动产因违反规划而被政府强拆。

不动产在建工程发生非正常损失的，其耗用的购进货物、设计服务和建筑服务已抵扣的进项税额应于当期全部转出。因此该企业应转出已抵扣的进项税额52万元，和待抵扣进项税额38万元一并计入财产损失。

2.2.3　一般纳税人应纳税额计算

增值税一般纳税人发生应税销售行为的应纳税额，除适用简易征税办法外的，均应该等于当期销项税额抵扣当期进项税额后的余额。其计算公式如下。

$$当期应纳税额＝当期销项税额－当期进项税额$$

增值税一般纳税人当期应纳税额的多少，取决于当期销项税额和当期进项税额这两个因素。

【任务分析2-13】北京市雪亮照明制造有限公司为增值税一般纳税人，李想计算确定4月应纳税额为235 142.30元。根据工作任务中的各项业务，具体计算过程如下。

1）当期销项税额：382 713.07元

业务（2）：（90 000＋5 000）×13%=12 350（元）

业务（4）：150÷（1＋13%）×13%=17.26（元）

业务（5）：（150 000＋200 000）×13%=45 500（元）

业务（6）：15 080元

业务（7）：715元

业务（8）：4 068÷（1＋13%）×13%=468（元）

业务（11）：3 302.75元

业务（13）：6 461＋339÷（1＋13%）×13%=6 500（元）

业务（14）：28 831.40元

业务（25）：12 230.40元

业务（27）：100×360×13%=4 680（元）

业务（28）：5 000÷（1＋3%）×2%=97.09（元）

业务（30）：2 034 000÷（1＋13%）×13%=234 000（元）

业务（31）：104元

业务（32）：12 000元

业务（33）：（6.50－5）×30 000÷（1＋6%）×6%=2 547.17（元）

业务（34）：900＋390=1 290（元）

业务（35）：3 000元

2）当期进项税额：150 514.77元

业务（1）：30 420元

业务（3）：41 015元

业务（9）：8 411元

业务（10）：20 000×6%=1 200（元）

业务（12）：1 800元

业务（15）：19 500元

业务（16）：26 000 元

业务（17）：240 元

业务（18）：5 460＋180＋90＝5 730（元）

业务（19）：1 130÷（1＋13%）×13%＝130（元）

业务（21）：3 510 元

业务（23）：675＋265.20＝940.20（元）

业务（24）：558÷（1＋9%）×9%＝46.07（元）

业务（25）：360 元

业务（26）：75 000×（1＋15%）×13%＝11 212.50（元）

3）当前进项税额转出：2 944 元

业务（12）：1 800 元

业务（20）：2.80×1 000×13%＝364（元）

业务（36）：6 780÷（1＋13%）×13%＝780（元）

4）当前应纳税额：235 142.30 元

当前应纳税额＝382 713.07－150 514.77＋2 944＝235 142.30（元）

任务 2.3　简易计税法计算增值税及税收优惠

小规模纳税人发生应税销售行为适用简易计税法计税。一般纳税人销售或者提供财政部和国家税务总局规定的特定的货物、应税劳务、应税行为，也可以选择适用简易计税法计税，但是不得抵扣进项税额。

2.3.1　简易计税法计算增值税

简易计税法计算增值税计算公式如下。

当期应纳增值税税额＝当期销售额（不含增值税）×征收率

1. 一般纳税人简易计税

一般纳税人选择适用简易计税法计税，主要包括以下情况。

（1）县级及县级以下小型水力发电单位生产的自产电力。小型水力发电单位是指各类投资主体建设的装机容量为 5 万千瓦以下（含 5 万千瓦）的小型水力发电单位。

（2）自产建筑用和生产建筑材料所用的砂、土、石料。

（3）以自己采掘的砂、土、石料或其他矿物连续生产的砖、瓦、石灰（不含黏土实心砖、瓦）。

（4）自产用微生物、微生物代谢产物、动物毒素、人或动物的血液或组织制成的生物制品。

（5）自产的自来水。

（6）自来水公司销售自来水。

（7）自产的商品混凝土（仅限于以水泥为原料生产的水泥混凝土）。

（8）单采血浆站销售非临床用人体血液。

（9）寄售商店代销寄售物品（包括居民个人寄售的物品在内）。

（10）典当业销售死当物品。

（11）药品经营企业销售生物制品。

（12）公共交通运输服务。公共交通运输服务包括轮客渡、公交客运、地铁、城市轻轨、出租车、长途客运、班车。

班车是指按固定路线、固定时间运营并在固定站点停靠的运送旅客的陆路运输服务。

（13）经认定的动漫企业为开发动漫产品提供的动漫脚本编撰、形象设计、背景设计、动画设计、分镜、动画制作、摄制、描线、上色、画面合成、配音、配乐、音效合成、剪辑、字幕制作、压缩转码（面向网络动漫、手机动漫格式适配）服务，以及在境内转让动漫版权（包括动漫品牌、形象或者内容的授权及再授权）。

（14）电影放映服务、仓储服务、装卸搬运服务、收派服务和文化体育服务。

（15）以纳入营改增试点之日前取得的有形动产为标的物提供的经营租赁服务。

（16）在纳入营改增试点之日前签订的尚未执行完毕的有形动产租赁合同。

（17）以清包工方式提供的建筑服务。以清包工方式提供建筑服务是指施工方不采购建筑工程所需的材料或只采购辅助材料，并收取人工费、管理费或者其他费用的建筑服务。

（18）为甲供工程提供的建筑服务。甲供工程是指全部或部分设备、材料、动力由工程发包方自行采购的建筑工程。

（19）销售 2016 年 4 月 30 日前取得的不动产。

（20）房地产开发企业销售自行开发的房地产老项目。房地产老项目是指：

①《建筑工程施工许可证》注明的合同开工日期在 2016 年 4 月 30 日前的建筑工程项目。

② 未取得《建筑工程施工许可证》的，建筑工程承包合同注明的开工日期在 2016 年 4 月 30 日前的建筑工程项目。

（21）出租 2016 年 4 月 30 日前取得的不动产。

（22）提供非学历教育服务、教育辅助服务。

（23）一般纳税人收取试点前开工的一级公路、二级公路、桥、闸通行费。

（24）一般纳税人提供人力资源外包服务。

（25）一般纳税人 2016 年 4 月 30 日前签订的不动产融资租赁合同，或以 2016 年 4 月 30 日前取得的不动产提供的融资租赁服务。

（26）纳税人转让 2016 年 4 月 30 日前取得的土地使用权。

（27）一般纳税人提供劳务派遣服务，可以选择差额纳税，以取得的全部价款和价外费用，扣除代用工单位支付劳务派遣员工的工资、福利和为其办理社会保险及住房公积金后的余额为销售额，按照简易计税法依 5% 的征收率计算缴纳增值税。

（28）一般纳税人销售电梯的同时提供安装服务，其安装服务可以按照甲供工程选择适用简易计税法计税。

（29）房地产开发企业中的一般纳税人以围填海方式取得土地并开发的房地产项目，围填海工程《建筑工程施工许可证》或建筑工程承包合同注明的围填海开工日期在 2016 年 4 月 30 日前的，属于房地产老项目，可以选择适用简易计税法按照 5% 的征收率计算缴纳增值税。

一般纳税人发生财政部和国家税务总局规定的特定应税销售行为，一经选择适用简易计税法计税，36个月内不得变更。

2. 小规模纳税人简易计税

【案例 2-11】某餐馆为增值税小规模纳税人，2019年6月取得含增值税的餐饮收入总额为12.36万元。计算该餐馆6月应缴纳的增值税税额。

6月取得的不含税销售额 =12.36÷（1＋3%）=12（万元）

6月应缴纳增值税税额 =12×3%=0.36（万元）

纳税人适用简易计税法计税的，因销售折让、中止或者退回而退还给购买方的销售额，应当从当期销售额中扣减。扣减当期销售额后仍有余额造成多缴的税款，可以从以后的应纳税额中扣减。

对小规模纳税人发生上述情况而退还销售额给购买方，依照规定将所退的款项扣减当期销售额的，如果小规模纳税人已就该项业务委托税务机关为其代开了增值税专用发票的，应按规定申请开具红字专用发票。

【案例 2-12】某小规模纳税人经营某项应税服务，适用3%的征收率。2019年5月发生一笔销售额为120 000元的业务并就此缴纳了增值税。6月该业务由于合理原因发生退款（销售额均不含税）。

（1）假设6月该企业应税服务的销售额为150 000元，则：

6月最终的计税销售额 =150 000－120 000=30 000（元）

6月缴纳的增值税 =30 000×3%=900（元）

（2）假设6月该企业应税服务销售额为110 000元，7月该企业应税服务销售额为150 000元，则：

6月最终的计税销售额 =110 000－110 000=0（元）

6月应纳增值税额 =0×3%=0（元）

6月销售额不足扣减的部分（110 000－120 000）而多缴的税款为300元（10 000 × 3%），可以从以后纳税期的应纳税额中扣减。

7月企业实际缴纳的税额 =150 000×3%－300=4 200（元）

或   =（150 000－10 000）×3%=4 200（元）

2.3.2 税收优惠

1. 即征即退业务

（1）增值税一般纳税人销售其自行开发生产的软件产品，按13%税率征收增值税后，对其增值税实际税负超过3%的部分实行即征即退政策。

增值税一般纳税人将进口软件产品进行本地化改造后对外销售，其销售的软件产品可享受上款规定的增值税即征即退政策。本地化改造是指对进口软件产品进行重新设计、改进、转换等，单纯对进口软件产品进行汉字化处理不包括在内。

（2）一般纳税人提供管道运输服务，对其增值税实际税负超过3%的部分实行增值税即征即退政策。

（3）经人民银行、银监会或者商务部批准从事融资租赁业务的试点纳税人中的一般纳税人，提供有形动产融资租赁服务和有形动产融资性售后回租服务，对其增值税实际税负超过3%的部分实行增值税即征即退政策。

（4）自2018年5月1日至2020年12月31日，对动漫企业增值税一般纳税人销售其自主开发生产的动漫软件，按照13%的税率征收增值税后，对其增值税实际税负超过3%的部分，实行即征即退政策。

上述所称增值税实际税负，是指纳税人当期提供应税服务实际缴纳的增值税额占纳税人当期提供应税服务取得的全部价款和价外费用的比例。

（5）纳税人安置残疾人应享受增值税即征即退优惠政策。

① 纳税人是指安置残疾人的单位和个体工商户。

② 纳税人本期应退增值税额按以下公式计算。

本期应退增值税额＝本期所含月份每月应退增值税额之和

月应退增值税额＝纳税人本月安置残疾人员人数 × 本月月最低工资标准的4倍

月最低工资标准是指纳税人所在区县（含县级市、旗）适用的经省（含自治区、直辖市、计划单列市）人民政府批准的月最低工资标准。

纳税人新安置的残疾人从签订劳动合同并缴纳社会保险的次月起计算，其他职工从录用的次月起计算；安置的残疾人和其他职工减少的，从减少当月计算。

（6）增值税的退还。

纳税人本期已缴增值税额小于本期应退税额不足退还的，可在本年度内以前纳税期已缴增值税额扣除已退增值税额的余额中退还，仍不足退还的可结转本年度内以后纳税期退还。

年度已缴增值税额小于或等于年度应退税额的，退税额为年度已缴增值税额；年度已缴增值税额大于年度应退税额的，退税额为年度应退税额。年度已缴增值税额不足退还的，不得结转以后年度退还。

（7）纳税人享受增值税即征即退政策，有纳税信用级别条件要求的，以纳税人申请退税税款所属期的纳税信用级别确定。申请退税税款所属期内纳税信用级别发生变化的，以变化后的纳税信用级别确定。

【案例2-13】某管道运输企业为增值税一般纳税人，2019年11月取得不含税管道运输收入100万元，当月购进材料，取得增值税专用发票，注明金额40万元，假定当月取得的相关票据均符合税法规定并在当月抵扣进项税，该企业当月应缴纳增值税多少万元？

$$应纳增值税 =100×9\%-40×13\%=3.8（万元）$$

$$即征即退税额 =3.8-100×3\%=0.8（万元）$$

$$应缴纳增值税 =100×3\%=3（万元）$$

2. 税控设备和技术维护费抵减

自2011年12月1日起，增值税纳税人购买增值税税控系统专用设备支付的费用以及缴纳的技术维护费（以下称"二项费用"）可在增值税应纳税额中全额抵减。

（1）增值税纳税人2011年12月1日（含，下同）以后初次购买增值税税控系统专用设备（包括分开票机）支付的费用，可凭购买增值税税控系统专用设备取得的增值税专用发票，在增值税应纳税额中全额抵减（抵减额为价税合计额），不足抵减的可结转下期继续抵减。增值税纳税人非初次购买增值税税控系统专用设备支付的费用，由其自行负担，不得在增值税应纳税额中抵减。

增值税税控系统包括：增值税防伪税控系统、货物运输业增值税专用发票税控系统、机动车销售统一发票税控系统和公路、内河货物运输业发票税控系统。

增值税防伪税控系统的专用设备包括金税卡、IC 卡、读卡器或金税盘和报税盘；货物运输业增值税专用发票税控系统专用设备包括税控盘和报税盘；机动车销售统一发票税控系统和公路、内河货物运输业发票税控系统专用设备包括税控盘和传输盘。

（2）增值税纳税人 2011 年 12 月 1 日以后缴纳的技术维护费（不含补缴的 2011 年 11 月 30 日以前的技术维护费），可凭技术维护服务单位开具的技术维护费发票，在增值税应纳税额中全额抵减，不足抵减的可结转下期继续抵减。技术维护费按照价格主管部门核定的标准执行。

（3）增值税一般纳税人支付的二项费用在增值税应纳税额中全额抵减的，其增值税专用发票不作为增值税抵扣凭证，其进项税额不得从销项税额中抵扣。

（4）纳税人购买的增值税税控系统专用设备自购买之日起 3 年内因质量问题无法正常使用的，由专用设备供应商负责免费维修，无法维修的免费更换。

【案例 2-14】2020 年 1 月，某新办企业初次购买金税盘，费用 280 元，并且缴纳技术维护费 200 元，以后每年缴纳技术维护费 280 元。

新户初次购买金税盘及缴纳技术维护费 480 元，可以全额抵减税款；每年缴纳的技术维护费 280 元，可以全额抵减税款。

3. 销售自用的固定资产

1）小规模纳税人销售自己使用过的固定资产

小规模纳税人销售自己使用过的固定资产，减按 2% 征收率征收增值税，应开具普通发票，不得由税务机关代开增值税专用发票。

【案例 2-15】甲公司为增值税小规模纳税人，2020 年第 1 季度销售自己使用过的小轿车，自行开具增值税普通发票，金额 51 500 元。

销售自己使用过固定资产的不含税收入 =51 500÷（1＋3%）=50 000（元）

应缴增值税 =50 000×2%=1 000（元）

2）一般纳税人销售自己使用过的固定资产

（1）销售自己使用过的 2008 年 12 月 31 日以前购进或者自制的固定资产，按照 3% 征收率减按 2% 征收增值税，应开具普通发票，不得开具增值税专用发票。

（2）销售自己使用过的 2009 年 1 月 1 日以后购进或者自制的并且属于不得抵扣且未抵扣进项税额的固定资产，按简易办法 3% 征收率减按 2% 征收增值税，应开具普通发票，不得开具增值税专用发票。

（3）销售自己使用过的 2009 年 1 月 1 日以后购进或者自制的可以抵扣进项税额的固定资产，按照适用税率征收增值税，可开具增值税专用发票。

【案例 2-16】某公司 2020 年 1 月出售 A 型和 B 型两台使用过的用于生产应税货物的机器，其中 A 机器于 2008 年 8 月购入，以价税合计 40 000 元出售；B 机器于 2009 年 2 月份购入，以价税合计 45 000 元出售。

当月出售 A 机器按简易办法依征税率 3% 减按 2% 征收增值税，应缴增值税 = 40 000÷（1＋3%）×2% = 776.70（元）。

当月出售 B 机器按一般计税方法依适用税率计算，增值税销项税额 = 45 000÷（1＋13%）×13% = 5 176.99（元）。

3）其他个人销售自己使用过的固定资产

其他个人销售自己使用过的固定资产免征增值税。

4. 小微企业税收优惠

为进一步支持小微企业发展，财政部、税务总局发布公告（2022 年第 15 号），规定自 2022 年 4 月 1 日至 2022 年 12 月 31 日，增值税小规模纳税人适用 3% 征收率的应税销售收入，免征增值税；适用 3% 预征率的预缴增值税项目，暂停预缴增值税。

任务 2.4 管理增值税发票

增值税专用发票是增值税一般纳税人销售货物、提供应税劳务或者发生应税行为开具的发票，是购买方支付增值税税额并可按照增值税有关规定，据以抵扣增值税进项税额的凭证。为更好地使用和管理增值税专用发票，李想还应了解增值税发票的管理方法。

2.4.1 增值税发票种类

增值税发票包括增值税专用发票、普通发票及专业发票。

1. 增值税专用发票

增值税专用发票是专门用于结算销售货物或者提供应税劳务使用的一种发票。由记账联、抵扣联和发票联三联构成，仅限于增值税一般纳税人使用。

2. 普通发票

普通发票主要由增值税小规模纳税人使用，增值税一般纳税人在不能开具增值税专用发票的情况下也可以使用。其基本联次包括存根联、发票联和记账联三联。

3. 专业发票

如国有邮政、电信企业的邮票、电报收据；国有铁路、民用航空企业和交通部门、国有公路、水上运输企业的客票、货票等。

2.4.2 发票申领

增值税一般纳税人首次申请领购增值税专用发票的具体流程如图 2-37 所示。

2.4.3 发票开具

1. 增值税专用发票的开具条件

纳税人销售货物或者应税劳务，应当向索取增值税专用发票的购买方开具增值税专用发

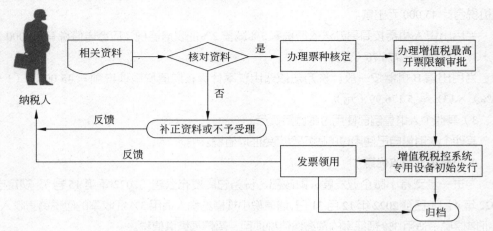

图 2-37　首次申请领购发票流程图

票。属于下列情形之一的，不得开具增值税专用发票。

（1）向消费者个人销售货物、提供应税劳务或者发生应税行为的。

（2）销售货物、提供应税劳务或发生应税行为适用免征增值税规定的。

（3）经纪代理服务中，向委托方收取的政府性基金或者行政事业性收费。

（4）金融商品转让。

（5）旅游服务，向旅游服务购买方收取并支付给其他单位或者个人的住宿费、餐饮费、交通费、签证费、门票费和支付给其他接团旅游企业的旅游费用。

（6）有形动产融资性售后回租服务，向承租方收取的有形动产价款本金。

（7）提供劳务派遣服务选择差额纳税，向用工单位收取用于支付给劳务派遣员工工资、福利和为其办理社会保险及住房公积金的费用等。

2. 增值税专用发票的开具要求

增值税专用发票应按下列要求开具。

（1）项目齐全，与实际交易相符。

（2）字迹清楚，不得压线、错格。

（3）发票联和抵扣联加盖发票专用章。

（4）按照增值税纳税义务的发生时间开具。不符合上列要求的增值税专用发票，购买方有权拒收。

（5）一般纳税人发生应税销售行为可汇总开具增值税专用发票。汇总开具增值税专用发票的，同时使用防伪税控系统开具《销售货物或者提供应税劳务清单》，并加盖财务专用章或者发票专用章。

（6）保险机构作为车船税扣缴义务人，在代收车船税并开具增值税发票时，应在增值税发票备注栏中注明代收车船税税款信息。具体包括：保险单号、税款所属期（详细至月）、代收车船税金额、滞纳金金额、金额合计等。该增值税发票可作为纳税人缴纳车船税及滞纳金的会计核算原始凭证。

3. 开具红字发票

纳税人开具增值税专用发票后，发生销货退回、开票有误、应税服务中止等情形但不符合发票作废条件，或者因销货部分退回及发生销售折让，需要开具红字增值税专用发票的，按以下方法处理。

（1）购买方取得增值税专用发票已用于申报抵扣的，购买方可在新系统中填开并上传《开具红字增值税专用发票信息表》（以下简称《信息表》），在填开《信息表》时不填写相对应的蓝字增值税专用发票信息，应暂依《信息表》所列增值税税额从当期进项税额中转出，待取得销售方开具的红字增值税专用发票后，与《信息表》一并作为记账凭证。

购买方取得增值税专用发票未用于申报抵扣、但发票联或抵扣联无法退回的，购买方填开《信息表》时应填写相对应的蓝字增值税专用发票信息。

销售方开具增值税专用发票尚未交付购买方，以及购买方未用于申报抵扣并将发票联及抵扣联退回的，销售方可在新系统中填开并上传《信息表》。销售方填开《信息表》时应填写相对应的蓝字增值税专用发票信息。

（2）主管税务机关通过网络接收纳税人上传的《信息表》，系统自动校验通过后，生成带有"红字发票信息表编号"的《信息表》，并将信息同步至纳税人端系统中。

（3）销售方凭税务机关系统校验通过的《信息表》开具红字增值税专用发票，在新系统中以销项负数开具。红字增值税专用发票应与《信息表》一一对应。

（4）纳税人也可凭《信息表》电子信息或纸质资料到税务机关对《信息表》内容进行系统校验。

4. 不得开具增值税专用发票

属于下列情形之一的，不得开具增值税专用发票。

（1）向消费者个人销售货物、提供应税劳务或者发生应税行为的。

（2）销售货物、提供应税劳务或者发生应税行为适用增值税免税规定的，法律、法规及国家税务总局另有规定的除外。

（3）部分适用增值税简易征收政策规定的。

① 增值税一般纳税人的单采血浆站销售非临床用人体血液选择简易计税的。

② 纳税人销售旧货，按简易办法依 3% 征收率减按 2% 征收增值税的。

③ 纳税人销售自己使用过的固定资产，适用按简易办法依 3% 征收率减按 2% 征收增值税政策的。

纳税人销售自己使用过的固定资产，适用简易办法依照 3% 征收率减按 2% 征收增值税政策的，可以放弃减税，按照简易办法依照 3% 征收率缴纳增值税，并可以开具增值税专用发票。

（4）法律、法规及国家税务总局规定的其他情形。

5. 代开发票

（1）已办理税务登记的小规模纳税人（包括个体工商户）以及国家税务总局确定的其他可予代开增值税专用发票的纳税人，发生增值税应税行为，可以申请代开增值税专用发票。

（2）有下列情形之一的，可以向税务机关申请代开增值税普通发票：

① 被税务机关依法收缴发票或者停止发售发票的纳税人，取得经营收入需要开具增值税普通发票的；

② 正在申请办理税务登记的单位和个人，对其自领取营业执照之日起至取得税务登记证件期间发生的业务收入需要开具增值税普通发票的；

③ 应办理税务登记而未办理的单位和个人，主管税务机关应当依法予以处理，并在补办税务登记手续后，对其自领取营业执照之日起至取得税务登记证件期间发生的业务收入需要开具增值税普通发票的；

④ 依法不需要办理税务登记的单位和个人，临时取得收入，需要开具增值税普通发票的。

增值税纳税人应在代开增值税专用发票的备注栏上，加盖本单位的发票专用章（为其他个人代开的特殊情况除外）。税务机关在代开增值税普通发票以及为其他个人代开增值税专用发票的备注栏上，加盖税务机关代开发票专用章。

6. 增值税发票的开具流程

增值税发票的开具流程如图 2-38 所示。

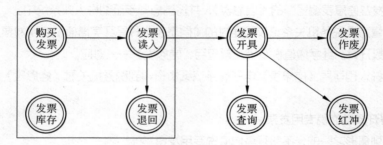

图 2-38　增值税发票的开具流程图

2.4.4　发票认证

增值税一般纳税人取得的 2017 年 1 月 1 日及以后开具的增值税专用发票、海关进口增值税专用缴款书、机动车销售统一发票、收费公路通行费增值税电子普通发票，不再需要在 360 日内认证确认，已经超期的，也可以自 2020 年 3 月 1 日后，通过本省（自治区、直辖市和计划单列市）增值税发票综合服务平台进行用途确认。

增值税一般纳税人取得的 2016 年 12 月 31 日及以前开具的增值税专用发票、海关进口增值税专用缴款书、机动车销售统一发票，超过认证确认期限，但符合相关条件的，仍可按照《国家税务总局关于逾期增值税扣税凭证抵扣问题的公告》（2011 年第 50 号，国家税务总局公告 2017 年第 36 号、2018 年第 31 号修改）、《国家税务总局关于未按期申报抵扣增值税扣税凭证有关问题的公告》（2011 年第 78 号，国家税务总局公告 2018 年第 31 号修改）规定，继续抵扣其进项税额。

发票抵扣勾选操作流程如图 2-39 所示。

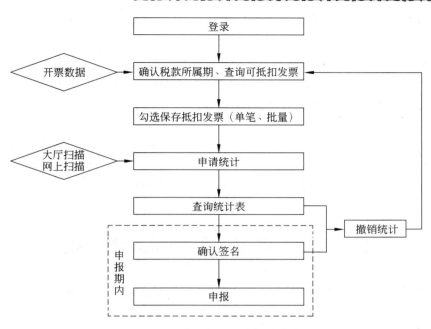

图 2-39　发票抵扣勾选操作流程

2.4.5　税务管理机器人

随着机器人的广泛应用，税务管理成为机器人应用比较成熟的领域，特别是在增值税发票开具、发票验真、发票认证等方面。

1. 增值税发票开具机器人

基于现有待开票数据，财务机器人操作专用开票软件自动开具增值税普通发票和增值税专用发票，在提高开票效率的同时可避免人为录入错误情况发生。增值税发票开具机器人的工作流程如图 2-40 所示。

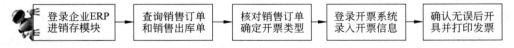

图 2-40　增值税发票开具机器人的工作流程

2. 发票验真机器人

财务机器人利用 OCR 技术对票据进行批量扫描，将其转化为电子数据，然后通过国家税务总局增值税发票查验平台进行统一查询、验证、反馈和记录。财务机器人的发票查验流程如图 2-41 所示。

图 2-41　财务机器人的发票查验流程

同时，财务机器人可以与企业管理系统连接，完成三单匹配和自动过账等。

3. 发票认证机器人

基于现有已查验待认证的发票数据，财务机器人操作专用的增值税发票综合服务平台自动认证需要待认证的专用发票，在提高认证发票效率的同时可避免人为录入错误情况发生。发票认证机器人的工作流程如图 2-42 所示。

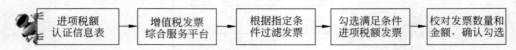

图 2-42　发票认证机器人的工作流程

任务 2.5　申报一般纳税人增值税

李想在确认了北京市雪亮照明制造有限公司的应纳增值税税额后，就可以按规定的纳税期限和纳税地点进行纳税申报了。

2.5.1　纳税义务发生时间、纳税期限和纳税地点

1. 纳税义务发生时间

纳税义务发生时间是纳税人发生应税销售行为应当承担纳税义务的起始时间。纳税义务发生时间的作用在于：一是正式确认纳税人和扣缴义务人已经发生属于税法规定的应税销售行为时，应承担的纳税和扣缴义务；二是有利于税务机关实施税务管理，合理规定申报期限和纳税期限，监督纳税人切实履行纳税义务。

1）应税销售行为纳税义务发生时间的一般规定

《增值税暂行条例》明确规定如下。

（1）纳税人发生应税销售行为，其纳税义务发生时间为收讫销售款项或者取得索取销售款项凭据的当天；先开具发票的，为开具发票的当天。

收讫销售款项是指纳税人发生应税销售行为过程中或者完成后收到的款项。取得索取销售款项凭据的当天是指书面合同确定的付款日期；未签订书面合同或者书面合同未确定付款日期的，为应税销售行为完成的当天或者不动产权属变更的当天。

（2）进口货物，为报关进口的当天。

（3）增值税扣缴义务发生时间为纳税人增值税纳税义务发生的当天。

2）应税销售行为纳税义务发生时间的具体规定

由于纳税人销售结算方式的不同，《增值税暂行条例实施细则》规定了具体的纳税义务发生时间。

（1）采取直接收款方式销售货物的，不论货物是否发出，均为收到销售款或者取得索取销售款凭据的当天。

纳税人生产经营活动中采取直接收款方式销售货物，已将货物移送对方并暂估销售收入

入账，但既未取得销售款或取得索取销售款凭据也未开具销售发票的，其增值税纳税义务发生时间为取得销售款或取得索取销售款凭据的当天；先开具发票的，为开具发票的当天。

（2）采取托收承付和委托银行收款方式销售货物，为发出货物并办妥托收手续的当天。

（3）采取赊销和分期收款方式销售货物，为书面合同约定的收款日期的当天，无书面合同的或者书面合同没有约定收款日期的，为货物发出的当天。

（4）采取预收货款方式销售货物，为货物发出的当天，但生产销售生产工期超过12个月的大型机械设备、船舶、飞机等货物，为收到预收款或者书面合同约定的收款日期的当天。

（5）委托其他纳税人代销货物，为收到代销单位的代销清单或者收到全部或者部分货款的当天。未收到代销清单及货款的，为发出代销货物满180天的当天。

（6）销售劳务，为提供劳务同时收讫销售款或者取得索取销售款的凭据的当天。

（7）纳税人发生除将货物交付其他单位或者个人代销和销售代销货物以外的视同销售货物行为，为货物移送的当天。

（8）纳税人提供租赁服务采取预收款方式的，其纳税义务发生时间为收到预收款的当天。

（9）纳税人从事金融商品转让的，为金融商品所有权转移的当天。

（10）纳税人发生视同销售服务、无形资产或者不动产情形的，其纳税义务发生时间为服务、无形资产转让完成的当天或者不动产权属变更的当天。

上述应税销售行为纳税义务发生时间和扣缴义务发生时间的确定，明确了企业在计算应纳税额时，对"当期销项税额"时间的限定，是增值税计税和征收管理中重要的规定。对于一些企业没有按照上述规定的纳税义务发生时间将实现的销售收入及时入账并计算纳税，而是采取延迟入账或不计销售收入等做法，以拖延纳税或逃避纳税的行为都是错误的。企业必须按上述规定的时限及时、准确地记录销售额和计算当期销项税额。

2. 纳税期限

在明确了增值税纳税义务发生时间后，还需要掌握具体纳税期限，以保证按期缴纳税款。增值税的纳税期限分别为1日、3日、5日、10日、15日、1个月或者1个季度。

纳税人的具体纳税期限，由主管税务机关根据纳税人应纳税额的大小分别核定。不能按照固定期限纳税的，可以按次纳税。

纳税人以1个月或者1个季度为1个纳税期的，自期满之日起15日内申报纳税；以1日、3日、5日、10日或者15日为1个纳税期的，自期满之日起5日内预缴税款，于次月1日起15日内申报纳税并结清上月应纳税款。

扣缴义务人解缴税款的期限，依照前两款规定执行。

纳税人进口货物，应当自海关填发进口增值税专用缴款书之日起15日内缴纳税款。

按固定期限纳税的小规模纳税人可以选择以1个月或1个季度为纳税期限，一经选择，一个会计年度内不得变更。

3. 纳税地点

（1）固定业户应当向其机构所在地主管税务机关申报纳税。总机构和分支机构不在同一县（市）的，应当分别向各自所在地的主管税务机关申报纳税；经财政部和国家税务总局或者其授权的财政和税务机关批准，可以由总机构汇总向总机构所在地的主管税务机关申报纳税。

根据税收属地管辖原则，固定业户应当向其机构所在地的主管税务机关申报纳税，这是一般性规定。这里的机构所在地是指纳税人的注册登记地。如果固定业户设有分支机构，且不在同一县（市）的，应当分别向各自所在地的主管税务机关申报纳税。经财政部和国家税务总局或者其授权的财政和税务机关批准，可以由总机构汇总向总机构所在地的主管税务机关申报纳税。具体审批权限如下。

① 总机构和分支机构不在同一省、自治区、直辖市的，经财政部和国家税务总局批准，可以由总机构汇总向总机构所在地的主管税务机关申报纳税。

② 总机构和分支机构不在同一县（市），但在同一省、自治区、直辖市范围内的，经省、自治区、直辖市财政厅（局）、国家税务局审批同意，可以由总机构汇总向总机构所在地的主管税务机关申报纳税。

（2）固定业户到外县（市）销售货物或者劳务，应当向其机构所在地的主管税务机关报告外出经营事项，并向其机构所在地的主管税务机关申报纳税；未报告的，应当向销售地或者劳务发生地的主管税务机关申报纳税；未向销售地或者劳务发生地的主管税务机关申报纳税的，由其机构所在地的主管税务机关补征税款。

（3）非固定业户销售货物或者劳务应当向销售地或者劳务发生地主管税务机关申报纳税；未向销售地或者劳务发生地的主管税务机关申报纳税的，由其机构所在地或者居住地主管税务机关补征税款。

（4）进口货物，应当向报关地海关申报纳税。

（5）扣缴义务人应当向其机构所在地或者居住地主管税务机关申报缴纳扣缴的税款。

2.5.2 增值税一般纳税人申报

1. 申报条件

增值税一般纳税人纳税申报是指增值税一般纳税人依照税收法律法规规定或主管税务机关依法确定的申报期限，向主管税务机关办理增值税纳税申报的业务。

2. 办理材料（表2-3）

表 2-3 增值税纳税申报办理资料

序号	材 料 名 称	必要性	报 送 情 形
1	《增值税及附加税费申报表（一般纳税人适用）》及其附列资料	必报	
2	金税盘或税控盘	条件报送	2015年4月1日起使用增值税发票系统升级版的，按照有关规定不使用网络办税或不具备网络条件的特定纳税人
3	《铁路建设基金纳税申报表》	条件报送	中国铁路总公司的铁路建设基金增值税纳税申报

续表

序号	材 料 名 称	必要性	报 送 情 形
4	《海关缴款书核查结果通知书》	条件报送	海关回函结果为"有一致的入库信息"的海关缴款书
5	《稽核结果比对通知书》	条件报送	辅导期一般纳税人
6	《分支机构增值税汇总纳税信息传递单》	条件报送	各类汇总纳税企业
7	《电力企业增值税销项税额和进项税额传递单》	条件报送	采用预缴方式缴纳增值税的发、供电企业
8	《代扣代缴税收通用缴款书抵扣清单》	条件报送	增值税一般纳税人发生代扣代缴事项
9	《增值税一般纳税人资产重组进项留抵税额转移单》	条件报送	增值税一般纳税人在资产重组过程中，将全部资产、负债和劳动力一并转让给其他增值税一般纳税人，原纳税人在办理注销登记前尚未抵扣的进项税额可结转至新纳税人处继续抵扣
10	增值税专用发票（含税控机动车销售统一发票）的抵扣联	条件报送	纳税人取得的符合抵扣条件且在本期申报抵扣的相关凭证
	海关进口增值税专用缴款书、购进农产品取得的普通发票的复印件		
	税收完税凭证及其清单，书面合同、付款证明和境外单位的对账单或者发票		
	已开具的农产品收购凭证的存根联或报查联		
11	支付给境内单位或者个人的款项，以发票为合法有效凭证	条件报送	纳税人销售服务、不动产和无形资产，在确定服务、不动产和无形资产销售额时，按照有关规定从取得的全部价款和价外费用中扣除价款
	支付给境外单位或者个人的款项，以该单位或者个人的签收单据为合法有效凭证，税务机关对签收单据有疑义的，可以要求其提供境外公证机构的确认证明		
	缴纳的税款，以完税凭证为合法有效凭证		

续表

序号	材 料 名 称	必要性	报 送 情 形
11	扣除的政府性基金、行政事业性收费或者向政府支付的土地价款，以省级以上（含省级）财政部门监（印）制的财政票据为合法有效凭证		
12	《农产品核定扣除增值税进项税额计算表（汇总表）》	条件报送	部分行业试行农产品增值税进项税额核定扣除办法的一般纳税人
	《投入产出法核定农产品增值税进项税额计算表》		
	《成本法核定农产品增值税进项税额计算表》		
	《购进农产品直接销售核定农产品增值税进项税额计算表》		
	《购进农产品用于生产经营且不构成货物实体核定农产品增值税进项税额计算表》		

【任务分析 2-14】李想填报北京市雪亮照明制造有限公司 4 月增值税纳税申报表。申报流程如图 2-43 所示。

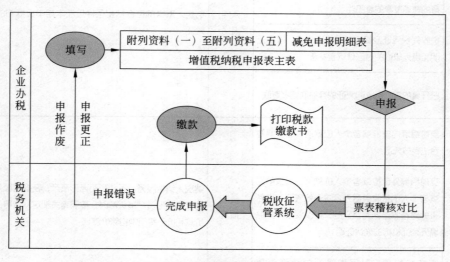

图 2-43　增值税纳税申报流程

（1）一般纳税人增值税纳税申报表的填写（表2-4）。

根据国家税收法律法规及增值税暂行条例规定制定本表。纳税人不论有无销售额，均应按税务机关核定的纳税期限填写本表，并向当地税务机关申报。

表2-4　增值税及附加税费申报表

（一般纳税人适用）

税款所属期：自　年　月　日　至　年　月　日　　　　　　填表日期：　年　月　日　　　　　　金额单位：人民币元（列至角分）

纳税人识别号						
纳税人名称	（公章）	注册地址			所属行业	
开户银行及账号		法定代表人姓名		生产经营地址		电话号码
		登记注册类型				

| | 项目 | 栏次 | 一般项目 | | 即征即退项目 | |
			本月数	本年累计	本月数	本年累计
销售额	（一）按适用税率计税销售额	1	3 256 552.24	3 256 552.24	0.00	0.00
	其中：应税货物销售额	2	2 761 592.74	2 761 592.74		0.00
	应税劳务销售额	3	6 300.00	6 300.00		0.00
	纳税检查调整的销售额	4	0.00	0.00		0.00
	（二）按简易办法计税销售额	5	4 854.37	4 854.37		0.00
	其中：纳税检查调整的销售额	6	0.00	0.00	—	—
	（三）免、抵、退办法出口销售额	7	0.00	0.00	—	—
	（四）免税销售额	8	0.00	0.00	—	—
	其中：免税货物销售额	9		0.00	—	—
	免税劳务销售额	10		0.00	—	—
税款计算	销项税额	11	382 615.98	382 615.98	0.00	0.00
	进项税额	12	150 514.77	150 514.77		0.00
	上期留抵税额	13	0.00	—	0.00	—
	进项税额转出	14	2 944.00	2 944.00		0.00
	免、抵、退应退税额	15		0.00	—	—
	按适用税率计算的纳税检查应补缴税额	16		0.00	—	—

项　目		栏　次	一般项目		即征即退项目	
			本月数	本年累计	本月数	本年累计
税款计算	应抵扣税额合计	17=12+13-14-15+16	147 570.77	—	0.00	—
	实际抵扣税额	18（如17<11，则为17，否则为11）	147 570.77	—	0.00	—
	应纳税额	19=11-18	235 045.21	235 045.21	0.00	0.00
	期末留抵税额	20=17-18	0.00	145.63	0.00	—
	简易计税办法计算的应纳税额	21	145.63	145.63	0.00	0.00
	按简易计税办法计算的纳税检查应补缴税额	22		0.00	—	—
	应纳税额减征额	23	48.54	48.54	—	—
	应纳税额合计	24=19+21-23	235 142.30	235 142.30	0.00	0.00
税款缴纳	期初未缴税额（多缴为负数）	25	100 000.00	0.00	0.00	0.00
	实收出口开具专用缴款书退税额	26	0.00	0.00	—	0.00
	本期已缴税额	27=28+29+30+31	100 000.00	100 000.00	0.00	0.00
	①分次预缴税额	28				
	②出口开具专用缴款书预缴税额	29	0.00	0.00	—	—
	③本期缴纳上期应纳税额	30	100 000.00	0.00	0.00	0.00
	④本期缴纳欠缴税额	31			—	
	本期应补（退）税额（多缴为负数）	32=24+25+26-27	235 142.30	235 142.30	0.00	0.00
	其中：欠缴税额（≥0）	33=25+26-27	0.00		0.00	0.00
	本期应补（退）实际应纳税额	34 =24-28-29	235 142.30	235 142.30	0.00	—
	即征即退实际退税额	35*		—	0.00	0.00
	期初未缴查补税额	36				
	本期入库查补税额	37	0.00	0.00	—	—
	期末未缴查补税额	38=16+22+36-37	0.00	0.00	—	—

续表

项　目		栏　次	一　般　项　目		即征即退项目	
			本月数	本年累计	本月数	本年累计
附加税额	城市维护建设税本期应补（退税额）	39		16 459.96		16 459.96
	教育费附加本期应补（退）费额	40		7 054.27		7 054.27
	地方教育附加本期应补（退）费额	41		4 702.85		4 702.85

授权声明　如果你已委托代理人申报，请填写下列资料：

为代理一切税务事宜，现授权
　　　　　　　　　　　　（地址）　为本纳税人的代理申报人，任何与本申报表有关的
往来文件，都可寄予此人。

授权人签字：

申报人声明　本纳税表是根据国家税收法律法规及相关规定填报的，我确定它是真实的、可靠的、完整的。

声明人签字：

主管税务机关收：　　　接收人：　　　接收日期：

（2）增值税及附加税费申报表附列资料（一）的填写（表2-5）。

表2-5 增值税及附加税费申报表附列资料（一）

（本期销售情况明细）

税款所属期：自 年 月 日 至 年 月 日

纳税人名称：（公章）

金额单位：人民币元（列至角分）

项目及栏次	开具增值税专用发票		开具其他发票		未开具发票		纳税检查调整		合 计		价税合计	服务、不动产和无形资产扣除项目本期实际扣除金额	扣除后	
	销售额	销项（应纳）税额	销售额	销项（应纳）税额	销售额	销项（应纳）税额	销售额	销项税额	销售额	销项（应纳）税额	价税合计		含税（免税）销售额	销项（应纳）税额
	1	2	3	4	5	6	7	8	9=1+3+5+7	10=2+4+6+8	11=9+10	12	13=11-12	14=13÷（100%+税率或征收率）×税率或征收率
一般计税方法计税 — 全部征税项目 — 13%税率的货物及加工修理修配劳务	932 860.00	121 271.80	3 600.00	468.00	1 836 432.74	238 736.26		0.00	2 772 892.74	360 476.06	—	—	—	—
13%税率的服务、不动产和无形资产	3 000.00	390.00	0.00	0.00	0.00	0.00	0.00	0.00	3 000.00	390.00	3 390.00	0.00	3 390.00	390.00
9%税率的货物及加工修理修配劳务	0.00	0.00	0.00	0.00	0.00	0.00	0.00	0.00	0.00	0.00	—	—	—	—

续表

项目及栏次	开具增值税专用发票 销售额	开具增值税专用发票 销项（应纳）税额	开具其他发票 销售额	开具其他发票 销项（应纳）税额	未开具发票 销售额	未开具发票 销项（应纳）税额	纳税检查调整 销售额	纳税检查调整 销项税额	合计 销售额	合计 销项（应纳）税额	价税合计	服务、不动产和无形资产扣除项目本期实际扣除金额	扣除后 含税（免税）销售额	扣除后 销项（应纳）税额
	1	2	3	4	5	6	7	8	9=1+3+5+7	10=2+4+6+8	11=9+10	12	13=11−12	14=13÷（100%+税率或征收率）×税率或征收率
一、一般计税方法计税　全部征税项目　9%税率的服务、不动产和无形资产	46 697.24	4 202.75	—	0.00	—	0.00	—	0.00	46 697.24	4 202.75	50 899.99	0.00	50 899.99	4 202.75
6%税率	250 000.00	15 000.00	—	0.00	183 962.26	11 037.74	—	0.00	433 962.26	26 037.74	460 000.00	150 000.00	310 000.00	17 547.17
其中：即征即退项目　即征即退货物及加工修理修配劳务	—	—	—	—	—	—	—	—	—	—	—	—	—	—
即征即退服务、不动产和无形资产	—	—	—	—	—	—	—	—	—	—	—	—	—	—
二、简易计税方法计税　全部征税项目　6%征收率	—	—	—	—	—	—	—	—	0.00	0.00	0.00	0.00	0.00	—
5%征收率的货物及加工修理修配劳务	—	—	—	—	—	—	—	—	—	—	—	—	—	—
5%征收率的服务、不动产和无形资产	—	—	—	—	—	—	—	—	0.00	0.00	0.00	0.00	0.00	0.00

续表

项目及栏次	开具增值税专用发票 销售额 (1)	销项(应纳)税额 (2)	开具其他发票 销售额 (3)	销项(应纳)税额 (4)	未开具发票 销售额 (5)	销项(应纳)税额 (6)	纳税检查调整 销售额 (7)	销项税额 (8)	合计 销售额 (9=1+3+5+7)	销项(应纳)税额 (10=2+4+6+8)	价税合计 (11=9+10)	服务、不动产和无形资产扣除项目本期实际扣除金额 (12)	扣除后 含税(免税)销售额 (13=11−12)	扣除后 销项(应纳)税额 (14=13÷(100%+税率或征收率)×税率或征收率)
全部征税项目 4%征收率									0.00	0.00	—	—	—	—
3%征收率的货物及加工修理修配劳务	4 854.37	145.63							4 854.37	145.63	—	—	—	—
3%征收率的服务、不动产和无形资产									0.00	0.00	0.00	0.00	0.00	0.00
二、简易计税方法计税 预征率%			—	—	—	—	—	—	0.00	0.00	0.00	0.00	0.00	—
预征率%			—	—	—	—	—	—	0.00	0.00	0.00	0.00	0.00	—
预征率%			—	—	—	—	—	—	0.00	0.00	0.00	0.00	0.00	—
其中:即征即退项目 即征即退货物及加工修理修配劳务			—	—	—	—	—	—	0.00	0.00	—	—	—	—
即征即退服务、不动产和无形资产			—	—	—	—	—	—	0.00	0.00	0.00	0.00	0.00	0.00

续表

项目及栏次	开具增值税专用发票		开具其他发票		未开具发票		纳税检查调整		合计			服务、不动产和无形资产扣除项目本期实际扣除金额	扣除后	
	销售额	销项（应纳）税额	销售额	销项（应纳）税额	销售额	销项（应纳）税额	销售额	销项税额	销售额	销项（应纳）税额	价税合计		含税（免税）销售额	销项（应纳）税额
	1	2	3	4	5	6	7	8	9=1+3+5+7	10=2+4+6+8	11=9+10	12	13=11-12	14=13÷（100%+税率或征收率）×税率或征收率
三、免抵退税 货物及加工修理修配劳务	—	—	—	—	—	—	—	—	0.00	—	0.00	—	—	—
服务、不动产和无形资产	—	—	—	—	—	—	—	—	0.00	—	—	0.00	0.00	—
四、免税 货物及加工修理修配劳务	—	—	—	—	—	—	—	—	0.00	—	0.00	—	—	—
服务、不动产和无形资产	—	—	—	—	—	—	—	—	0.00	—	—	0.00	0.00	—

（3）增值税及附加税费申报表附列资料（二）的填写（表2-6）。

表2-6 增值税及附加税费申报表附列资料（二）

（本期进项税额明细）

税款所属期：日 年 月 日 至 年 月 日

纳税人名称：（公章）

金额单位：人民币元（列至角分）

一、申报抵扣的进项税额

项 目	栏 次	份数	金 额	税 额
（一）认证相符的增值税专用发票	1=2+3	15	1 095 240.00	139 256.20
其中：本期认证相符且本期申报抵扣	2	15	1 095 240	139 256.2
前期认证相符且本期申报抵扣	3			
（二）其他扣税凭证	4=5+6+7+8a+8b	2	86 761.93	11 258.57
其中：海关进口增值税专用缴款书	5	1	86 250.00	11 212.50
农产品收购发票或者销售发票	6			
代扣代缴税收缴款凭证	7			
加计扣除农产品进项税额	8a			
其他	8b	1	511.93	46.07
（三）本期用于购建不动产的扣税凭证	9	—	—	
（四）本期用于抵扣的旅客运输服务扣税凭证	10	1	511.93	46.07
（五）外贸企业进项税额抵扣证明	11	—	—	
当期申报抵扣进项税额合计	12=1+4+11	17	1 182 001.93	150 514.77

二、进项税额转出额

项 目	栏 次	税 额
本期进项税额转出额	13=14至23之和	2 944.00
其中：免税项目用	14	
集体福利、个人消费	15	1 800.00
非正常损失	16	364.00
简易计税方法征税项目用	17	
免抵退税办法不得抵扣的进项税额	18	
纳税检查调减进项税额	19	

续表

二、进项税额转出额

项目	栏次	税 额
红字专用发票信息表注明的进项税额	20	780.00
上期留抵税额抵减欠税	21	
上期留抵税额退税	22	
异常凭证转出进项税额	23a	
其他应作进项税额转出的情形	23b	

三、待抵扣进项税额

项目	栏次	份数	金 额	税 额
（一）认证相符的增值税专用发票	24	—	—	—
期初已认证相符但未申报抵扣	25			
其中：按照税法规定不允许抵扣	28			
	29=30+31+32+33	0	0.00	0.00
（二）其他扣税凭证	30	0	0.00	0.00
其中：海关进口增值税专用缴款书	31			
农产品收购发票或者销售发票	32			
	33			
	34			

四、其他

项目	栏次	份数	金 额	税 额
本期认证相符的增值税专用发票	35	15	1 095 240.00	139 256.20
代扣代缴税额	36	—	—	—

（4）增值税及附加税费申报表附列资料（三）的填写（表2-7）。

表2-7 增值税及附加税费申报表附列资料（三）

（服务、不动产和无形资产扣除项目明细）

税款所属期：自　　年　月　日至　　年　月　日

纳税人名称：（公章）　　　　　　　　　　　　　　　　　　　　　　金额单位：人民币元（列至角分）

项目及栏次		本期服务、不动产和无形资产价税合计额（免税销售额）	服务、不动产和无形资产扣除项目				
			期初余额	本期发生额	本期应扣除金额	本期实际扣除金额	期末余额
		1	2	3	4=2+3	5（5≤1且5≤4）	6=4−5
13%税率的项目	1	3 390.00			0.00		0.00
9%税率的项目	2	50 899.99			0.00		0.00
6%税率的项目（不含金融商品转让）	3	265 000.00			0.00		0.00
6%税率的金融商品转让项目	4	195 000.00		150 000.00	150 000.00	150 000.00	0.00
5%征收率的项目	5	0.00			0.00		0.00
3%征收率的项目	6						
免抵退税的项目	7						
免税的项目	8						

（5）增值税及附加税费申报表附列资料（四）的填写（表2-8）。

表2-8 增值税及附加税费申报表附列资料（四）

（税额抵减情况表）

税款所属期：自　　年　月　日至　　年　月　日

纳税人名称：（公章）　　　　　　　　　　　　　　　　　　　　　　金额单位：人民币元（列至角分）

一、税额抵减情况						
序号	抵减项目	期初余额	本期发生额	本期应抵减税额	本期实际抵减税额	期末余额
		1	2	3=1+2	4≤3	5=3−4
1	增值税税控系统专用设备费及技术维护费			0.00		0.00
2	分支机构预征缴纳税款			0.00		0.00
3	建筑服务预征缴纳税款					
4	销售不动产预征缴纳税款					
5	出租不动产预征缴纳税款					

二、加计抵减情况							
序号	加计抵减项目	期初余额	本期发生额	本期调减额	本期可抵减额	本期实际抵减额	期末余额
		1	2	3	4=1+2−3	5	6=4−5
6	一般项目加计抵减额计算				0.00		0.00
7	即征即退项目加计抵减额计算				0.00		0.00

（6）增值税及附加税费申报表（一般纳税人适用）附列资料（五）的填写（表2-9）。

表2-9　增值税及附加税费申报表（一般纳税人适用）附列资料（五）

（附加税费情况表）

税（费）款所属期：　年　月　日至　年　月　日

纳税人名称：（公章）

金额单位：人民币元（列至角分）

税（费）种	计税（费）依据 增值税税额	增值税免抵税额	留抵退税本期扣除额	税（费）率（%）	本期应纳税（费）额	减免政策适用主体 □个体工商户 □小型微利企业 适用减免政策起止时间 年 月 至 年 月 本期减税税（费）额 减免性质代码	减免税（费）额	小微企业"六税两费"减免政策 减征比例（%）	减征额	试点建设育产教融合型企业 减免性质代码	本期抵免金额	本期已缴税（费）额	本期应补（退）税（费）额
	1	2	3	4	5=(1+2-3)×4	6	7	8	9=(5-7)×8	10	11	12	13=5-7-9-11-12
城市维护建设税 1	235 142.30			7%	16 459.96								16 459.96
教育费附加 2	235 142.30			3%	7 054.27						—		7 054.27
地方教育附加 3	235 142.30			2%	4 702.85						—		4 702.85
合　计 4	—	—	—	—	28 217.08	—		—			—		28 217.08

本期是否适用小微企业"六税两费"减免政策　□是　□否

本期是否适用试点建设育产教融合型企业抵免政策　□是　□否

可用于扣除的增值税留抵退税额使用情况	
当期新增留抵退税资额	5
上期留抵可抵免金额	6
结转下期可抵免金额	7
当期新增可用于扣除的留抵退税额	8
上期结转可用于扣除的留抵退税额	9
结转下期可用于扣除的留抵退税额	10

（7）增值税减免税表的填写（表2-10）。

表2-10 增值税减免税申报明细表

税款所属期：自　　年　月　日至　　年　月　日

纳税人名称（公章）：　　　　　　　　　　　　　　　　　　　　金额单位：人民币元（列至角分）

一、减税项目						
减税性质代码及名称	栏次	期初余额	本期发生额	本期应抵减税额	本期实际抵减税额	期末余额
		1	2	3=1+2	4≤3	5=3-4
合　计	1	0.00	48.54	48.54	48.54	0.00
01129924（《财政部 国家税务总局关于简并增值税征收率政策的通知》财税〔2014〕57号）	2		48.54	48.54	48.54	0.00
……	……		……	……	……	……
	6			0.00		0.00

二、免税项目						
免税性质代码及名称	栏次	免征增值税项目销售额	免税销售额扣除项目本期实际扣除金额	扣除后免税销售额	免税销售额对应的进项税额	免税额
		1	2	3=1-2	4	5
合　计	7	0.00	0.00	0.00	0.00	0.00
出口免税	8	—	—	—	—	—
其中：跨境服务	9	—	—	—	—	—

（8）进行申报业务核算。

① 增值税。

借：应交税费—应交增值税（转出未交增值税）　　　235 142.30

　　贷：应交税费—未交增值税　　　　　　　　　　　　　　　235 142.30

② 城建税及教育费附加。

借：税金及附加　　　　　　　　　　　　　　　　28 217.08

　　贷：应交税费—城市维护建设税　　　　　　　　　　　16 459.96

　　　　—教育费附加　　　　　　　　　　　　　　　　　7 054.27

　　　　—地方教育费附加　　　　　　　　　　　　　　　4 702.85

任务2.6　申报小规模纳税人增值税

1. 申报条件

增值税小规模纳税人依照税收法律、法规、规章及其他有关规定，在规定的纳税期限内填报《增值税纳税申报表（小规模纳税人适用）》、附列资料和其他相关资料，向税务机关进行纳税申报。

2. 办理材料（表 2-11）

表 2-11　增值税及附加税费申报表（小规模纳税人）

序号	材料名称	必要性	报送情形
1	《增值税及附加税费申报表（小规模纳税人适用）》及其附列资料	必报	
2	金税盘或税控盘	条件报送	2015 年 4 月 1 日起使用增值税发票系统升级版的，按照有关规定不使用网络办税或不具备网络条件的纳税人
3	电力企业增值税销项税额和进项税额传递单	条件报送	实行预缴方式缴纳增值税的电力产品增值税纳税人

3. 小规模纳税人增值税纳税申报表的填写

公司名称：沈阳市 ×× 制冷设备有限公司

成立日期：2017 年 5 月 10 日

统一社会信用代码：91210106204160××××

地址及电话：沈阳市新中路 606 号　024-3268××××

开户行及账号：中国银行新中路支行　80010223156789××××

税务登记：增值税小规模纳税人

经营范围：制冷设备生产、销售

本季主要业务如下。

（1）2021 年 1 月销售货物取得不含税销售额为 105 000.00 元（图 2-44），2020 年 2 月销售货物取得不含税销售额为 120 000.00 元（图 2-45）。其中开具电子普通发票不含税金额为 85 000.00 元，其余为增值税普通发票。1 月、2 月应缴纳增值税额共计 6 750.00 元。

增值税电子普通发票汇总表

制表日期：2021年2月1日
所属期间：2021年1月
增值税普通发票统计表 1-01
增值税发票汇总表
纳税人登记号：91210106204160346
企业名称：沈阳市胜利制冷设备有限公司
地址电话：沈阳市新中路 606 号 024-32683421

★发票领用存情况★

期初库存份数 0　　　正数发票份数 5　　　负数发票份数 0
购进发票份数 50　　　正数废票份数 0　　　负数废票份数 0
退回发票份数 0　　　期末库存份数 45

★销项情况★
金额单位：元

序号	项目名称	合计	13%	9%	6%	3%	其他
1	销项正废金额	0.00	0.00	0.00	0.00	0.00	0.00
2	销项正数金额	105000.00	0.00	0.00	0.00	105000.00	0.00
3	销项负废金额	0.00	0.00	0.00	0.00	0.00	0.00
4	销项负数金额	0.00	0.00	0.00	0.00	0.00	0.00
5	实际销售金额	105000.00	0.00	0.00	0.00	105000.00	0.00
6	销项正废税额	0.00	0.00	0.00	0.00	0.00	0.00
7	销项正数税额	3150.00	0.00	0.00	0.00	3150.00	0.00
8	销项负废税额	0.00	0.00	0.00	0.00	0.00	0.00
9	销项负数税额	0.00	0.00	0.00	0.00	0.00	0.00
10	实际销项税额	3150.00	0.00	0.00	0.00	3150.00	0.00

图 2-44　1 月电子发票汇总表

增值税电子普通发票汇总表

制表日期：2021年3月1日
所属期间：2021年2月
增值税普通发票统计表 1-01
增值税发票汇总表
纳税人登记号：912101062041601346
企业名称：沈阳市胜利制冷设备有限公司
地址电话：沈阳市新中路 606 号 024-32683421

★发票领用存情况★

期初库存份数 45	正数发票份数 5	负数发票份数 0
购进发票份数 0	正数废票份数 0	负数废票份数 0
退回发票份数 0	期末库存份数 40	

★销项情况★
金额单位：元

序号	项目名称	合计	13%	9%	6%	3%	其他
1	销项正废金额	0.00	0.00	0.00	0.00	0.00	0.00
2	销项正数金额	85000.00	0.00	0.00	0.00	85000.00	0.00
3	销项负废金额	0.00	0.00	0.00	0.00	0.00	0.00
4	销项负数金额	0.00	0.00	0.00	0.00	0.00	0.00
5	实际销售金额	85000.00	0.00	0.00	0.00	85000.00	0.00
6	销项正废税额	0.00	0.00	0.00	0.00	0.00	0.00
7	销项正数税额	2550.00	0.00	0.00	0.00	2550.00	0.00
8	销项负废税额	0.00	0.00	0.00	0.00	0.00	0.00
9	销项负数税额	0.00	0.00	0.00	0.00	0.00	0.00
10	实际销项税额	2550.00	0.00	0.00	0.00	2550.00	0.00

图 2-45　2 月电子发票汇总表

（2）2021 年 3 月 12 日，向益阳集团有限公司销售空调不锈钢加厚支架并提供空调移机安装服务。其中空调不锈钢加厚支架不含税价款 60 000.00 元，安装费不含税价款 3 000.00 元。开具增值税普通发票（图 2-46）一张。

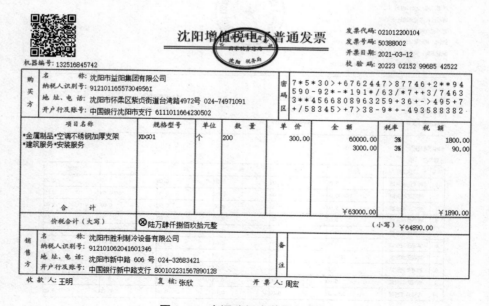

图 2-46　空调移机安装服务发票

（3）2021年3月16日，向中华公司销售空调，并向其开具了不含税价为150 000.00元的电子普通发票（图2-47）一张，款项通过银行收讫。

图2-47　空调发票

（4）2021年3月20日，向百旺金赋科技有限公司支付税控设备技术维护费，含税金额280.00元，取得增值税普通发票（图2-48）一张。

图2-48　技术维护费发票

（5）2021年3月22日，向新民公司销售空调外罩，收到含税收入36 360.00元，开具增值税普通发票（图2-49）一张。

图 2-49　空调外罩发票

（6）2021年3月24日，向张宏销售2007年购进的小轿车一辆，取得含税价款4 000.00元，未开具发票。

（7）2021年3月26日，销售闲置厂房，取得价款1 575 000.00元，购置成本1 050 000.00元，开具增值税普通发票（图2-50）一张，预缴税款25 000.00元。

图 2-50　厂房销售发票

根据以上业务，填报2020年第1季度增值税纳税申报表。

2021年第1季度增值税纳税申报表填报如下。

（1）小规模纳税人增值税及附加税费申报表（表2-12）。

表 2-12　增值税及附加税费申报表

（小规模纳税人适用）

纳税人识别号：

纳税人名称（公章）：

税款所属期：2021 年 1 月 1 日 至 2021 年 3 月 31 日　　　　　填表日期：2021 年 4 月 10 日　　　　　金额单位：人民币元（列至角分）

	项　　目	栏　次	本期数		本年累计	
			货物及劳务	服务、不动产和无形资产	货物及劳务	服务、不动产和无形资产
一、计税依据	（一）应征增值税不含税销售额（3% 征收率）	1	473 300.97		473 300.97	0.00
	税务机关代开的增值税专用发票不含税销售额	2	0.00		0.00	0.00
	税控器具开具的普通发票不含税销售额	3	473 300.97		473 300.97	0.00
	（二）应征增值税不含税销售额（5% 征收率）	4	—	500 000.00	—	500 000.00
	税务机关代开的增值税专用发票不含税销售额	5	—	—	—	0.00
	税控器具开具的普通发票不含税销售额	6	—	500 000.00	—	500 000.00
	（三）销售使用过的固定资产不含税销售额	7（7≥8）	3 883.50	—	3 883.50	—
	其中：税控器具开具的普通发票不含税销售额	8		—		—
	（四）免税销售额	9=10＋11＋12	0.00	0.00	0.00	0.00
	其中：小微企业免税销售额	10			0.00	0.00
	未达起征点销售额	11			0.00	0.00
	其他免税销售额	12			0.00	0.00
	（五）出口免税销售额	13（13≥14）			0.00	0.00
	其中：税控器具开具的普通发票销售额	14			0.00	0.00
二、税款计算	本期应纳税额	15	14 315.53	25 000.00	14 315.53	25 000.00
	本期应纳税额减征额	16	318.83	0.00	318.83	0.00
	本期免税额	17	0.00	0.00	0.00	0.00
	其中：小微企业免税额	18	0.00	0.00	0.00	0.00

续表

项目		栏次	本期数		本年累计	
			货物及劳务	服务、不动产和无形资产	货物及劳务	服务、不动产和无形资产
二、税款计算	未达起征点免税额	19	0.00	0.00	0.00	0.00
	应纳税额合计	20=15-16	13 996.70	25 000.00	13 996.70	25 000.00
	本期预缴税额	21	25 000.00	25 000.00	—	—
	本期应补（退）税额	22=20-21	13 996.70	0.00	—	—
三、附加税费	城市维护建设税本期应补（退）税额	23	979.77		979.77	
	教育费附加本期应补（退）费额	24	419.90		419.90	
	地方教育附加本期应补（退）费额	25	279.93		279.93	

纳税人或代理人声明：

本纳税申报表是根据国家税收法律法规及相关规定填报的，我确定它是真实的、可靠的、完整的。

如纳税人填报，由纳税人填写以下各栏：		
办税人员：		财务负责人：
法定代表人：		联系电话：
如委托代理人填报，由代理人填写以下各栏：		
代理人名称（公章）：		经办人：
		联系电话：

主管税务机关：

接收人：		接收日期：

（2）增值税及附加税费申报表（小规模纳税人适用）附列资料（一）（表 2-13）。

（3）增值税及附加税费申报表（小规模纳税人适用）附列资料（二）（表 2-14）。

（4）增值税减免税申报明细表（表 2-15）。

表 2-13　增值税及附加税费申报表（小规模纳税人适用）附列资料（一）

税款所属期：2021 年 1 月 1 日 至 2021 年 3 月 31 日　　　　　　　　　　填表日期：2021 年 4 月 10 日

纳税人名称（公章）:　　　　　　　　　　　　　　　　　　金额单位: 人民币元（列至角分）

应税行为（3% 征收率）扣除额计算			
期初余额	本期发生额	本期扣除额	期末余额
1	2	3（3≤1+2 之和，且 3≤5）	4 = 1+2－3
			0
应税行为（3% 征收率）计税销售额计算			
全部含税收入（适用 3% 征收率）	本期扣除额	含税销售额	不含税销售额
5	6=3	7 = 5－6	8 = 7÷1.03
0	0	0	
应税行为（5% 征收率）扣除额计算			
期初余额	本期发生额	本期扣除额	期末余额
9	10	11（11≤9+10 之和，且 11≤13）	12 = 9+10－11
	1 050 000	1 050 000	0
应税行为（5% 征收率）计税销售额计算			
全部含税收入（适用 5% 征收率）	本期扣除额	含税销售额	不含税销售额
13	14=11	15 = 13－14	16 = 15÷1.05
1 575 000	1 050 000	525 000	500 000

税（费）款所属期间：2021 年 1 月 1 日至 2021 年 3 月 31 日

纳税人名称：（公章）

表 2-14 增值税及附加税费申报表（小规模纳税人适用）附列资料（二）

（附加税费情况表）

金额单位：人民币元（列至角分）

税（费）种	计税（费）依据		税（费）率（%）	本期应纳税（费）额	本期减免税（费）额			增值税小规模纳税人"六税两费"减征政策			本期已缴税（费）额	本期应补（退）税（费）额
	增值税税额				减免性质代码	减免税（费）额		减征比例（%）	减征额		
	1		2	3=1×2	4	5		6	7=（3−5）×6	8	9=3−5−7−8
城市维护建设税	13 996.70		7%	979.77							979.77
教育费附加	13 996.70		3%	419.90							419.90
地方教育附加	13 996.70		2%	279.93							279.93
合　计	—		—	1 679.60	—			—			1 679.60

表 2-15　增值税减免税申报明细表

税款所属期: 2021 年 1 月 1 日 至 2021 年 3 月 31 日

纳税人名称（公章）:　　　　　　　　　　　　　　　　　　　　　　金额单位: 人民币元（列至角分）

一、减税项目						
减税性质代码及名称	栏次	期初余额	本期发生额	本期应抵减税额	本期实际抵减税额	期末余额
		1	2	3=1＋2	4≤3	5=3－4
合　计	1	0	318.83	318.83	318.83	0
01129917（购置增值税税控系统专用设备抵减增值税）	2		280	280	280	0
01129924（已使用固定资产减征增值税）	3		38.83	38.83	38.83	0
	4			0		0
	5			0		0
	6			0		0
二、免税项目						
免税性质代码及名称	栏次	免征增值税项目销售额	免税销售额扣除项目本期实际扣除金额	扣除后免税销售额	免税销售额对应的进项税额	免税额
		1	2	3=1－2	4	5
合　计	7	0	0	0	0	0
出口免税	8	—	—	—	—	—
其中: 跨境服务	9	—	—	—	—	—

任务 2.7　增值税筹划管理

对增值税税收筹划而言，必须遵循不违法原则和整体性原则，即在进行税收筹划时，不仅要注意以税收征管相关法律法规、《中华人民共和国增值税暂行条例》及其实施细则、相关补充规定等为依据，还要考虑与之有关的其他税种（消费税、城建税、教育费附加、所得税等）的税负效应，以进行整体筹划，防止顾此失彼。由于增值税税收筹划中的优惠政策较多，如何利用这些优惠政策进行增值税税收筹划，降低税负，日益成为人们关注的问题之一。另外，在兼营、混合销售经营活动中，涉及的业务较为复杂，税种较多，税率也不一致，如何使得整体税负最小，也日益成为筹划的对象。

2.7.1　企业类型选择

注册成立一家新公司，取得营业执照之后，一件非常重要的事情是进行税务登记。税务登记时，选择一般纳税人还是小规模纳税人，这直接影响企业所要承担的税负，甚至影响公司业务的发展。下面从税收筹划的角度介绍如何进行企业类型的选择。

【案例 2-17】畅通公司是一家小型运输企业，拥有 3 辆大型货车，主要从事公路货物运输业务。公司预测正常情况下年不含税营业收入为 450 万元。主要的成本、费用项目是货运车辆修理费、汽油费、供暖费等，估计约占销售额的 20%，可以取得增值税进项税额发票。其他杂费包括办公费用、停车场租赁费、物业费、水电费、供暖费等，每年可以取得 3 000 元左右的可抵扣进项税额发票。公司在以下业务方面暂不能取得增值税专用发票：人工成本、支付给个人房东的房租以及部分管理费用等。从减轻增值税税收负担率的角度考虑运输公司应该作为一般纳税人经营还是作为小规模纳税人经营。

筹划思路　国家税务总局公告 2016 年第 23 号第 2 条规定：营改增试点实施前销售服务、无形资产或者不动产的年应税销售额超过 500 万元的试点纳税人，应向主管国税机关办理增值税一般纳税人资格登记手续。对于这个案例首先应根据企业的经营项目，计算出企业的进项税额和销项税额；然后计算出企业年度应交增值税额；最后根据企业预测的年收入金额，测算出企业的增值税税收负担率，再进行对比。

方案 1：作为一般纳税人经营。

$$销项税额 = 450 \times 9\% = 40.5（万元）$$
$$进项税额 = 450 \times 20\% \times 13\% + 0.3 = 12（万元）$$
$$应纳增值税 = 40.5 - 12 = 28.5（万元）$$
$$税收负担率 = 28.5 \div 450 \times 100\% = 6.33\%$$

方案 2：作为小规模纳税人经营。

$$应纳增值税 = 450 \times 3\% = 13.5（万元）$$
$$税收负担率 = 13.5 \div 450 \times 100\% = 3\%$$

对企业纳税人身份的选择应考虑综合因素，本案例仅从税收负担率的角度考虑，企业采用税收负担率低的方案更合适，也就是作为小规模纳税人经营，税收负担更轻。

2.7.2　增值税纳税人供货商的选择

增值税纳税人可分为一般纳税人和小规模纳税人两类。企业进行采购时，可以选择从一般纳税人处采购，也可以选择从小规模纳税人处采购。不同纳税人身份的供应商对企业的增值税税负和税后净利润的影响也是不同的。

如果采购方企业是小规模纳税人，则不论是从一般纳税人处购进货物还是从小规模纳税人处购进货物，即使取得相应的可以抵扣的凭证，也不能抵扣进项。因此，对于小规模纳税人企业来说，只需要对比从不同供应商处采购货物的成本的大小即可。

如果采购方企业是一般纳税人，则从一般纳税人处采购可以取得增值税专用发票，可抵扣 13%、9% 或者 6% 的进项税额；从小规模纳税人处采购，如果取得其自开或代开的增值税专用发票，可抵扣 3% 的进项税额；如果只取得增值税普通发票，则不能抵扣进项。

【案例 2-18】 希望有限公司主要生产蒸锅、炒锅等不锈钢厨房用品，是增值税一般纳税人，适用的增值税税率为 13%。2021 年年初预计销售额为 1 000 万元（含税），需要采购不锈钢原材料 200 吨。现有甲、乙、丙三家供货商可以选择。这三家供货商的产品质量均满足企业对原材料的要求。公司本年其他可以抵扣的增值税进项税额约为 15 万元。请从节税的角度考虑企业应该选择哪一家供货商。

（1）甲为一般纳税人，每吨不锈钢含税价为 3 390 元，能够开具增值税专用发票，税率为 13%。

（2）乙为小规模纳税人，每吨不锈钢含税价为 3 090 元，可以自行开具增值税专用发票，税率为 3%。

（3）丙为小规模纳税人，每吨不锈钢含税价为 2 900 元，只能开具增值税普通发票。

假设企业所购原材料均被耗用，所生产产品均已出售，除原材料以外的其他成本费用为 0 元，城建税税率为 7%，教育费附加为 3%，地方教育费附加为 2%，企业所得税税率为 25%。

筹划思路　增值税小规模纳税人（其他个人除外）发生增值税应税行为，需要开具增值税专用发票的，可以自愿使用增值税发票管理系统自行开具。选择自行开具增值税专用发票的小规模纳税人，税务机关不再为其代开增值税专用发票。《中华人民共和国增值税暂行条例》第十二条规定，小规模纳税人增值税征收率为 3%，国务院另有规定的除外。

根据已知条件分别计算出从这三家公司处采购原材料的税收负担以及税后利润，对比税后利润后进行选择。

方案 1：从甲公司采购原材料。

每吨钢材增值税进项税额 = 3 390 ÷（1＋13%）×13% = 390（元）

每吨钢材采购成本 = 3 390－390 = 3 000（元）

本期应纳增值税 = [1 000 ÷（1＋13%）]×13%－200×390÷10 000－15

　　　　　　　 = 92.24（万元）

希望公司的税后利润 = [1 000 ÷（1＋13%）－200×3 000÷10 000－500－92.24×12%]×（1－25%）

　　　　　　　　　 = 610.42（万元）

方案 2：从乙公司采购原材料。

每吨钢材增值税进项税额 = 3 090 ÷（1＋3%）×3% = 90（元）

每吨钢材采购成本 = 3 090－90 = 3 000（元）

本期应纳增值税 = [1 000 ÷（1＋13%）]×13%－200×90÷10 000－15

　　　　　　　 = 98.24（万元）

希望公司的税后利润 = [1 000 ÷（1＋13%）－200×3 000÷10 000－98.24×12%]×（1－25%）

　　　　　　　　　 = 609.88（万元）

方案 3：从丙公司采购原材料。

　每吨钢材增值税进项税额 = 0 元

　每吨钢材采购成本 = 2 900 元

　本期应纳增值税 = [1 000 ÷（1＋13%）]×13%－15 = 100.04（万元）

　希望公司的税后利润 = [1 000 ÷（1＋13%）－200×2 900÷10 000－100.04×12%]×（1－25%）

　　　　　　　　　　 = 611.21（万元）

从计算结果看，从丙公司购入原材料，企业的税后利润最大，应该选择该方案。从案例计算过程可以看出，如果企业在决策时仅仅考虑税负率的高低作为决策依据，有可能做出不恰当的选择。比较科学合理的决策依据是企业税后利润及净利润，它直接反应了企业当期经营业绩好坏和经营成果的大小。

2.7.3　购进资产用途筹划

固定资产具有耗资多、价值大、使用年限长、风险大等特点，它在企业生产经营、生存发展中处于重要地位。因此，在实际工作中，必须重视固定资产购置的税收筹划。

【**案例 2-19**】一家设备有限公司本月的销项税额 371.6 万元，最近公司购进综合楼一栋，取得增值税专用发票注明的增值税税额200万元用于员工宿舍，问：进项税额是否能抵扣？如果不能抵扣，有没有什么好的筹划方案？

筹划思路 《关于全面推开营业税改征增值税试点的通知》（财税〔2016〕36号）附件一第二十七条第一款规定："下列项目的进项税额不得从销项税额中抵扣：（一）用于简易计税方法计税项目、免征增值税项目、集体福利或者个人消费的购进货物、加工修理修配劳务、服务、无形资产和不动产。其中涉及的固定资产、无形资产、不动产，仅指专用于上述项目的固定资产、无形资产（不包括其他权益性无形资产）、不动产。"

如果希望抵扣进项税额，可以拿出一间作为办公室使用。固定资产既用于一般计税方法计税项目，又用于简易计税方法计税项目、免征增值税项目、集体福利或者个人消费的，可以全额抵扣进项税额。

筹划前：整栋楼作为员工集体宿舍，进项税额为零。

筹划后：将一个房间作为办公室，剩余房间作为员工集体宿舍，进项税额为200万元。

企业将该栋楼既用于一般计税方法计税项目，又用于简易计税方法计税项目、免征增值税项目、集体福利或者个人消费，进项税额就可以抵扣，因此，应选择筹划后的方案。

模 块 小 结

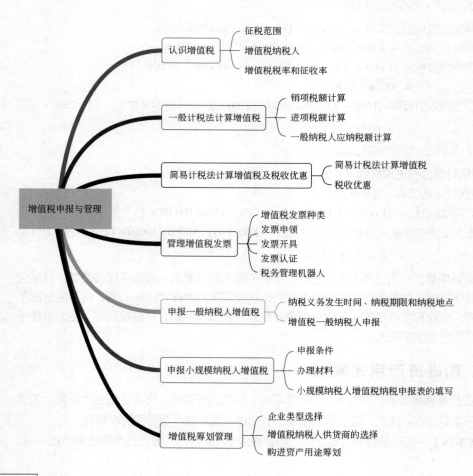

训 练 2

一、单项选择题

1. 某公司为增值税一般纳税人，2021年8月从国外进口一批音响，海关核定的关税完税价格为113万元，缴纳关税11.3万元，已知增值税税率为13%，该公司该笔业务应缴纳增值税税额的下列计算中，正确的是（　　）。

    A. 113×13% = 14.69（万元）

    B.（113＋11.3）×13% = 16.16（万元）

    C. 113÷（1＋13%）×13% = 13（万元）

    D.（113＋11.3）×（1＋13%）×13% = 14.3（万元）

2. 下列各项中免征增值税的是（　　）。

    A. 单位销售自己使用过的小汽车　　　　B. 企业销售自产的仪器设备

    C. 外贸公司进口服装　　　　　　　　　D. 农业生产者销售自产的蔬菜

3. 下列关于增值税纳税义务发生时间的表述中，不正确的是（　　）。

    A. 纳税人采取直接收款方式销售货物，为货物发出的当天

    B. 纳税人销售应税劳务，为提供劳务同时收讫销售款或者取得索取销售款凭据的当天

    C. 纳税人采取委托银行收款方式销售货物，为发出货物并办妥托收手续的当天

    D. 纳税人进口货物，为报关进口的当天

4. 下列各项中不属于按照"现代服务"缴纳增值税的是（　　）。

    A. 广告设计　　　　B. 有形动产租赁　　　　C. 不动产租赁　　　　D. 文化体育服务

5. 甲厂为增值税一般纳税人。2021年10月将500件衬衫销售给乙商场，含税单价为113元/件，由于乙商场购进的数量较多，甲厂决定给予7折优惠，开票时将销售额和折扣额在同一张发票金额栏上分别注明。已知增值税税率为13%，甲厂该笔业务的增值税销项税额的下列计算中，正确的是（　　）。

    A. 500×113×13%=7 345（元）

    B. 500×113÷（1＋13%）×13%=6 500（元）

    C. 500×113×70%×13%=5 141.5（元）

    D. 500×113×70%÷（1＋13%）×13%=4 550（元）

6. 某商店为增值税小规模纳税人，2021年8月销售商品取得含税销售额123 600元，购入商品取得普通发票注明金额10 000元。已知增值税税率为13%，征收率为3%，当月应缴纳增值税税额的下列计算列式中，正确的是（　　）。

    A. 123 600÷（1＋3%）×3%－10 000×3% = 3 300（元）

    B. 123 600×3%=3 708（元）

    C. 123 600×3%－10 000×3%=3 408（元）

    D. 123 600÷（1＋3%）×3%=3 600（元）

7. 某企业为增值税一般纳税人，2021年12月15日对外转让一块土地使用权，开具增值

税专用发票,价款为 3 000 万元。下列关于该项转让应缴纳的增值税的计算中正确的是(　　)。

    A. 3 000×9%=270（万元）　　　　　　B. 3 000×6%=180（万元）

    C. 3 000×13%=390（万元）　　　　　　D. 3 000×3%=90（万元）

8. 增值税一般纳税人提供有形动产租赁服务适用的税率为(　　)。

    A. 13%　　　　　　B. 12%　　　　　　C. 10%　　　　　　D. 6%

9. 某商业企业为增值税一般纳税人,8 月外购 180 万元的货物,取得增值税专用发票。当月销售货物 500 万元;将成本为 58 万元的一批外购商品对外投资,同类货物市场售价为 70 万元,上述售价均为不含税售价。则该企业 8 月应纳增值税为(　　)。

    A. 500×13%＋70×13%=74.1（万元）

    B. 500×13%＋70×13%－180×13%=50.7（万元）

    C. 500×13%＋58×13%－180×13%=49.14（万元）

    D. 500×13%－180×13%=41.6（万元）

10. ××公司为增值税一般纳税人,本月将一批新研制的产品赠送给老顾客使用,该公司并无同类产品销售价格,其他公司也无同类货物,已知该批产品的生产成本为 20 万元,该公司的成本利润率为 10%,则该公司本月视同销售的增值税销项税为(　　)元。

    A. 26 000　　　　　　B. 20 000　　　　　　C. 28 600　　　　　　D. 29 600

11. 根据增值税法律制度的规定,下列各项中,不按照"建筑服务"缴纳增值税的是(　　)。

    A. 园林绿化　　　　B. 搭脚手架　　　　C. 市容市政管理　　　　D. 表面附着物剥离

12. 上海市甲公司专门从事商业咨询服务。2021 年 10 月 15 日,向乙一般纳税人企业提供资讯信息服务,取得含增值税销售额 55 万元;10 月 20 日,向丙小规模纳税人提供注册信息服务,取得含增值税销售额 31.8 万元;10 月 25 日,购进办公用品,支出含税价款 2.26 万元,并取得增值税专用发票。已知,销售货物税率为 13%,"现代服务—鉴证咨询服务"税率为 6%,则甲公司当月应纳增值税税额的下列计算中,正确的是(　　)。

    A.（55＋31.8）÷（1＋6%）×6%－2.26÷（1＋13%）×13%=4.65（万元）

    B. 55÷（1＋6%）×6%＋31.8÷（1＋3%）×3%－2.26÷（1＋13%）×13%=3.78（万元）

    C. 55×6%＋31.8÷（1＋3%）×3%－2.26÷（1＋13%）×13%=3.97（万元）

    D.（55＋31.8）÷（1＋3%）×3%=2.53（万元）

13. 某企业以厂房作抵押向银行贷款,取得贷款后,又将厂房租予该银行使用,以房产租金抵交贷款利息,则该企业取得的厂房租金收入应按(　　)征收增值税。

    A. 销售不动产　　　B. 转让无形资产　　　C. 金融服务　　　D. 不动产租赁服务

14. 某公司为增值税一般纳税人,本月从国外进口一批高档化妆品,海关核定的关税完税价格为 100 万元。已知进口关税税率为 26%,消费税税率为 15%,增值税税率为 13%。则该公司进口环节应缴纳增值税的下列计算中,正确的是(　　)。

    A. 100×13%=13（万元）

    B.（100＋100×26%）×13%=16.38（万元）

    C.（100＋100×26%）×（1－15%）×13%=13.93（万元）

    D.（100＋100×26%）÷（1－15%）×13%=19.27（万元）

15. 根据增值税法律制度的规定,下列各项中,可以开具增值税专用发票的是(　　)。

A. 药店销售免税药品

B. 化妆品商店零售化妆品

C. 食品店向消费者个人销售食品

D. 汽车厂向索取增值税专用发票的购买方企业销售汽车

二、多项选择题

1. 一般纳税人发生下列应税行为中,可以选择适用简易计税方法计征增值税的有(　　)。

　　A. 电影放映服务　　B. 文化体育服务　　C. 收派服务　　　　D. 交通运输服务

2. 根据增值税法律制度的规定,下列各项中,一般纳税人企业的进项税额准予抵扣的有(　　)。

　　A. 国内旅客运输服务　　　　　　　　B. 广告服务

　　C. 贷款服务　　　　　　　　　　　　D. 住宿服务

3. 根据增值税法律制度的规定,企业发生的下列行为中,属于视同销售货物行为的有(　　)。

　　A. 将自产的货物分配给投资者　　　　B. 将货物交付他人代销

　　C. 将委托加工收回的货物用于集体福利　　D. 将购进的货物用于个人消费

4. 根据增值税法律制度的规定,下列项目应当征收增值税的有(　　)。

　　A. 无运输工具承运业务　　　　　　　B. 商场销售移动电话

　　C. 杂志社销售杂志的收入　　　　　　D. 融资性售后回租

5. 根据增值税法律制度的规定,2021 年 4 月 1 日以后,一般纳税人销售下列货物,应当按照 9% 税率征收增值税的有(　　)。

　　A. 食用植物油　　B. 杂志　　　　C. 天然气　　　　D. 食用盐

6. 根据增值税法律制度的规定,下列情形中,进项税额不得予以抵扣的有(　　)。

　　A. 外购的商品用于集体福利

　　B. 因自然灾害造成的购进原材料损失

　　C. 购进的国内旅客运输服务

　　D. 属于一般纳税人但选择按照简易办法征税的自来水公司销售自来水

7. 根据增值税法律制度的规定,一般纳税人购进货物、服务发生的下列情形中,不得从销项税额中抵扣进项税额的有(　　)。

　　A. 购进原材料试制新产品　　　　　　B. 购进生产免税货物用材料

　　C. 购进餐饮服务　　　　　　　　　　D. 购进贷款服务

8. 根据增值税法律制度的规定,下列各项中,购进货物的进项税额准予从销项税额中抵扣的有(　　)。

　　A. 将购进的货物无偿赠送给客户　　　B. 将购进的货物作为投资提供给联营单位

　　C. 将购进的货物用于本单位职工福利　　D. 将购进的货物分配给股东

9. 根据增值税法律制度的规定,下列关于固定业户纳税人纳税地点的表述中,不正确的有(　　)。

　　A. 销售商标使用权,应当向商标使用权购买方所在地税务机关申报纳税

　　B. 销售采矿权,应当向矿产所在地税务机关申报纳税

C. 销售设计服务，应当向设计服务发生地税务机关申报纳税

D. 销售广告服务，应当向机构所在地税务机关申报纳税

10. 下列项目中属于"应交增值税"明细科目的借方专栏的有（　　　）。

A. 进项税额　　　　B. 已交税金　　　　C. 进项税额转出　　　　D. 出口退税

E. 转出多交增值税

11. 根据增值税法律制度的规定，下列各项中视同销售服务应当缴纳增值税的有（　　　）。

A. 甲公司为其员工无偿提供班车接送服务

B. 乙公司为客户无偿提供信息咨询服务

C. 丙公司为客户无偿提供广告设计服务

D. 丁公司为丙公司无偿提供交通运输服务

12. 根据增值税法律制度的规定，一般纳税人购进货物、服务发生的下列情形中，不得从销项税额中抵扣进项税项税额的有（　　　）。

A. 购进原材料试制新产品　　　　B. 构进生产免税货物用材料

C. 购进餐饮服务　　　　　　　　D. 购进贷款服务

三、判断题

1. 以货币资金投资收取的固定利润或者保底利润，应按照"租赁服务"税目计缴增值税。

（　　）

2. 根据国家指令，无偿提供的铁路运输服务，航空运输服务不征收增值税。（　　）

3. 境外的单位或者个人在境内销售劳务，在境内未设有经营机构，也没有境内代理人的，以购买方为增值税扣缴义务人。

（　　）

4. 根据增值税法律制度的规定，采取直接收款方式销售货物，不论货物是否发出，均在收到销售款或者索取销售款凭据的当天确认发生增值税纳税义务。（　　）

5. 除个体工商户以外的其他个人不属于增值税一般纳税人。（　　）

6. 增值税扣缴义务发生时间为纳税人增值税缴税义务发生的当天。（　　）

7. 卫星电视信号落地转接服务，按照基础电信服务缴纳增值税。（　　）

8. 年应征增值税，销售额超过小规模的纳税人标准的自然人，应当向主管税务机关申请一般纳税人资格认定。

（　　）

9. 增值税纳税人以 15 日、1 个月或者 1 个季度为一个纳税期的自期满之日起 15 内申报纳税。

（　　）

10. 增值税纳税人按人民币以外的货币计算销售额的，其销售额的人民币折合率可以选择销售额发生的当天或者当月一日的人民币汇率中间价。

（　　）

四、不定项选择题

1. 甲公司为增值税一般纳税人，主要从事空调生产和销售业务，2021 年 7 月有关经营情况如下。

采取预收货款方式向乙公司销售 W 型空调 100 台，每台含税售价为 3 390 元，甲公司给予每台 339 元折扣额的价格优惠。双方于 7 月 2 日签订销售合同，甲公司 7 月 6 日收到价款，7 月 20 日发货并向对方开具发票，销售额和折扣额在同一张发票上的"金额"栏中分别注明乙公司 7 月 22 日收到空调。

销售 Y 型空调 3 000 台，每台含税售价为 2 825 元。公司业务部门领用 10 台 Y 型空调用于奖励优秀员工，公司食堂领用两台 Y 型空调用于防暑降温。

购进原材料一批，取得增值税专用发票，注明税额 102 000 元，向丙公司支付新产品设计费，取得增值税专用发票注明税额 3 000 元；支付销售空调运输费用，取得增值税专用发票注明税额 550 元，支付招待客户餐饮费用，取得增值税普通发票注明税额 120 元。

已知：销售货物增值税税率为 13%。

要求：根据上述材料，不考虑其他因素，分析回答下列问题。

（1）甲公司销售 W 型空调器增值税纳税义务发生时间为（　　　）。

    A. 7 月 22 日　　　B. 7 月 6 日　　　C. 7 月 2 日　　　　　D. 7 月 20 日

（2）计算甲公司当月销售 W 型空调增值税销项税额的下列算式中正确的是（　　　）。

    A. $100 \times (3\,390 - 339) \div (1+13\%) \times 13\% = 35\,100$（元）

    B. $100 \times 3\,390 \times 13\% = 44\,070$（元）

    C. $100 \times 3\,390 \div (1+13\%) \times 13\% = 39\,000$（元）

    D. $100 \times (3\,390 - 399) \times 13\% = 39\,663$（元）

（3）计算甲公司当月销售及领用 Y 型空调增值税销项税额的下列算式中正确的是（　　　）。

    A. $(300+2) \times 2\,852 \div (1+13\%) \times 13\% = 975\,650$（元）

    B. $(300+10+2) \times 2\,825 \div (1+13\%) \times 13\% = 978\,900$（元）

    C. $3\,000 \times 2\,825 \times 13\% = 1\,101\,750$（元）

    D. $(300+2) \times 2\,825 \times 13\% = 1\,102\,484.5$（元）

（4）甲公司的下列进项税中，准予从销项税额中抵扣的是（　　　）。

    A. 支付销售空调运输费用的进项税额 550 元

    B. 支付招待客户餐饮费用的进项税额 120 元

    C. 支付新产品设计费的进项税额 3 000 元

    D. 购进原材料的进项税额 102 000 元

2. 甲公司为增值税一般纳税人，主要提供餐饮、住宿服务。2021 年 8 月有关经营情况如下。

（1）提供餐饮、住宿服务取得含增值税收入 1 431 万元。

（2）出租餐饮设备取得含增值税收入 28.25 万元，出租房屋取得含增值税收入 5.45 万元。

（3）提供车辆停放服务取得含增值税收入 10.9 万元。

（4）发生贷款利息支出合计 10 万元。

（5）支付技术咨询服务费，取得增值税专用发票注明税额 1.2 万元。

（6）购进卫生用具一批，取得增值税专用发票注明税额 1.3 万元。

（7）从农业合作社购进蔬菜，取得农产品销售发票注明买价 100 万元。

已知：有形动产租赁服务增值税税率为 13%；不动产租赁服务增值税税率为 9%；生活服务、现代服务（除有形动产租赁服务和不动产租赁服务外）增值税税率为 6%；交通运输服务增值税税率为 9%；农产品扣除率为 9%。

要求：根据上述资料，不考虑其他因素，分析回答下列小题。

（1）甲公司下列经营业务中，应按照"现代服务"税目计缴增值税的是（　　　）。

  A. 房屋租赁服务   B. 住宿服务   C. 餐饮服务   D. 餐饮设备租赁服务

（2）下列关于甲公司增值税进项税额抵扣的表述中，正确的是（   ）。

  A. 购进蔬菜的进项税额准予抵扣   B. 购进卫生用具的进项税额准予抵扣

  C. 贷款利息支出进项税额准予抵扣   D. 技术咨询服务费进项税额准予抵扣

（3）计算甲公司当月增值税销项税额的下列算式中，正确的是（   ）。

  A. 餐饮设备出租收入的销项税额 =28.25÷（1+13%）×13%=3.25（万元）

  B. 餐饮、住宿收入的销项税额 =1431÷（1+6%）×6%=81（万元）

  C. 车辆停放收入的销项税额 =10.9÷（1+9%）×9%=0.9（万元）

  D. 房屋出租收入的销项税额 =5.45÷（1+9%）×9%=0.45（万元）

（4）计算甲公司当月准予抵扣增值税进项税额的下列算式中，正确的是（   ）。

  A. 10×6%+1.2+1.3+100×9%   B. 1.2+1.3+100×9%

  C. 10×6%＋1.2＋1.3   D. 1.2＋1.3

  3. 甲商业银行 W 分行为增值税一般纳税人，主要提供存款、贷款、货币兑换、基金管理、资金结算、金融商品转让等相关金融服务，2021 年第 3 季度有关经营情况如下。

  （1）取得含增值税贷款利息收入 6 360 万元，支付存款利息 1 590 万元；取得含增值税转贷利息收入 530 万元，支付转贷利息 477 万元。

  （2）本季度销售一批债券，卖出价 805.6 万元，该批债券买入价 795 万元，除此之外无其他金融商品买卖业务，上一纳税期金融商品买卖销售额为正差且已纳税。

  （3）租入营业用房屋，取得增值税专用发票注明税额 9.9 万元；对该房屋进行装修，支付装修费取得增值税专用发票注明税额 11 万元。

  已知，金融服务增值税税率为 6%。

  要求：根据上述资料，不考速其他因素，分析回答下列小题。

  （1）甲商业银行 W 分行提供的下列金融服务中，按照"金融服务—直接收费金融服务"科目计缴增值税的是（   ）。

    A. 货币兑换   B. 基金管理   C. 贷款   D. 资金结算

  （2）计算甲商业银行 W 分行第 3 季度贷款业务增值税销项税额的下列算式中，正确的是（   ）。

    A. （6 360－1 590+530－477）÷（1+6%）×6%=273（万元）

    B. （6 360－1 590+530）÷（1+6%）×6%=300（万元）

    C. （6 360+530）÷（1+6%）×6%=390（万元）

    D. （6 360+530－477）÷（1+6%）×6%=363（万元）

  （3）计算甲商业银行 W 分行第 3 季度金融商品买卖业务应缴纳增值税税额的下列算式中，正确的是（   ）。

    A. 805.6×6%=48.336（万元）

    B. （805.6+795）÷（1+6%）×6%=90.6（万元）

    C. 805.6÷（1+6%）×6%=45.6（万元）

    D. （805.6－795）÷（1+6%）×6%=0.6（万元）

  （4）关于甲商业银行 W 分行第 3 季度租入营业用房屋及装修业务增值税进项税额抵扣

的下列表述中，正确的是（　　　）。

  A. 租入营业用房屋进项税额 9.9 万元允许在当期全额抵扣，装修进项税额 1 万元只允许在当期抵扣 60%

  B. 租入营业用房屋进项税额 9.9 万元及装修进项税额 11 万元都不允许抵扣

  C. 租入营业用房屋进项税额 9.9 万元及装修进项税额 11 万元都允许在当期抵扣

  D. 租入营业用房屋进项税额 9.9 万元及装修进项税额 11 万元允许在当期抵扣 60%

  4. 甲公司为增值税一般纳税人，主要从事建筑、装修材料的生产和销售业务，2021 年 9 月有关经济业务如下。

  （1）购进生产用原材料取得增值税专用发票注明税额 16 万元，另支付运费取得增值税专用发票注明税额 0.3 万元。

  （2）购进办公设备取得增值税专用发票注明税额 3.2 万元。

  （3）仓库因保管不善丢失一批上月购进的零配件，该批零配件账面成本 10.53 万元，其中含运费成本 0.23 万元，购进零配件和支付运输费的进项税额均已于上月抵扣。

  （4）销售装修板材取得含税价款 226 万元，另收取包装费 2.26 万元。

  （5）销售一台自己使用过的机器设备取得含税销售额 20.6 万元，该设备于 2008 年 2 月购入。甲公司属于 2008 年 12 月 31 日以前未纳入扩大增值税抵扣范围试点。

  已知：货物增值税税率为 13%，交通运输服务增值税税率为 9%，销售自己使用过的机器设备按简易办法依照 3% 征收率减按 2% 征收增值税；上期留抵增值税税额为 5.6 万元。

  根据上述资料，不考虑其他因素，分析回答下列小题。

  （1）甲公司的下列进项税额中，准予从销项税额中抵扣的是（　　　）。

  A. 上期留抵增值税额 5.6 万元

  B. 购进办公设备的进项税额 3.2 万元

  C. 购进生产用原材料的进项税额 16 万元

  D. 支付运输费的进项税额 0.3 万元

  （2）甲公司当月丢失零配件增值税进项税额转出的下列计算列式中，正确的是（　　　）。

  A. $10.53 \div (1+13\%) \times 13\%$ B. $10.53 \div (1+13\%) \times 13\% + 0.23 \times 9\%$

  C. $(10.53-0.23) \times 13\% + 0.23 \times 9\%$ D. $(10.53-0.23) \times 13\%$

  （3）甲公司当月销售装修板材增值税销项税额的下列计算列式中，正确的是（　　　）。

  A. $[226+2.26 \div (1+13\%)] \times 13\%$ B. $226 \div (1+13\%) \times 13\%$

  C. $226 \times 13\%$ D. $(226+2.26) \div (1+13\%) \times 13\%$

  （4）甲公司当月销售机器设备应缴纳增值税税额的下列计算列式中，正确的是（　　　）。

  A. $20.6 \div (1+3\%) \times 2\% = 0.4$（万元）   B. $20.6 \times 2\% = 0.412$（万元）

  C. $20.6 \times 3\% = 0.618$（万元）   D. $20.6 \div (1+3\%) \times 3\% = 0.6$（万元）

模块3

消费税申报与管理

学习目标

【能力目标】 能够准确计算消费税、正确办理消费税纳税申报,并能进行简单的纳税筹划。

【知识目标】 消费税的征税范围、纳税人及纳税申报的办理流程及办税过程中的注意事项,税收筹划的基本原理。

【素质目标】 能够保持认真、严谨的工作作风,遇到不懂的问题能够主动探究并树立依法纳税意识。

在本模块中,我们将来到红星酒业实业有限公司(以下简称"红星酒业"),以税务会计的身份完成消费税的申报工作。

工作任务

企业名称:红星酒业

法人代表:张××

企业地址:北京市丰台区×× 大街×× 号 010-6088××××

纳税人识别号:80230121196908××××

经营范围:生产、销售各类酒及酒精制品

注册资金:五百万元(500 万元)

注册时间:2010 年 1 月 1 日

行业性质:加工制造业

开户银行:中国建设银行长安支行 622108098883××××

开户行账户:622108098883××××

税务登记:核定为一般纳税人

法定代表人:刘敏华

财务负责人:李军

2021 年 5 月发生如下经济业务。

(1)销售瓶装粮食白酒 1 吨,增值税专用发票列明价款 170 000 元,税额 22 100 元,如图 3-1 所示。款项已通过银行转账。

(2)销售散装薯类白酒 1 吨,开具增值税普通发票,注明价款 100 500 元,税额 13 065 元,如图 3-2 所示。款项未收。

(3)将一批 200 千克的红酒发给职工作为福利,该产品市场售价为 40 000 元(不含增值税),如图 3-3 所示。实际成本为 28 000 元。

(4)销售精装白酒 200 箱,每箱净重 30 千克,取得不含税收入 500 000 元,收取包装物押金 2 320 元,如图 3-4 所示。押金单独记账,货款及押金均收到。

(5)将成本 200 000 元、重量 200 吨的粮食委托加工甲酒厂加工成粮食白酒 50 吨,对方收取加工费 50 000 元(不含增值税),受托方代垫辅助材料费 20 000 元(不含增值税),均收到了增值税专用发票,且受托方无同类产品售价。

(6)本月进口白酒 2 吨,关税完税价格为 200 000 元,关税税率为 30%,如图 3-5 所示。

(7)将 8 吨自产的白酒偿还债务,已知该批白酒成本 60 000 元,成本利润率为 10%,没有同类消费品的销售价格。

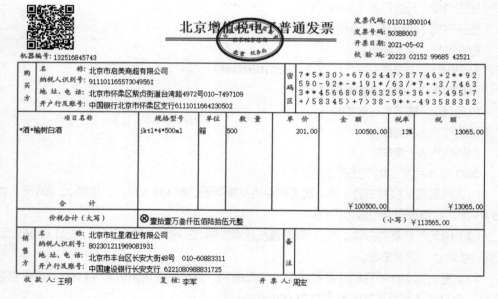

图 3-1　粮食白酒发票

图 3-2　薯类白酒发票

物品领用单

领用部门：行政部

物品名称	规格	单位	数量	市场单价	金额（不含税）	备注
华韵红酒	gy*4*500ml	箱	100	400.00	40000.00	实际成本为28000.00元；共计200千克

备注：商品用途，用于公司员工福利；

图 3-3　物品领用单（红酒）

北京增值税电子专用发票

发票代码: 011012200113
发票号码: 41025022
开票日期: 2021-05-05
校验码: 35121 56856 45865 45826

机器编号: 158469325121

购买方	名　　称: 北京市盛华百货有限公司 纳税人识别号: 91110101861259327B 地址、电话: 北京市东城区吴林街道本溪路835号010-9557207 开户行及账号: 北京市东城区支行6111010145434315		密码区	7*5*30>+6762447>87746+2**92 590-92*-*191*/63/*7++3/7463 3**4566809632599+36+->495+7 +/58345>+7>38-9*+-493588382		
项目名称	**规格型号**	**单位**	**数量**	**单价**	**金额**	**税率**	**税额**
*酒*飞羽白酒	精装GT*2*750ml	箱	200	2500.00	500000.00	13%	65000.00
合　　计					￥500000.00		￥65000.00
价税合计 (大写)	⊗伍拾陆万伍仟元整				(小写)￥565000.00		
销售方	名　　称: 北京市红星酒业有限公司 纳税人识别号: 802301211969081931 地址、电话: 北京市丰台区长安大街48号　010-60883311 开户行及账号: 中国建设银行长安支行 6221080988831725		备注			

收款人: 王明　　复核: 李军　　开票人: 周宏

图 3-4　精装白酒发票

Gs01　东城　海关进口消费税 专用缴款书

收入系统: 税务系统　　　填发日期: 2021-05-23　　　号码No.14449113

收款单位	收入机关	中央金库			缴款单位(人)	名称	北京市红星酒业有限公司
	科目	进口消费税	预算级次	中央		账号	6221080988831725
	收款国库	京库 1101152222				开户银行	中国建设银行长安支行

税号	货物名称	数量	单位	完税价格 (￥)	税率 (%)	税款金额 (￥)
1.14449113	*酒*白酒	2	吨	327500.00	20%	67500.00

金额人民币(大写): 叁拾玖万伍仟元整		合计(￥)	395000.00	收款国库(银行)
申请单位编号	395126545	报关单编号	451256384120000777	
合同(批文)号	DX122220	运输工具(号)	DX10001	
缴款期限	20220316	提/装货单号	DX2222	
备注		制单人　　复核人		

第一联: (收据) 国库收款签章后交缴款单位或缴纳人

从填发缴款书之日起限15日内缴纳 (期末遇法定节假日顺延),逾期按日征收税款总额万分之五的滞纳金。

图 3-5　进口白酒专用缴款书

注意: 业务 (3) 中"将一批 200 千克的红酒发给职工作为福利"可视为应税消费品销售行为,红酒属于"其他酒"。

本期销售统计表 (表 3-1) 和委托加工统计表 (表 3-2) 如下。

表 3-1　本期销售统计表

序号	摘要	商品名称	规格	单位	数量	单价	金额	税额	消费品名称
1	销售瓶装粮食白酒	*酒*菩提粮食酒	ktm1 型 *4*500mL	箱	500	340	170 000	22 100	粮食白酒
2	销售散装薯类酒	*酒*楠树白酒	jkt1*4*500mL	箱	500	201	100 500	13 065	薯类白酒
3	红酒发给职工作为福利	华韶红酒	gy*4*500mL	箱	100	400	40 000	5 200	其他酒
4	销售精装白酒	*酒*飞羽白酒	精装 GT*60*500mL	箱	200	2 500	500 000	65 000	薯类白酒
5	将 8 吨自产的白酒偿还债务	*酒*清力白酒	TM1*80000mL	桶	100	925	92 500	12 025	粮食白酒

表 3-2　委托加工统计表

序号	应税消费品名称	商品和服务税收分类编码	委托加工收回应税消费品数量	委托加工收回应税消费品计税价格
1	粮食白酒	1030302	100 000	400 000

任务 3.1　认识消费税

消费税是以特定消费品为课税对象所征收的一种税，属于流转税的范畴。在对货物普遍征收增值税的基础上，选择部分消费品再征收一道消费税，目的是调节产品结构，引导消费方向，保证国家财政收入。

为完成红星酒业消费税申报工作，我们首先要判断该企业是否应该缴纳消费税，如果应该缴纳，该缴纳多少？完成这一任务的依据是《中华人民共和国消费税法》中纳税人、征税对象和税率的规定。

消费税是对在我国境内从事生产、委托加工和进口应税消费品的单位和个人就其应税消费品的销售额或销售量征收的一种流转税。

1. 消费税纳税人

在中华人民共和国境内生产、委托加工和进口应税消费品的单位和个人，为消费税的纳税人。

在中华人民共和国境内是指生产、委托加工和进口属于应当缴纳消费税的消费品的起运地或者所在地在境内。单位是指企业、行政单位、事业单位、军事单位、社会团体及其他单位。个人是指个体工商户及其他个人。

2. 消费税征税范围

消费税的征收范围包括以下内容。

1）生产应税消费品

纳税人生产的应税消费品，于纳税人销售时纳税，这里的"销售"主要是指出厂环节的销售。

纳税人自产自用的应税消费品，用于连续生产应税消费品的，不纳税；用于其他方面的，于移送使用时纳税。

工业企业以外的单位和个人的下列行为视为应税消费品的生产行为，按规定征收消费税：① 将外购的消费税非应税产品以消费税应税产品对外销售的；② 将外购的消费税低税率应税产品以高税率应税产品对外销售的。

2）委托加工应税消费品

委托加工的应税消费品是指由委托方提供原料和主要材料，受托方只收取加工费和代垫部分辅助材料加工的应税消费品。

委托加工应税消费品应当按照以下原则缴纳消费税。

（1）委托加工的应税消费品，除受托方为个人外由受托方在向委托方交货时代收代缴消费税。

（2）委托个人加工的应税消费品，由委托方收回后缴纳消费税。

（3）委托加工的应税消费品，委托方用于连续生产应税消费品的，所纳税款准予按规定抵扣。

这里的"按规定抵扣"指的是税法规定可以抵扣的情形。委托加工的应税消费品因为已由受托方代收代缴消费税，因此，委托方收回货物后用于连续生产应税消费品的，其已纳税款准予按照规定从连续生产的应税消费品应纳消费税税额中抵扣。按照消费税法的规定，下列连续生产的应税消费品准予从应纳消费税税额中按当期生产领用数量计算扣除委托加工收回的应税消费品已纳消费税税款。

①以委托加工收回的已税烟丝为原料生产的卷烟。

②以委托加工收回的已税高档化妆品原料生产的高档化妆品。

③以委托加工收回的已税珠宝、玉石原料生产的贵重首饰及珠宝、玉石。

④以委托加工收回的已税鞭炮、焰火原料生产的鞭炮、焰火。

⑤以委托加工收回的已税杆头、杆身和握把为原料生产的高尔夫球杆。

⑥以委托加工收回的已税木制一次性筷子原料生产的木制一次性筷子。

⑦以委托加工收回的已税实木地板原料生产的实木地板。

⑧以委托加工收回的已税石脑油、润滑油、燃料油为原料生产的成品油。

⑨以委托加工收回的已税汽油、柴油为原料生产的汽油、柴油。

（4）委托方将收回的应税消费品，以不高于受托方的计税价格出售的，为直接出售，不再缴纳消费税。

（5）委托方以高于受托方的计税价格出售的，不属于直接出售，需按照规定申报缴纳消费税，在计税时准予扣除受托方已代收代缴的消费税。

3）进口应税消费品

单位和个人进口应税消费品，于报关进口时缴纳消费税。

进口环节缴纳的消费税由海关代征。

进口环节缴纳的增值税、进口关税也由海关代征。

4）零售特定的应税消费品

（1）商业零售金银首饰。

自 1995 年 1 月 1 日起，金银首饰消费税由生产销售环节征收改为零售环节征收。改在零售环节征收消费税的金银首饰仅限于金基、银基合金首饰以及金、银和金基、银基合金的镶嵌。

（2）零售超豪华小汽车。

自 2016 年 12 月 1 日起，"小汽车"税目下增设"超豪华小汽车"子税目。征收范围为每辆零售价格 130 万元（不含增值税）及以上的乘用车和中轻型商用客车，即乘用车和中轻型商用客车子税目中的超豪华小汽车。对超豪华小汽车，在生产（进口）环节按现行税率征收消费税基础上，在零售环节加征消费税，税率为 10%。将超豪华小汽车销售给消费者的单位和个人为超豪华小汽车零售环节纳税人。

5）批发销售卷烟

自 2015 年 5 月 10 日起，将卷烟批发环节从价税税率由 5% 提高至 11%，并按 0.005 元 / 支加征从量税。纳税人销售给纳税人以外的单位和个人的卷烟于销售时纳税。烟草批发企业将卷烟销售给其他烟草批发企业的，不缴纳消费税。

只有卷烟在批发环节征收消费税，不包括烟丝和雪茄烟。

3. 消费税税率（表3-3）

表3-3　消费税税目税率表

税　目	税　率
一、烟	
1. 卷烟	
（1）甲类卷烟	56% 加 0.003 元 / 支
（2）乙类卷烟	36% 加 0.003 元 / 支
（3）批发环节	11% 加 0.005 元 / 支
2. 雪茄烟	36%
3. 烟丝	30%
二、酒及酒精	
1. 白酒	20% 加 0.5 元 /500 克（或者 500 毫升）
2. 黄酒	
3. 啤酒	240 元 / 吨
（1）甲类啤酒	250 元 / 吨
（2）乙类啤酒	220 元 / 吨
4. 其他酒	10%
三、高档化妆品	15%
四、贵重首饰及珠宝玉石	
1. 金银首饰、铂金首饰和钻石及钻石饰品	5%（零售环节）
2. 其他贵重首饰和珠宝玉石	10%
五、鞭炮、焰火	15%
六、成品油	
1. 汽油	1.52 元 / 升
2. 柴油	1.2 元 / 升
3. 航空煤油	1.2 元 / 升
4. 石脑油	1.52 元 / 升
5. 溶剂油	1.52 元 / 升
6. 润滑油	1.52 元 / 升
7. 燃料油	1.2 元 / 升
七、摩托车	
1. 气缸容量 250 毫升的	3%
2. 气缸容量在 250 毫升（不含）以上的	10%
八、小汽车	
1. 乘坐用车	
（1）气缸容量（排气量，下同）在 1.0 升（含 1.0 升）以下的	1%
（2）气缸容量在 1.0 升以上至 1.5 升（含 1.5 升）的	3%
（3）气缸容量在 1.5 升以上至 2.0 升（含 2.0 升）的	5%
（4）气缸容量在 2.0 升以上至 2.5 升（含 2.5 升）的	9%
（5）气缸容量在 2.5 升以上至 3.0 升（含 3.0 升）的	12%
（6）气缸容量在 3.0 升以上至 4.0 升（含 4.0 升）的	25%
（7）气缸容量在 4.0 升以上的	40%
2. 中轻型商用客车	5%
3. 超豪华小汽车（每辆零售价格 130 万元（不含增值税）及以上的乘用车和中轻型商用客车）	10%
九、高尔夫球及球具	10%
十、高档手表	20%

续表

税　目	税　率
十一、游艇	10%
十二、木制一次性筷子	5%
十三、实木地板	5%
十四、涂料	4%
十五、电池	4%

在消费税税率运用中应注意以下几个具体问题。

（1）纳税人兼营不同税率的应税消费品，应当分别核算不同税率应税销售额、销售数量。未分别核算销售额、销售数量，或者将不同税率的应税消费品组成成套消费品销售的，从高适用税率。

（2）配制酒适用税率的确定。配制酒（露酒）指以发酵酒蒸馏酒精为税基加入可食用或药食两用的辅料或食品添加剂，进行调配、混合或再加工制成的并改变了其原酒基风格的饮料酒。

（3）纳税人自产自用的卷烟应当按照纳税人生产的同牌号规格的卷烟销售价格定征税类别和适用税率。自产自用没有同牌号规格卷烟的，一律按卷烟最高税率征税。

（4）卷烟由于接装过滤嘴、改变包装或其他原因提高销售价格后，应按照新的销售价格确定征税类别和适用税率。

（5）委托加工的卷烟按照受托方同牌号规格卷烟的征税类别和适用税率征税。

（6）下列卷烟不分征税类别一律按照56%卷烟税率征税，并按照定额每标准箱150元计算征税：①白包卷烟；②手工卷烟；③未经国务院批准纳入计划的企业和个人生产的卷烟。

甲类卷烟是指每标准条（200支，下同）调拨价格在70元（不含增值税）以上（含70元）的卷烟；乙类卷烟是指每标准条调拨价格在70元（不含增值税）以下的卷烟。

甲类啤酒是指每吨出厂价（含包装物及包装物押金）在3 000元（不含增值税）以上（含3 000元）的啤酒；乙类啤酒是指每吨出厂价（含包装物及包装物押金）在3 000元以下的啤酒。

【任务分析3-1】红星酒业是依法在中华人民共和国境内生产、委托加工和进口货物的单位，为消费税的纳税人。应当就其生产产品缴纳消费税，从背景资料分析，该企业涉及白酒、红酒和酒精，其中白酒属于符合征税按20%加0.5元/500克，红酒属于"其他酒"，消费税率为10%，而酒精不属于消费税应税消费品，不缴纳消费税。

任务 3.2　消费税计算

在确定了红星酒业的消费税适用税率后，接下来要判断哪些业务属于消费税的应税范畴，应该如何计算。

3.2.1　生产销售环节计征

1. 销售额的确定

消费税应纳税额的计算分为从价计征、从量计征和从价从量复合计征三种方法。

1）从价计征销售额的确定

（1）销售额为纳税人销售应税消费品向购买方收取的全部价款和价外费用。

（2）由于应税消费品在缴纳消费税时与一般货物一样，都还要同时缴纳增值税，因此，应税消费品的销售额不包括应向购货方收取的增值税税额。如果纳税人应税消费品的销售额中未扣除增值税税款或者因不得开具增值税专用发票而导致价款和增值税税款合并收取的，在计算消费税时，应当换算为不含增值税税款的销售额。其换算公式为如下。

$$应税消费品的销售额 = 含增值税的销售额 \div 增值税税率或征收率$$

在使用换算公式时，应根据纳税人的具体情况分别使用增值税税率或征收率。提示消费税应税销售额应当是不含增值税但含消费税的销售额。

2）从量计征销售数量的确定

根据应税消费品的应税行为，应税消费品的数量具体规定如下。

（1）销售（一般是指出厂销售）应税消费品的，为应税消费品的销售数量纳税人通过自设的非独立核算门市部销售自产应税消费品的，应当按照门市部对外销售数量征收消费税。

（2）自产自用应税消费品的（用于连续生产应税消费品的除外），为应税消费品的移送使用数量。

（3）委托加工应税消费品的，为纳税人收回的应税消费品数量。

（4）进口的应税消费品，为海关核定的应税消费品进口征税数量。

实行从量定额计税的，消费税的计算与销售价格无关，不存在通过组成计税价格计算消费税的问题。

【任务分析 3-2】依据资料分析，业务（6）红星酒厂进口白酒，应该按照海关完税凭证确认相关数据。

应纳关税 =200 000×30%=60 000（元）

组成计税价格 =（200 000+60 000+2×1 000×2×0.5）÷（1－20%）=3 275 009（元）

应纳消费税税额 =327 500×20%＋2×1 000×2×0.5=67 500（元）

3）从价从量复合计征销售额和销售数量的确定

（1）卷烟和白酒实行从价定率和从量定额相结合的复合计征办法征收消费税。销售额为纳税人生产销售卷烟、白酒向购买方收取的全部价款和价外费用。

（2）销售数量为纳税人生产销售，进口、委托加工、自产自用卷烟、白酒的销售数量、海关核定数量、委托方收回数量和移送使用数量。

现行消费税的征税范围中，只有卷烟、白酒采用复合方法计税。

【任务分析 3-3】依据资料分析，红星酒业主要涉及白酒和红酒的生产和销售，其中白酒属于复合方法计税，红酒属于从价计税。

业务（1）170 000×20%＋1×1 000×2×0.5=35 000（元）

业务（2）100 500×20%＋1×1 000×2×0.5=21 100（元）

2. 价外费用

价外费用是指价外向购买方收取的手续费、补贴、基金、集资费、返还利润、奖励费、违约金、滞纳金、延期付款利息、赔偿金、代收款项、代垫款项、包装费、包装物租金、储备费、优质费、运输装卸费以及其他各种性质的价外收费。但下列项目不包括在内。

（1）同时符合以下条件的代垫运输费用：承运部门的运输费用发票开具给购买方的；纳税人将该项发票转交给购买方的。

（2）符合以下条件代为收取的政府性基金或者行政事业性收费：由国务院或者财政部批准设立的政府性基金，由国务院或者省级人民政府及其财政、价格主管部门批准设立的行政事业性收费；收取时开具省级以上财政部门印制的财政票据；所收款项全额上缴财政。

3. 包装物和押金

实行从价计征办法征收消费税的应税消费品连同包装销售的，无论包装物是否单独计价以及在会计上如何核算，均应并入应税消费品的销售额中缴纳消费税。

如果包装物不作价随同产品销售，而是收取押金，此项押金则不应并入应税消费品的销售中征税。但对因逾期未收回的包装物不再退还的或者已收取的时间超过 12 个月的押金，应并入应税消费品的销售额，缴纳消费税。

对包装物既作价随同应税消费品销售，又另外收取押金的包装物的押金，凡纳税人在规定期限内没有退还，均应计入销售额，缴纳消费税。

对酒类（黄酒、啤酒除外）生产企业销售酒类产品的，均应并入应税消费品的销售额，按照应税消费品的适用税率缴纳消费税品而收取的包装物押金，无论押金是否返还及在会计上如何核算，均须并入酒类产品的适用税率计征消费税。

【任务分析 3-4】依据资料分析，业务（4）涉及白酒包装物押金，根据消费税规定，白酒押金无论是否返还及在会计上如何核算，均须并入酒类产品的适用税率计征消费税。

[500 000+2 320÷（1+16%）]×20%+200×30×2×0.5 =106 400（元）

4. 自产自用应税消费品

纳税人自产自用的应税消费品，用于连续生产应税消费品的，不纳税（指的是在自产自用环节不纳税）；凡用于其他方面的，于移送使用时，视同销售依法缴纳消费税。若为从价征收，则应按照纳税人生产的同类应税消费品的销售价格计算纳税，没有同类应税消费品销售价格的，按照组成计税价格计算纳税；若为从量征收，则应按照纳税人自产自用应税消费品的移送使用数量计算纳税。

只有当纳税人没有同类消费品销售价格的，才需计算组成计税价格。

（1）实行从价定率办法计算纳税的自产自用应税消费品应纳税额的计算公式如下。

应纳税额＝同类应税消费品销售价格或者组成计税价格 × 比例税率

其中：

$$组成计税价格 = （成本 + 利润） ÷ （1 - 比例税率）$$
$$= [成本 × （1 + 成本利润率）] ÷ （1 - 比例税率）$$

（2）实行从量定额办法计算纳税的自产自用应税消费品应纳税额的计算公式。

$$应纳税额 = 自产自用数量 × 定额税率$$

（3）实行复合计税办法计算纳税的自产自用应税消费品应纳税额的计算公式。

$$应纳税额 = 同类应税消费品销售价格或者组成计税价格 × 比例税率$$
$$+ 自产自用数量 × 定额税率$$

其中：

$$组成计税价格 = （成本 + 利润 + 自产自用数量 × 定额税率） ÷ （1 - 比例税率）$$
$$= [成本 × （1 + 成本利润率） + 自产自用数量 × 定额税率] ÷ （1 - 比例税率）$$

公式中，"成本"是指应税消费品的产品生产成本；"利润"是指根据应税消费品的全国平均成本利润率计算的利润。应税消费品全国平均成本利润率由国家税务总局确定。

【任务分析 3-5】 依据资料分析，业务（3）属于将自产红酒用于职工福利，应于移送时视同销售缴纳消费税。

$$业务（3） 40\,000 × 10\% = 4\,000 （元）$$

5. 换、投、抵

纳税人用于"换取生产资料和消费资料，投资入股和抵偿债务"等方面的应税消费品，应当以纳税人同类应税消费品的"最高"销售价格作为计税依据计算征收消费税；纳税人将自己生产的应税消费品用于其他方面的（如无偿赠送他人），按照纳税人最近时期同类货物的"平均"销售价格（没有"平均"销售价格的，按照组成计税价格）作为计税依据计算征收消费税。

【任务分析 3-6】 依据资料分析，业务（7）将自产白酒用于偿还债务，应当以纳税人同类应税消费品的"最高"销售价格作为计税依据计算征收消费税。

$$组成计税价格 = [60\,000 × （1 + 10\%） + 8 × 2\,000 × 0.5] ÷ （1 - 20\%）$$
$$= 92\,500 （元）$$

$$应纳消费税税额 = 92\,500 × 20\% + 8 × 2\,000 × 0.5 = 26\,500 （元）$$

3.2.2 委托加工环节计征

委托加工的应税消费品若为从价征收，则应按照受托方的同类应税消费品的销售价格计算纳税；没有同类应税消费品销售价格的，按照组成计税价格计算纳税；若为从量征收，则应按照纳税人收回的应税消费品数量计算纳税。

（1）实行从价定率办法计算纳税的委托加工应税消费品应纳税额的计算公式如下。

$$应纳税额 = 同类应税消费品销售价格或者组成计税价格 × 比例税率$$
$$组成计税价格 = （材料成本 + 加工费） ÷ （1 - 比例税率）$$

（2）实行从量定额办法计算纳税的委托加工应税消费品应纳税额的计算公式如下。

$$应纳税额 = 委托加工数量 \times 定额税率$$

（3）实行复合计税办法计算纳税的委托加工应税消费品应纳税额的计算公式如下。

$$应纳税额 = 同类应税消费品销售价格或者组成计税价格 \times 比例税率$$
$$+ 委托加工数量 \times 定额税率$$

$$组成计税价格 = （材料成本 + 加工费 + 委托加工数量 \times 定额税率）\div（1 - 比例税率）$$

【任务分析3-7】依据资料分析，业务（5）红星酒业委托甲酒厂生产白酒，白酒属于复合计税办法，应按组成计税价格计算消费税。

$$组成计税价格 = （200\,000 + 50\,000 + 20\,000 + 50 \times 2\,000 \times 0.5）\div（1 - 20\%）$$
$$= 400\,000（元）$$

代收代缴消费税税额 $= 400\,000 \times 20\% + 50 \times 2\,000 \times 0.5 = 130\,000$（元）

红星酒业应纳消费税税额 $= 35\,000 + 21\,100 + 4\,000 + 106\,400 + 130\,000 + 67\,500 + 26\,500$
$$= 390\,500（元）$$

3.2.3　已纳消费税扣税的计算

1. 境内外购应税消费品

为了避免重复征税，将外购应税消费品和委托加工收回的应税消费品继续生产应税消费品销售的，可以将外购应税消费品和委托加工收回应税消费品已缴纳的消费税给予扣除。

由于某些应税消费品是用外购已缴纳消费税的应税消费品连续生产出来的，在对这些连续生产出来的应税消费品计算征税时，税法规定应按当期生产领用数量计算准予扣除外购的应税消费品已纳消费税税款。扣除范围包括以下内容。

（1）外购已税烟丝为原料生产的卷烟；

（2）外购已税高档化妆品为原料生产的高档化妆品；

（3）外购已税珠宝、玉石为原料生产的贵重首饰及珠宝、玉石；

（4）外购已税鞭炮、焰火为原料生产的鞭炮、焰火；

（5）外购已税杆头、杆身和握把为原料生产的高尔夫球杆；

（6）外购已税木制一次性筷子为原料生产的木制一次性筷子；

（7）外购已税实木地板为原料生产的实木地板；

（8）外购已税石脑油、润滑油、燃料油为原料生产的成品油；

（9）外购已税汽油、柴油为原料生产的汽油、柴油。

上述当期准予扣除外购应税消费品已纳消费税税款的计算公式如下。

$$\begin{array}{c}当期准予扣除的外购\\应税消费品已纳税款\end{array} = \begin{array}{c}当期准予扣除的外购\\应税消费品买价\end{array} \times \begin{array}{c}外购应税消费\\品适用税率\end{array}$$

$$\begin{array}{c}当期准予扣除\\的外购应税消\\费品买价\end{array} = \begin{array}{c}期初库存的\\外购应税消\\费品的买价\end{array} + \begin{array}{c}当期购进的\\应税消费品\\的买价\end{array} - \begin{array}{c}期末库存的\\外购应税消\\费品的买价\end{array}$$

外购已税消费品的买价是指购货发票上注明的销售额（不包括增值税税款）。

2. 委托加工收回应税消费品

委托加工的应税消费品因为已由受托方代收代缴消费税,因此,委托方收回货物后用于连续生产应税消费品的,其已纳税款准予按照规定从连续生产的应税消费品应纳税额中扣除。扣除范围包括以下内容。

(1)以委托加工收回的已税烟丝为原料生产的卷烟;

(2)以委托加工收回的已税高档化妆品为原料生产的高档化妆品;

(3)以委托加工收回的已税珠宝、玉石为原料生产的贵重首饰及珠宝、玉石;

(4)以委托加工收回的已税鞭炮、焰火为原料生产的鞭炮、焰火;

(5)以委托加工收回的已税杆头、杆身和握把为原料生产的高尔夫球杆;

(6)以委托加工收回的已税木制一次性筷子为原料生产的木制一次性筷子;

(7)以委托加工收回的已税实木地板为原料生产的实木地板;

(8)以委托加工收回的已税石脑油、润滑油、燃料油为原料生产的成品油;

(9)以委托加工收回的已税汽油、柴油为原料生产的汽油、柴油。

上述当期准予扣除委托加工收回的应税消费品已纳消费税税款的计算公式如下。

$$\begin{array}{l}\text{当期准予扣除}\\\text{的委托加工应}\\\text{税消费品已纳}\\\text{税款}\end{array} = \begin{array}{l}\text{期初库存的}\\\text{委托加工应}\\\text{税消费品已}\\\text{纳税款}\end{array} + \begin{array}{l}\text{当期收回的}\\\text{委托加工应}\\\text{税消费品已}\\\text{纳税款}\end{array} - \begin{array}{l}\text{期末库存的}\\\text{委托加工应}\\\text{税消费品已}\\\text{纳税款}\end{array}$$

纳税人用委托加工收回的已税珠宝、玉石原料生产的改在零售环节征收消费税的金银首饰,在计税时一律不得扣除委托加工收回的珠宝、玉石原料的已纳消费税税款。

【案例 3-1】某日化工厂本年 10 月委托甲公司加工高档化妆品,收回时被代收代缴消费税 40 000 元,委托乙公司加工高档化妆品,收回时被代收代缴消费税 50 000 元。该厂将上述两种高档化妆品收回后继续加工生产某高档化妆品出售,当月销售额 1 000 000 元。该厂期初库存的委托加工应税消费品已纳税款 27 000 元,期末库存的委托加工应税消费品已纳税款 33 000 元。要求:计算日化工厂本年 10 月的应纳消费税。

$$\begin{array}{l}\text{当月准予扣除的委托加}\\\text{工应税消费品已纳税款}\end{array} = 27\,000 + (40\,000 + 50\,000) - 33\,000 = 84\,000(\text{元})$$

$$\text{应纳消费税} = 1\,000\,000 \times 15\% - 84\,000 = 66\,000(\text{元})$$

3.2.4　特殊环节计征

1. 卷烟批发环节计征

卷烟消费税采用复合计征方法,计算公式如下。

$$\text{应纳税额} = \text{应税销售数量} \times \text{定额税率} + \text{应税销售额} \times \text{比例税率}$$

$$\text{应税消费品的销售额} = \text{含增值税的销售额} \div (1 + \text{增值税税率或征收率})$$

生产销售卷烟以从量定额计税依据为实际销售数量。进口、委托加工、自产自用卷烟的从量定额计税依据分别为海关核定的进口征税数量、委托方收回数量、移送使用数量。

$$当期准予扣除 \atop 的外购应税消 \atop 费品买价} = {期初库存的 \atop 外购应税消 \atop 费品的买价} + {当期购进的 \atop 应税消费品 \atop 的买价} - {期末库存的 \atop 外购应税消 \atop 费品的买价$$

$$当期准予扣除 \atop 的外购应税消 \atop 费品已纳税款} = {当期准予扣除 \atop 的外购应税消 \atop 费品买价} \times {外购应税 \atop 消费品适 \atop 用税率$$

2. 超豪华小汽车双环节计征

计算公式如下。

$$超豪华小汽车消费税 = 应税销售额 \times 适用税率$$

销售额为纳税人销售应税消费品向购买方收取的全部价款和价外费用。其中代垫运费除外，代垫运费必须满足两个条件：① 承运部门的运费发票开具给购货方；② 纳税人将该项发票转交给购货方。其他价外费用无论是否属于纳税人的收入，均应并入销售额计算征税。销售超豪华小汽车收取的包装物押金如果单独核算又未过期的，可以不并入应税消费品销售额中征税。

但对逾期未收回的包装物不再退还的或已收取 1 年以上的押金，应并入应税消费品销售额中，按照应税消费品的适用税率征收消费税。

$$应税销售额 = \frac{含增值税的销售额}{1 + 增值税税率或征收率}$$

对于消费税的计征，国家曾向社会公开征求意见。

任务 3.3　消费税纳税申报

在计算完成红星酒业的消费税额之后，就可以进行消费税纳税申报了。

3.3.1　消费税纳税申报的规定

1. 纳税期限

消费税的纳税期限分别为 1 日、3 日、5 日、10 日、15 日、1 个月或 1 个季度。具体纳税期限由主管税务机关根据纳税人应纳税额的大小分别核定；不能按固定期限纳税的，可以按次纳税。

纳税人以 1 个月为一期纳税的，自期满之日起 15 日内申报纳税；以 1 日、3 日、5 日、10 日或者 15 日为一期纳税的，自期满之日起 5 日内预缴税款，于次月 1 日起 15 日内申报纳税并结清上月应纳税款。

进口应税消费品应当自海关填发税款缴纳书之日起 15 日内缴纳税款。

2. 纳税地点

（1）纳税人销售的应税消费品，以及自产自用的应税消费品，除国务院财政、税务主管部门另有规定外，应当向纳税人机构所在地或者居住地的主管税务机关申报纳税。

（2）委托加工的应税消费品，除受托方为个人外，由受托方向机构所在地或居住地的主管税务机关解缴消费税税款。委托个人加工的应税消费品，由委托方向其机构所在地或居住地主管税务机关申报纳税。

（3）进口的应税消费品，由进口人或者其代理人向报关地海关申报纳税。

（4）纳税人到外县（市）销售或者委托外县（市）代销自产应税消费品的，于应税消费品销售后，向机构所在地或者居住地主管税务机关申报纳税。

（5）纳税人的总机构与分支机构不在同一县（市）的，应当分别向各自机构所在地的主管申报纳税。

（6）纳税人销售的应税消费品，如因质量等原因由购买者退回时，经机构所在地或者居住地主管税务机关审核批准后，可退还已缴纳的消费税税款。

（7）出口的应税消费品办理退税后，发生退关，或者国外退货进口时予以免税的，报关者必须及时向其机构所在地或者居住地主管税务机关申报补缴已退还的消费税税款。

（8）个人携带或者邮寄进境的应税消费品的消费税，连同关税一并计征，具体办法由国务院关税税则委员会会同有关部门制定。

3.3.2　消费税纳税申报

1. 申报条件

在中华人民共和国境内生产、委托加工和进口规定的消费品的单位和个人，以及国务院确定的销售规定的消费品的其他单位和个人，依据相关税收法律、法规、规章及其他有关规定，在规定的纳税申报期限内填报消费税申报表、附表和其他相关资料，向税务机关进行纳税申报。

2. 办理材料

（1）烟类应税消费品消费税申报应提供的材料（表3-4）

表 3-4　烟类应税消费品消费税申报材料

序号	材料名称	必要性	报送情形
1	《烟类应税消费品消费税纳税申报表》及附表	条件报送	卷烟生产企业
2	《卷烟批发环节消费税纳税申报表》	条件报送	批发卷烟的消费税纳税人
	《卷烟批发企业月份销售明细清单》		
3	外购应税消费品增值税专用发票抵扣联	条件报送	外购应税消费品连续生产应税消费品的
4	《代扣代收税款凭证》	条件报送	委托加工收回应税消费品连续生产应税消费品的
5	《海关进口消费税专用缴款书》	条件报送	进口应税消费品连续生产应税消费品的
6	《本期减（免）税额明细表》	条件报送	享受消费税减免税优惠政策的纳税人在办理消费税纳税申报时填报

（2）酒类消费税申报应提供的材料（表3-5）

表3-5　酒类消费税申报材料

序号	材 料 名 称	必要性	报 送 情 形
1	《酒类应税消费品消费税纳税申报表》及附表	必报	
2	《海关进口消费税专用缴款书》	条件报送	抵减进口葡萄酒消费的
3	《本期减（免）税额明细表》	条件报送	由享受消费税减免税优惠政策的纳税人在办理消费税纳税申报时填报

（3）成品油消费税申报应提供的材料（表3-6）

表3-6　成品油消费税申报材料

序号	材 料 名 称	必要性	报 送 情 形
1	《成品油消费税纳税申报表》及附表	必报	
2	外购应税消费品增值税专用发票抵扣联	条件报送	外购应税消费品连续生产应税消费品的
3	《代扣代收税款凭证》	条件报送	委托加工收回应税消费品连续生产应税消费品的
4	《海关进口消费税专用缴款书》	条件报送	进口应税消费品连续生产应税消费品的
5	《本期减（免）税额明细表》	条件报送	由享受消费税减免税优惠政策的纳税人在办理消费税纳税申报时填报

（4）小汽车消费税申报应提供的材料（表3-7）

表3-7　小汽车消费税申报材料

序号	材 料 名 称	必要性	报 送 情 形
1	《小汽车消费税纳税申报表》及附表	必报	
2	外购应税消费品增值税专用发票抵扣联	条件报送	外购应税消费品连续生产应税消费品的
3	《本期减（免）税额明细表》	条件报送	由享受消费税减免税优惠政策的纳税人在办理消费税纳税申报时填报

（5）电池消费税申报应提供的材料（表3-8）

表3-8　电池消费税申报材料

序号	材 料 名 称	必要性	报 送 情 形
1	《电池消费税纳税申报表》	必报	
2	《本期减（免）税额明细表》	条件报送	由享受消费税减免税优惠政策的纳税人在办理消费税纳税申报时填报

（6）涂料消费税申报应提供的材料（表 3-9）

表 3-9 涂料消费税申报材料

序号	材料名称	必要性	报送情形
1	《涂料消费税纳税申报表》	必报	
2	《本期减（免）税额明细表》	条件报送	由享受消费税减免税优惠政策的纳税人在办理消费税纳税申报时填报

（7）其他类消费税申报应提供的材料（表 3-10）

表 3-10 其他类消费税申报材料

序号	材料名称	必要性	报送情形
1	《其他类应税消费品消费税纳税申报表》及附表	必报	
2	外购应税消费品增值税专用发票抵扣联	条件报送	外购应税消费品连续生产应税消费品的
3	《代扣代收税款凭证》	条件报送	委托加工收回应税消费品连续生产应税消费品的
4	《海关进口消费税专用缴款书》	条件报送	进口应税消费品连续生产应税消费品的
5	《本期减（免）税额明细表》	条件报送	由享受消费税减免税优惠政策的纳税人在办理消费税纳税申报时填报

3. 申报流程

消费税申报流程如图 3-6 所示。

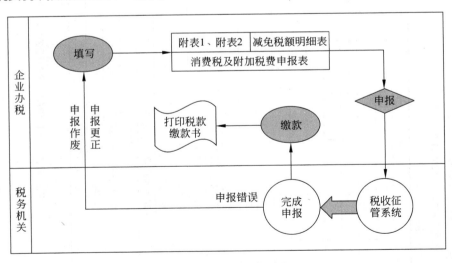

图 3-6 消费税申报流程

【任务分析 3-8】 根据红星酒业有限公司 2021 年度 5 月份经济业务，完成该企业该月的消费税的申报工作（申报表及附表填写见表 3-11～表 3-14）。

税款所属期：自 2021 年 5 月 1 日至 2021 年 5 月 31 日

纳税人识别号（统一社会信用代码）：80230121196908193 1

纳税人名称：北京市红星酒业有限公司

表 3-11　消费税及附加税费申报表

金额单位：人民币元（列至角分）

项目 应税消费品名称	适用税率		计量单位	本期销售数量	本期销售额	本期应纳税额
	定额税率	比例税率				
	1	2	3	4	5	6=1×4+2×5
粮食白酒	0.5	20%	500 克	18 000	262 500.00	61 500.00
薯类白酒	0.5	20%	500 克	14 000	600 500.00	127 100.00
其他酒		10%	吨	0.2	40 000.00	4 000.00
合　计	—	—	—	—		192 600.00

项　目	栏　次	本期税费额
本期减（免）税额	7	
期初留抵税额	8	
本期准予扣除税额	9	
本期应扣除税额	10=8＋9	67 500.00
本期实际扣除税额	11[10＜(6－7)，则为 10，否则为 6－7]	67 500.00
期末留抵税额	12=10－11	67 500.00
本期预缴税额	13	0
本期应补（退）税额	14=6－7－11－13	125 100.00
城市维护建设税本期应补（退）税额	15	8 757.00
教育费附加本期应补（退）费额	16	3 753.00
地方教育附加本期应补（退）费额	17	2 502.00

声明：此表是根据国家税收法律法规及相关规定填写的，本人（单位）对填报内容（及附带资料）的真实性、可靠性、完整性负责。

纳税人（签章）：　　　　　　　　　　　　　年　月　日

续表

经办人：
经办人身份证号：代理机构签章：
代理机构统一社会信用代码：

受理人：
受理税务机关（章）：
受理日期： 年 月 日

表 3-12 本期准予扣除税额计算表

金额单位：人民币元（列至角分）

准予扣除项目			应税消费品名称	粮食白酒	合　计
一、本期准予扣除的委托加工应税消费品已纳税款计算		期初库存委托加工应税消费品已纳税款	1		
		本期收回委托加工应税消费品已纳税款	2	130 000.00	130 000.00
		期末库存委托加工应税消费品已纳税款	3	130 000.00	130 000.00
		本期准予扣除委托加工应税消费品已纳税款	4		
		本期准予扣除委托加工应税消费品已纳税款	5=1+2−3−4		
二、本期准予扣除的外购应税消费品已纳税款计算	（一）从价计税	期初库存外购应税消费品买价	6	327 500.00	
		本期购进外购应税消费品买价	7		
		期末库存外购应税消费品买价	8		
		本期领用不准予扣除外购应税消费品买价	9		
		适用税率	10	20%	20%
		本期准予扣除外购应税消费品已纳税款	11=(6+7−8−9)×10	65 500.00	65 500.00
	（二）从量计税	期初库存外购应税消费品数量	12		
		本期外购应税消费品数量	13	4 000	4 000
		期末库存外购应税消费品数量	14		
		本期领用不准予扣除外购应税消费品数量	15		

续表

金额单位: 人民币元 (列至角分)

准予扣除项目		应税消费品名称	粮食白酒	合　计
二、本期准予扣除的外购应税消费品已纳税款计算	(二)从量计税	适用税率　16	0.5	0.5
		计量单位　17	500克	500克
		本期准予扣除的外购应税消费品已纳税款　18=(12+13-14-15)×16	2 000.00	2 000.00
三、本期准予扣除税款合计		19=5+11+18	67 500.00	67 500.00

表 3-13　本期委托加工收回情况报告表

一、委托加工收回应税消费品代收代缴税款情况

金额单位: 人民币元 (列至角分)

应税消费品名称	商品和服务税收分类编码	委托加工收回应税消费品数量	委托加工收回应税消费品计税价格	适用税率		受托方已代收代缴的税款	受托方(扣缴义务人)名称	受托方(扣缴义务人)识别号	税收缴款书(代扣代收专用)号码	税收缴款书(代扣代收专用)开具日期
				定额税率	比例税率					
1	2	3	4	5	6	7=3×5+4×6	8	9	10	11
粮食白酒	1030302	100 000	400 000.00	0.5	20%	130 000.00	***	***	10995100	2021-05-15

二、委托加工收回应税消费品领用存情况

应税消费品名称	商品和服务税收分类编码	上期库存数量	本期委托加工收回入库数量	本期委托加工收回直接销售数量	本期委托加工收回用于连续生产数量	本期结存数量
1	2	3	4	5	6	7=3+4-5-6

表 3-14　消费税附加税费计算表

金额单位：人民币元（列至角分）

增值税小规模纳税人：□是 □否
增值税一般纳税人：□个体工商户 □小型微利企业
年　月至　年　月

税（费）种	本期是否适用小微企业"六税两费"减免政策　□是 ☑否 计税（费）依据 消费税税额 (1)	税（费）率 % (2)	本期应纳税（费）额 3=1×2 (3)	减免政策适用主体 减免性质代码 (4)	本期减免税（费）额 减免税（费）额 (5)	适用减免政策起止时间	小微企业"六税两费"减免政策 减征比例（%）(6)	减征额 7=(3-5)×6	本期已缴税（费）额 (8)	本期应补（退）税（费）额 9=3-5-7-8
城市维护建设税	125 100.00	7%	8 757.00							8 757.00
教育费附加	125 100.00	3%	3 753.00							3 753.00
地方教育附加	125 100.00	2%	2 502.00							2 502.00
合计	—	—	15 012.00	—		—				15 012.00

申报业务核算如下。

借：税金及附加　　　　　　　140 112.00
　贷：应交税费——应交消费税　　　125 100.00
　　　　　　　——城市维护建设税　　8 757.00
　　　　　　　——教育费附加　　　　3 753.00
　　　　　　　——地方教育附加　　　2 502.00

任务 3.4　消费税筹划管理

消费税作为主要税种，有很大的筹划空间。如果做好消费税的筹划管理，无疑将直接给企业带来经济利益。

选择投产产品时，应尽量避开应税消费品；在选择投资方向时，要考虑国家对消费税的改革方向及发展趋势。

3.4.1　消费税纳税人身份的筹划

【案例 3-2】新华酒厂主要生产白酒，产品主要销售给各地的批发商。2021 年 5 月销售单价为每吨 3.6 万元（不含税价），零售白酒 50 吨。销售单价为每吨 5 万元（不含税价）。白酒的比例税率为 20%，定额税率为 0.5 元 /500 克。

筹划思路　如果酒厂将白酒直接销售给消费者，则：

$$应纳消费税 =50 \times 2\,000 \times 0.00005+50 \times 5 \times 20\%=5+50=55（万元）$$

纳税人成立独立核算的经营部或者销售公司，生产企业以较低但不违反公平交易的销售价格将应税消费品销售给经营部或者销售公司，然后销售公司再对外进行销售，这样就可以减少消费税的计税依据，以达到节税的目的。而独立核算的销售部门，在销售环节只缴纳增值税，不缴纳消费税，可使整体消费税税负下降。

例如，先将白酒以每吨 3.6 万元的价格出售给独立核算的销售公司，然后销售公司以每吨 5 万元的价格销售给销售者，则：

$$应纳消费税 =50 \times 2\,000 \times 0.00005＋50 \times 3.6 \times 20\%=5＋36=41（万元）$$

企业在设立独立核算的销售公司后，可少缴销售税 14 万元（55－41）。

3.4.2　计税依据的筹划

【案例 3-3】靓丽化妆品公司生产并销售系列化妆品和护肤护发产品，公司新研制出一款面霜，为推销该新产品，公司把几种销路比较好的产品和该款面霜组套销售，其中包括：售价 40 元的洗面奶、售价 100 元的眼影、售价 80 元的粉饼以及该款售价 120 元的新面霜，包装盒费用为 20 元。组套销售定价为 360 元。以上均为不含税价款，根据现行消费税税法规定，化妆品的税率为 15%，护肤护发品免征消费税。

筹划思路　把几种销路比较好的产品和该款面霜组套销售，则：

$$应纳税额 =360÷（1－15\%）\times 15\% =63.53（元）$$

以上产品中，洗面奶和面霜是护肤护发品，不属于消费税的征收范围；眼影和粉饼属于化妆品，适用 15% 税率。如果采用组套销售方式，公司每销售一套产品，都须缴纳消费税。

而如果改变做法，化妆品公司在将其生产的商品销售给商家时，暂时不组套（配比好各种商品的数量），并按不同商品的销售额分别核算，分别开具发票，由商家按照设计组套包装后再销售（实际上只是将组套包装的地点、环节调整一下，向后推移）。

筹划后，先配比好各种商品的数量，不组套销售，则：

应缴纳的消费税为每套（80＋100）÷（1－15%）×15% =31.76（元）

每套产品可以节约税款 31.77 元（63.53－31.76）。

3.4.3 不同渠道采购应税消费品的税收筹划

【案例 3-4】晨美化妆品厂计划购进一批高档化妆品 S1，继续生产高档化妆品 S2 后再对外销售。可以选择的供货途径是：从白云化妆品厂或蓝天批发公司处购进，S1 的售价是300 000 元，成本为 230 000 元，加工后的 S2 高档化妆品售价为 500 000 元。针对该情况提出税收筹划方案 (假设以上金额均不含增值税)。

筹划思路 纳税人决定外购应税消费品用于连续生产时，应选择厂家，而不是商家。一方面，因为允许扣除已纳消费税的外购消费品限于直接从生产企业购进的，从商品流通企业购进的应税消费品，需要满足相应的条件方可扣除已缴纳的消费税税额，另一方面，同品种的消费品，在相同时期，商家的价格往往高于生产厂家。

根据上述资料，分析如下。

方案 1：从蓝天批发公司处购进。

晨美化妆品厂应纳消费税税额为 75 000 元（500000×15%）。假设不考虑其他因素，晨美化妆品厂的利润为 125 000 元（500 000－75 000－300 000），蓝天批发公司的利润为70 000 元（300 000－230 000）。

方案 2：从白云化妆品厂购进。

晨美化妆品厂应纳消费税税额为 30 000 元（500 000×15%－300 000×15%）。假设不考虑其他因素，晨美化妆品的利润为 170 000 元（500 000－30 000－300 000），白云化妆品厂的利润为 25 000 元（300 000－230 000－300 000×15%）。

由此可见，当纳税人决定外购应税消费品用于连续生产时，应选择生产厂家，而不是商家，除非生产企业的价格扣除已纳税款后的余额比商家的价格还要高。

模 块 小 结

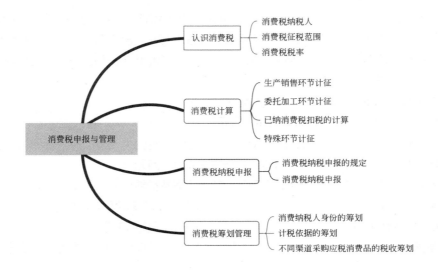

训　练　3

一、单项选择题

1. 下列关于消费税征税范围的表述中，错误的是（　　）。

　　A. 纳税人自产自用的应税消费品，用于连续生产应税消费品的，不缴纳消费税

　　B. 纳税人将自产自用的应税消费品用于馈赠、赞助的，缴纳消费税

　　C. 委托加工的应税消费品，委托方在交货时已代收代缴消费税，委托方收回后直接销售的，再缴纳一道消费税

　　D. 卷烟在生产和批发两个环节均征收消费税

2. 某化妆品公司为增值税一般纳税人，2019 年 6 月向某商场销售一批高档化妆品，取得含增值税销售额 3 842 000 元，已知增值税税率为 13%，消费税税率为 15%，计算该化妆品公司该笔业务应缴纳消费税税额的下列算式中，正确的是（　　）。

　　A. 3 842 000×（1+13%）×15%=651 219（元）

　　B. 3 842 000×（1+13%）×15%=510 000（元）

　　C. 3 842 000×（1−15%）×15%=678 000（元）

　　D. 3 842 000×15%=576 300（元）

3. 某企业将一批自产高档化妆品作为促销礼品随产品出售，高档化妆品生产成本 7 000 元，已知，该企业无同类产品售价，其他企业也无同类产品销售价格，该批化妆品的成本利润率为 5%，消费税税率为 15%，则该企业应纳消费税税额的下列计算中，正确的是（　　）。

　　A. 7 000×（1+5%）÷（1+15%）×15%=958.7（元）

　　B. 7 000×（1+5%）×15%=1 102.5（元）

　　C. 7 000×（1+5%）÷（1−15%）×15%=1 297.06（元）

　　D. 7 000×15%=1 050（元）

4. 某化妆品厂为增值税一般纳税人，2021 年 10 月销售高档化妆品，取得含税收入 45.2 万元，收取手续费 1.5 万元，另收取包装物押金 1 万元。已知高档化妆品增值税税率为 13%，消费税税率为 15%，则计算该化妆品厂当月销售高档化妆品应缴纳消费税税额的下列算式中，正确的是（　　）。

　　A.（45.2+1.5）×15% = 7.01（万元）

　　B.（45.2+1.5+1）×15% = 7.16（万元）

　　C.（45.2+1.5）÷（1+13%）×15%=6.2（万元）

　　D.（45.2+1.5+1）÷（1+13%）×15% = 6.33（万元）

5. 根据消费税法律制度的规定，下列各项中属于消费税纳税人的是（　　）。

　　A. 生产卷烟的单位　　　　　　　　　　B. 受托加工高档化妆品的个人

　　C. 生产服装的单位　　　　　　　　　　D. 进口手机的单位

6. 某汽车生产企业将一辆生产成本 15 万元的自产小汽车用于抵偿债务，同型号小汽车

不含增值税平均售价30万元/辆，不含增值税最高售价33万元/辆。已知小汽车消费税税率为5%，计算该汽车厂该笔业务应缴纳消费税税额的下列算式中，正确的是（ ）。

    A. 1×30×5%=1.5（万元）   B. 1×33×5%=1.65（万元）

    C. 1×10×5%=0.5（万元）   D. 1×10×（1+5%）×5%=0.525（万元）

7. 某卷烟生产企业为增值税一般纳税人，2021年12月销售乙类卷烟2 500标准条，取得含增值税销售额125 000元。已知乙类卷烟消费税比率税率为36%，定额税率为0.003元/支，1标准条有200支。增值税税率为13%，则该企业当月应纳消费税税额为（ ）。

    A. 125 000÷（1+13%）×36%=39 823.01（元）

    B. 125 000÷（1+13%）×36%+2 500×200×0.03=41 323.01（元）

    C. 125 000×36%+2 500×200×0.003=46 500（元）

    D. 125 000×36%=45 000（元）

8. 某酒厂为增值税一般纳税人。2021年8月销售白酒10吨，取得含增值税销售收入678 000元，已知白酒适用的增值税税率为13%，消费税定额税率为0.5元/500克，比例税率为20%，1吨=1 000千克。计算该酒厂8月应缴纳消费税税额的下列算式中，正确的是（ ）。

    A. 678 000×20%+2 000×10×0.5=145 600（元）

    B. 2 000×10×0.5=10 000（元）

    C. 678 000÷（1+13%）×20%+2 000×10×0.5=130 000（元）

    D. 678 000÷（1+13%）×20%=120 000（元）

9. 纳税人采取预收货款结算方式销售应税消费品的，其消费税纳税义务发生时间为（ ）。

    A. 签订销售合同的当天   B. 收到预收货款的当天

    C. 发出应税消费品的当天   D. 开具预收款发票的当天

10. 2021年9月某啤酒厂生产150吨啤酒，销售100吨，取得不含增值税销售额30万元，增值税税额4.8万元，该啤酒厂当月销售啤酒消费税计税依据为（ ）。

    A. 100吨   B. 34.8万元   C. 30万元   D. 150吨

11. 某公司为增值税一般纳税人，2021年9月购进下列货物取得的增值税专用发票上注明的税额，准予从销项税额中抵扣的是（ ）。

    A. 用于交际应酬而购进的酒类产品

    B. 用于应税项目生产而购进的动力燃料

    C. 为本公司职工健身使用而购进的健身器材

    D. 未生产免税产品而购进的原材料

12. 甲企业9月向乙摩托车厂（增值税一般纳税人）订购摩托车10辆，每辆含增值税买价为10 000元，另支付改装费共计30 000元，已知增值税税率为13%，消费税税率为10%，有关乙摩托车厂上述业务应缴纳的消费税，下列算式中正确的是（ ）。

    A. 10 000×10×10%   B. 10 000×10÷（1+13%）×10%

    C. （10 000×10+30 000）×10%   D. （10 000×10+30 000）÷（1+13%）

二、多项选择题

1. 下列各项中，应征收消费税的有（   ）。

    A. 甲电池厂生产销售电池   B. 丁百货公司零售钻石胸针

    C. 丙首饰厂生产销售玉手镯   D. 乙超市零售啤酒

2. 根据消费税法律制度的规定，下列各项中，纳税人应当以同类应税消费品的最高销售价格作为计税依据的有（   ）。

    A. 将自产应税消费品用于换取生产资料   B. 将自产应税消费品用于换取消费资料

    C. 将自产应税消费品用于对外捐赠   D. 将自产应税消费用于投资入股

3. 甲公司是一家卷烟厂，2021 年 8 月从烟农乙手中收购一批烟叶，并将之委托给丙公司加工成烟丝，收回后一半直接出售给庚企业，另一半用于连续生产卷烟，并将生产出的卷烟销售给丁卷烟批发公司，丁公司又将卷烟销售给戊卷烟批发公司，戊公司又将其批发给辛、壬、癸等多家卷烟零售企业，则下列关于消费税的说法中错误的有（   ）。

    A. 在向零售企业的批发业务中，戊公司是消费税的纳税人

    B. 在卷烟零售环节中，辛、壬、癸等卷烟零售企业是消费税的纳税人

    C. 在委托加工业务中，消费税的纳税地点为甲公司所在地

    D. 在委托加工业务中，消费税的纳税地点为丙公司所在地

4. 根据消费税法律制度的规定，下列各项中，符合销售数量确定规定的有（   ）。

    A. 销售应税消费品的，为应税消费品的销售数量

    B. 委托加工应税消费品的，为完工后应税消费品折算的耗用数量

    C. 委托加工应税消费品的，为纳税人收回的应税消费品数量

    D. 进口应税消费品的，为纳税人申报的应税消费品进口数量

5. 下列关于消费税纳税义务发生时间的表述中，正确的有（   ）。

    A. 纳税人委托加工应税消费品的，为支付加工费的当天

    B. 纳税人自产自用应税消费品的，为移送使用的当天

    C. 纳税人采用预收货款结算方式销售货物的，为发出应税消费品的当天

    D. 纳税人进口应税消费品的，为报关进口的当天

6. 下列项目中，不属于消费税征收范围的有（   ）。

    A. 高尔夫果岭场地行驶的高尔夫车

    B. 高档化妆品与普通化妆品组成的礼品套装

    C. 电动汽车

    D. 高尔夫球

7. 根据消费税法律制度的规定，下列应税消费品中，实行从量定额与从价定率相结合的复合计征办法征收消费税的有（   ）。

    A. 雪茄烟   B. 卷烟   C. 黄酒   D. 白酒

8. 甲酒厂主要从事白酒生产销售业务。该酒厂销售白酒收取的下列款项中应并入销售额缴纳消费税的有（   ）。

    A. 向 Z 公司收取的储备费   B. 向 Y 公司收取的品牌使用费

    C. 向 X 公司收取的包装物租金   D. 向 W 公司收取的产品优质费

9. 甲礼花厂将其生产的焰火以分期收款方式对外销售，合同约定不含税销售额 36 万元，6 月 28 日收取货款的 70%，7 月 28 日收取货款的 30%。6 月的应收货款当月收讫，而 7 月的应收货款直至 8 月初仍未收到。已知，鞭炮，焰火适用消费税税率为 15%。根据消费税法律制度的规定，下列说法正确的有（　　）。

A. 甲礼花厂 6 月应缴纳的消费税 = 36×15% = 5.4（万元）

B. 甲礼花厂 6 月应缴纳的消费税 = 36×70% ×15% = 3.78（万元）

C. 甲礼花厂 7 月应缴纳的消费税 = 36×30% ×15% = 1.62（万元）

D. 由于未收到货款，甲礼花厂 7 月不需要缴纳消费税

10. 下列有关消费税纳税地点的表述中，正确的有（　　）。

A. 纳税人销售的应税消费品，除国务院财政、税务主管部门另有规定外，应当向纳税人机构所在地或者居住地的税务机关申报纳税

B. 纳税人委托外县（市）代销自产的应税消费品，于应税消费品销售后，向机构所在地税务机关申报纳税

C. 委托个人加工的应税消费品，由受托方机构所在地的税务机关解缴消费税税款

D. 进口的应税消费品，由进口人或者其代理人向报关地海关申报纳税

11. 根据消费税法律制度的规定，下列有关卷烟批发环节消费税的表述中，正确的有（　　）。

A. 卷烟批发环节消费税目前采用复合计税办法计征

B. 烟草批发企业将卷烟销售给其他烟草批发企业的，不缴纳消费税

C. 卷烟批发企业在计算应纳税额时，可以扣除已含的生产环节的消费税税款

D. 烟草批发企业兼营卷烟批发和零售业务，但未分别核算批发和零售环节的销售额、销售数量的，按全部销售额、销售数量记账，批发环节消费税

12. 下列各项中，既征收消费税，又征收增值税的有（　　）。

A. 批发卷烟　　　　　　　　　B. 生产销售金银首饰

C. 零售高档手表　　　　　　　D. 生产销售高档化妆品

三、判断题

1. 纳税人通过自设非独立核算门市部销售的自产应税消费品，应当按照门市部对外销售额或者销售数量征收消费税。（　　）

2. 纳税人将不同税率的应税消费品组成成套消费品销售的，按平均税率计算消费税。（　　）

3. 雪茄烟适用从价定率和从量定额相结合的复合计征办法征收消费税。（　　）

4. 我国的消费税在生产销售、委托加工和进口环节课征，并实行单一环节征税，批发、零售环节一律不征收消费税。（　　）

5. 某日化厂将自产的高档保湿精华移送生产普通的日用护肤品，移送时应当缴纳消费税。（　　）

四、不定项选择题

1. 某公司为增值税一般纳税人，主要从事小汽车的制造与销售业务，2021 年 7 月有关经营情况如下。

（1）销售1辆定制的自产小汽车，取得含增值税价款226 000元，另收取手续费33 900元。

（2）将10辆自产小汽车对外投资，小汽车生产成本9万元/辆，某公司同类小汽车不含增值税最高销售价格17万元/辆，平均销售价格15万元/辆，最低销售价格12万元/辆。

（3）采取预收货款方式销售给4S店一批自产小汽车，6日签订合同，11日收到预收款，16日发出小汽车，21日开具发票。

（4）生产中轻型商用客车180辆，其中171辆用于销售，3辆用于广告，2辆用于本公司管理部门，4辆用于赞助。

要求：根据上述资料，完成下列问题。

（1）计算该公司当月销售定制的自产小汽车应缴纳消费税额的下列算式中，正确的是（   ）。

    A.（226 000 +33 900）×5%=12 995（元）

    B. 226 000÷（1+13%）×5%=10 000（元）

    C.（226 000+33 900）÷（1+13%）×5%=11 500（元）

    D. 226 000×5%=11 300（元）

（2）计算该公司当月以自产小汽车对外投资应缴纳消费税税额的下列算式中，正确的是（   ）。

    A. 10×15×5%=7.5（万元）   B. 10×12×5%=6（万元）

    C. 10×9×5%=4.5（万元）   D. 10×17%×5%=8.5（万元）

（3）该公司当月采取预收货款方式销售自产小汽车，消费税的纳税义务发生时间是（   ）。

    A. 7月16日   B. 7月6日   C. 7月21日   D. 7月11日

（4）该公司的下列中轻型商用客车中，应缴纳消费税的是（   ）。

    A. 用于赞助的4辆   B. 用于本公司管理部门的2辆

    C. 用于销售的171辆   D. 用于广告的3辆

2. 某化工企业为增值税一般纳税人，主要业务为生产高档化妆品。2021年有关生产经营情况如下。

（1）外购原材料取得增值税专用发票上注明的税额408万元，发票已通过认证。

（2）将高档化妆品与普通化妆品组成礼盒销售，取得不含增值税销售收入6 000万元，该企业分别进行核算，其中高档化妆品销售收入5 000万元，普通化妆品收入1 000万元。

（3）8月因管理不善发生损失的外购原材料成本为30万元，10月取得保险公司赔款5万元。相关增值税已经认证抵扣。

（4）2021年全年利润总额为2 400万元，通过红十字会向受灾地区捐款300万元。

（5）接受捐赠收入20万元。

（6）计提坏账准备金10万元；税收滞纳金支出2万元。

已知：增值税税率13%；高档化妆品的消费税税率为15%；城市维护建设税税率7%；教育费附加征收率3%。

要求：根据上述材料，不考虑其他因素，分析回答下列小题。

（1）该企业应缴纳的增值税税额，下列计算中正确的是（　　）。

A. 6 000×13%－408－30×13%=368.1（万元）

B. 6 000×13%－408=372（万元）

C. 6 000×13%－408+30×13%=375.9（万元）

D. 6 000×13% =780（万元）

（2）该企业应缴纳的消费税，下列计算中，正确的是（　　）。

A. 6 000×15%= 900（万元）　　　　　B. 5 000×15% =750（万元）

C. 1 000×15%= 150（万元）　　　　　D. 0

（3）下列关于该企业对受灾地区的捐赠企业所得税税务处理的说法中,正确的是（　　）。

A. 该企业的对外捐赠行为属于公益性捐赠

B. 该企业的对外捐赠金额可以在计算应纳税所得额时扣除的金额为 300 万元

C. 该企业的对外捐赠金额可以在计算应纳税所得额时扣除的金额 =2 400×
12%=288（万元）

D. 该企业的对外捐赠金额超过规定标准的部分可以结转以后三年扣除

（4）下列关于该企业各项业务企业所得税税务处理的说法中，正确的是（　　）。

A. 该企业因管理不善造成的非正常损失，可以在计算应纳税所得额时扣除的
金 =30×（1+13%）－5=28.9（万元）

B. 接受捐赠收入属于免税收入

C. 税收滞纳金支出 2 万元，不得在计算应纳税所得额时扣除

D. 计提坏账准备金 10 万元，可以在计算应纳税所得额时扣除

模块4

企业所得税申报与管理

学习目标

【能力目标】能够准确计算企业所得税、正确办理企业所得税纳税申报，并能进行简单的税收筹划。

【知识目标】企业所得税的征税范围、纳税人及纳税申报的办理流程及办税过程中的注意事项，企业所得税税收筹划的基本原理。

【素质目标】在学习过程中，能够保持认真、严谨的工作作风，遇到不懂的问题能够主动探究并树立依法纳税意识。

从本模块中，我们将来到科创电子实业有限公司（以下简称"科创公司"），以税务会计的身份完成企业所得税的申报工作。

工作任务

科创电子实业有限公司成立于 2008 年 3 月 12 日，属于增值税一般纳税人，税务机关核定的企业所得税征收方式为查账征收，按照实际利润预缴方式预缴企业所得税。其他基本信息如下：非跨地区经营企业，非上市公司。资产总额全年季度平均值 8 000.00 万元，从业人数全年季度平均值 600 人。

国民经济行业代码：3872

企业信用代码：91110106493439××××

经营范围：研发、制造、加工、销售家用照明、移动照明产品。

股东信息：李明（中国国籍，身份证 23010119621212××××）投资比例 70%；周欣（中国国籍，身份证 23010119670606××××）投资比例 30%。

公司适用的所得税税率：25%

会计主管：孙静

适用的会计准则：企业会计准则（一般企业）

会计核算软件：金蝶

记账本位币：人民币

会计政策和估计是否发生变化：否

固定资产折旧方法：年限平均法，残值率 4%

存货成本计价方法：先进先出法

坏账损失核算方法：备抵法

所得税计算方法：资产负债表债务法

现进行该公司 2019 年度企业所得税年度汇算清缴，已经预缴所得税额 3 308 519.49 元，相关资料如下（表 4-1）。

表 4-1　利润表

编制单位：科创电子实业有限公司　　　　　　填表日期：2021 年 12 月 31 日　　　　　　单位：人民币元（列至角分）

项　　目	本　月　数	本　年　累　计
一、营业收入	6 640 583.00	91 687 000.00
减：营业成本	3 222 853.00	50 674 240.00

续表

项　目	本　月　数	本　年　累　计
税金及附加	332 029.15	4 584 350.00
销售费用	908 833.30	10 918 000.00
管理费用	1 044 158.00	11 079 900.00
研发费用		2 650 000.00
财务费用	38 312.89	507 754.68
其中：利息费用		360 000.00
利息收入		
资产减值损失	35 000.00	300 000.00
信用减值损失		
加：其他收益		
投资收益（损失以"－"号填列）	316 226.87	3 282 322.65
其中：对联营企业和合营企业的投资收益		
净敞口套期收益（损失以"－"号填列）		
公允价值变动收益（损失以"－"号填列）	10 000.00	50 000.00
资产处置收益（损失以"－"号填列）		180 000.00
二、营业利润（亏损以"－"号填列）	1 385 623.53	14 485 077.97
加：营业外收入		2 020 000.00
减：营业外支出		3 271 000.00
三、利润总额（亏损总额以"－"号填列）	1 385 623.53	13 234 077.97
减：所得税费用	346 405.88	3 308 519.49
四、净利润（净亏损以"－"号填列）	1 039 217.65	9 925 558.48
（一）持续经营净利润（净亏损以"－"号填列）	1 039 217.65	9 925 558.48
（二）终止经营净利润（净亏损以"－"号填列）		

相关账务资料如下（表 4-2~表 4-13）（注：金额单位统一为元）。

表 4-2　收入明细表

项　目	项目明细	金　额	备　注
主营业务收入	销售货物	91 200 000.00	
	提供劳务	287 000.00	
	让渡资产使用权收入	120 000.00	
其他业务收入	销售材料收入	80 000.00	

续表

项　目	项 目 明 细	金　额	备　注
营业外收入	政府补助收入	200 000.00	企业不能提供规定资金专项用途的资金拨付文件
	捐赠利得	1 820 000.00	

表 4-3　成本明细表

项　目	项 目 明 细	金　额	备　注
主营业务成本	销售货物	50 440 000.00	
	提供劳务	124 240.00	
	让渡资产使用权成本	60 000.00	
其他业务成本	销售材料成本	50 000.00	
营业外支出	捐赠支出	3 000 000.00	通过市人民政府向灾区捐赠现金3 000 000.00元
	赞助支出	240 000.00	赞助红旗中学校庆支出240 000.00元
	罚金、罚款	21 000.00	税收滞纳金20 000.00元；交通违章罚款1 000.00元
	违约金	10 000.00	违反销售合同规定支付违约金10 000.00元

表 4-4　销售费用明细表

序号	项 目 明 细	金　额	备　注
1	差旅费	980 000.00	
2	广告费	3 048 000.00	
3	业务宣传费	210 000.00	
4	职工薪酬	6 600 000.00	
5	其他	80 000.00	
合　计		10 918 000.00	

表 4-5　管理费用明细表

序号	项 目 明 细	金　额	备　注
1	职工薪酬	6 186 000.00	
2	咨询费	150 000.00	
3	折旧费	249 600.00	
4	无形资产摊销	125 300.00	
5	办公费	1 200 000.00	
6	差旅费	850 000.00	
7	房租费	500 000.00	

续表

序号	项目明细	金 额	备 注
8	保险费	250 000.00	
9	资产维修费	350 000.00	
10	业务招待费	1 200 000.00	
11	新技术研究开发费用	2 650 000.00	研发项目1个，研发费用全部用于自主研发，2019年全部作管理费用支出处理，研发费用都为国内发生的研究开发
12	其他	19 000.00	
	合 计	13 729 900.00	

表 4-6 新技术研究开发费用明细表

序号	项 目 明 细	金 额	备注
1	直接从事研发活动人员工资薪金	1 200 000.00	
2	直接从事研发活动人员五险一金	360 000.00	
3	研发活动直接消耗材料费用	500 000.00	
4	用于试制产品的检验费	290 000.00	
5	用于研发活动的设备的折旧费	85 000.00	
6	用于研发活动的非专利技术	75 000.00	
7	新产品设计费	100 000.00	
8	差旅费	40 000.00	
	合 计	2 650 000.00	

表 4-7 财务费用明细表

序号	项目明细	金 额	备 注
1	利息支出	360 000.00	按金融企业同期同类贷款利率计算的利息支出金额为350 000.00元
2	手续费	147 754.68	
	合 计	507 754.68	

表 4-8 免税收入明细表

序号	项目明细	金 额	备 注
1	国债利息收入	202 011.55	
2	股息	550 088.66	直接投资盛阳科技股份有限公司（统一社会信用代码：913408002754082806）600万元，占股6%，2021年12月30日盛阳科技股份有限公司公布利润分配决定，科创电子实业有限公司获得股利550 088.66元

表 4-9　资产折旧/摊销调整表

资产项目	账 载 金 额			税 收 金 额			调整额
	初始成本	折旧年限	折旧（摊销）额	累计折旧（摊销）额	初始成本	折旧年限	折旧（摊销）额	累计折旧（摊销）额	
办公设备	1 300 000.00	4	312 000.00	936 000.00	1 300 000.00	5	249 600.00	748 800.00	62 400.00
生产设备	2 100 000.00	10	201 600.00	1 008 000.00	2 100 000.00	10	201 600.00	1 008 000.00	0
无形资产（专利权）	1 879 500.00	15	125 300.00	1 253 000.00	3 289 125.00	15	219 275.00	2 192 750.00	-93 975.00

注：无形资产为企业内部研发形成，并符合"三新"标准。

表 4-10　职工薪酬明细表

序号	费用项目	账 载 金 额	实际发生额	税 收 金 额	备　注
1	工资支出	39 880 000.00	39 880 000.00	39 880 000.00	
2	福利费用支出	5 764 300.00	5 764 300.00	5 583 200.00	工资14%允许扣除
3	职工教育经费支出	3 213 400.00	3 213 400.00	3 190 400.00	工资8%允许扣除，超支部分可在以后年度无限结转
4	工会经费	797 600.00	797 600.00	797 600.00	工资2%允许扣除
5	基本社会保险费	5 583 200.00	5 583 200.00	5 583 200.00	
6	住房公积金	3 190 400.00	3 190 400.00	3 190 400.00	

表 4-11　视同销售纳税调整项目明细表

项　目	金　额	备　注
用于交际应酬视同销售收入	83 000.00	将自产产品作为交际应酬，未作收入处理
用于交际应酬视同销售成本	48 000.00	
用于市场推广视同销售收入	108 000.00	将新产品免费发放用于推广市场，未作收入处理
用于市场推广视同销售成本	69 000.00	

表 4-12　其他纳税调整项目明细表

项　目	金　额	备　注
公允价值变动损益	50 000.00	投资性房地产在 2021 年度的公允价值变动金额
资产减值准备金	300 000.00	计提坏账准备 200 000.00 元，存货跌价准备 100 000.00 元
与取得收入无关的支出	198 000.00	支付股东李明之子出国旅游费用，金额计入"管理费用 － 差旅费"科目中
资产处置收益	180 000.00	非流动资产处置利得

表 4-13　企业所得税弥补亏损明细表

年　度	盈利额或亏损额	备　注
2016	8 605 821.00	
2017	11 606 811.00	
2018	10 705 632.00	
2019	9 607 836.00	
2020	−19 962.00	

任务 4.1　认识企业所得税

企业所得税是对在我国境内从事生产、经营的企业和其他取得收入的组织（包括外商投资企业和外国企业，但个人独资企业、合伙企业除外）在一定时期内的生产经营所得和其他所得征收的一种税。它是国家参与企业利润分配并调节其收益水平的一个关键性税种，体现国家与企业的分配关系。

为完成科创公司的企业所得税申报工作，我们首先要判断该企业是否应该缴纳企业所得税，如果应该缴纳，该缴纳多少？完成这一任务的依据是《中华人民共和国企业所得税法》中纳税人、征税对象和税率的规定。

4.1.1　企业所得税纳税人

企业所得税的纳税义务人一般是指企业和其他取得收入的组织。《企业所得税法》第一条规定，除个人独资企业和合伙企业不适用企业所得税法外，在我国境内，企业和其他取得收入的组织（以下统称"企业"）为企业所得税的纳税人，依照法律规定缴纳企业所得税。根据登记注册地和实际管理机构地双重标准，我们把企业所得税的纳税义务人分为居民企业和非居民企业。

居民企业是指依法在中国境内成立，或者依照外国（地区）法律成立，但实际管理机构在中国境内的企业。居民企业应当就其来源于中国境内、境外的所得缴纳企业所得税。

非居民企业是指依照外国（地区）法律成立且实际管理机构不在中国境内，但在中国境内设立机构、场所的，或者在中国境内未设立机构、场所，但有来源于中国境内所得的企业。

4.1.2　企业所得税征税对象

企业所得税的征税对象是指企业取得的生产经营所得、其他所得和清算所得。

1. 居民企业的征税对象

居民企业应当就来源于中国境内、境外的所得缴纳企业所得税，包括销售货物所得、提供劳务所得、转让财产所得、股息红利所得、利息所得、租金所得、特许权使用费所得、接受捐赠所得和其他所得。

2. 非居民企业的征税对象

非居民企业在中国境内设立机构、场所的，应就其机构、场所取得的来源于中国境内的所得，以及发生在中国境外但与其所设机构、场所有实际联系的所得，缴纳企业所得税。

非居民企业在中国境内未设立机构、场所或者虽设立机构、场所但取得的所得与其所设机构、场所没有实际联系的，应就其来源于中国境内的所得缴纳企业所得税。

3. 所得来源地的确定

依据《企业所得税法》及其实施条例的规定，所得来源地的确定有如下方法。

（1）销售货物和提供劳务的所得，按经营活动发生地确定。

（2）转让财产所得，不动产按财产所在地确定，动产按转让动产的企业所在地确定，权益性投资资产转让所得，按照被投资企业所在地确定。

（3）股息、红利所得，按分配股息、红利的企业所在地确定。

（4）利息所得，按实际负担或支付利息的企业或机构、场所所在地确定。

（5）租金所得，按实际负担或支付租金的企业或机构、场所所在地确定。

（6）特许权使用费所得，按实际负担或支付特许权使用费的企业或机构、场所所在地确定。

（7）其他所得，由国务院财政、税务主管部门确定。

4.1.3　企业所得税税率

1. 基本规定：采用 25% 的税率

居民企业适用的企业所得税税率为 25%。在中国境内设立机构、场所的非居民企业，取得的来源于中国境内的所得，以及发生在中国境外但与其所设机构、场所有实际联系的所得，适用税率为 25%。

2. 低税率为 20% 的税率

非居民企业在中国境内未设立机构、场所的，或者虽设立机构、场所但取得的所得与其所设机构、场所没有实际联系的，应当就其来源于中国境内的所得按 20% 税率纳税，但在实际征税时适用 10% 的税率。

小型微利企业减按 20% 的税率征收企业所得税。征收时有特殊情况，后面详细说明。

3. 优惠税率为 15%

国家需要重点扶持的高新技术企业按减 15% 的税率征收企业所得税。国家需要重点扶持的高新技术企业，是指拥有核心自主知识产权，并同时符合下列条件的企业。

（1）产品（服务）属于《国家重点支持的高新技术领域》规定的范围（如电子信息技术，生物与新医药技术，航空航天技术，新材料技术，新能源及节能技术，资源与环境技术，高新技术改造传统产业等）。

（2）研究开发费用占销售收入的比例不低于规定比例。

（3）高新技术产品（服务）收入占企业总收入的比例不低于规定比例（占当年总收入的60%以上）。

（4）科技人员占企业职工总数的比例不低于规定比例（具有大学专科以上学历的科技人员占企业当年职工总数的 30% 以上，其中研发人员占企业当年职工总数的 10% 以上）。

（5）高新技术企业认定管理办法规定的其他条件。

4. 小型微利企业优惠

小型微利企业是指从事国家非限制和禁止行业，且同时符合年度应纳税所得额不超过300 万元，从业人数不超过 300 人，资产总额不超过 5 000 万元等三个条件的企业。

小型微利企业的基本规定是减按 20% 的税率征收企业所得税。

小型微利企业的特殊规定是自 2021 年 1 月 1 日至 2022 年 12 月 31 日，对小型微利企业年应纳税所得额不超过 100 万元的部分，减按 12.5% 计入应纳税所得额，按 20% 的税率缴纳企业所得税；自 2022 年 1 月 1 日至 2024 年 12 月 31 日，对年应纳税所得额超过 100 万元但不超过 300 万元的部分减按 25% 记入应纳税所得额，按 20% 的税率缴纳企业所得税。

【任务分析 4-1】 科创公司是依法在中国境内成立的企业，属于居民企业，应当就其来源于中国境内境外的所得缴纳企业所得税，从背景资料及利润表数据分析，该企业不符合优惠税率的条件，应按 25% 的基本税率征税。

任务 4.2　确定企业所得税的收入

在确定了科创公司所得的适用税率后，接下来要判断哪些收入属于企业所得税的应税收入。按照企业所得税法的规定,纳税人的所有收入可以分为收入总额、不征税收入和免税收入。

4.2.1　收入总额

企业的收入总额是指以货币形式和非货币形式从各种来源取得的收入，具体有销售货物收入，提供劳务收入，转让财产收入，股息、红利等权益性投资收益，利息收入，租金收入，特许权使用费收入，接受捐赠收入，其他收入。

1. 一般收入

（1）销售货物收入：指企业销售商品、产品、原材料、包装物、低值易耗品以及其他存货取得的收入。

（2）提供劳务收入：指企业从事建筑安装、修理修配、交通运输、仓储租赁、金融保险、邮电通信、咨询经纪、文化体育、科学研究、技术服务、教育培训、餐饮住宿、中介代理、卫生保健、社区服务、旅游、娱乐、加工和其他劳务服务活动取得的收入。

（3）转让财产收入：指企业转让固定资产，生物资产，无形资产，股权债权等财产取得的收入。

（4）股息、红利等权益性投资收益：指企业因权益性投资，从被投资方取得的收入。股息、红利等权益性投资收益，除国务院财政税务主管部门另有规定外，应以被投资企业股东会或股东大会作出利润分配或转股决定的日期确定收入的实现。

（5）利息收入：指企业将资金提供他人使用，但不构成权益性投资，或者因他人占用本企业资金取得的收入，包括存款利息、贷款利息、债券利息、欠款利息等收入。利息收入按照合同约定的债务人应付利息的日期确认收入的实现。

（6）租金收入：指企业提供固定资产、包装物或者其他有形资产的使用权取得的收入。租金收入按合同约定的承租人应付租金的日期确认收入的实现。

（7）特许权使用费收入：指企业提供专利权、非专利技术、商标权、著作权以及其他特许权的使用权取得的收入。特许权使用费收入按照合同约定的特许权使用人应付特许权使用费的日期确认收入的实现。

（8）接受捐赠收入：指企业接受的来自其他企业、组织或者个人无偿给予的货币性资产、非货币性资产。接受捐赠收入按照实际收到捐赠资产的日期确认收入的实现。

（9）其他收入：指企业取得的除上述收入外的其他收入，包括企业资产溢余收入、逾期未退包装物押金收入、确实无法偿付的应付款项、已作坏账损失处理后又收回的应收款项、债务重组收入、补贴收入、违约金收入、汇兑收益等。

【任务分析4-2】依据表4-2分析，科创公司主营业务收入中的销售货物收入、提供劳务收入、让渡资产使用权收入以及其他业务收入中的销售材料收入、营业外收入中的捐赠利得都属于一般收入，应在计算应纳税所得额时纳入应税收入。

2. 特殊收入

（1）以分期收款方式销售货物的，按照合同约定的收款日期确认收入的实现。

（2）企业受托加工制造大型机械设备、船舶、飞机，以及从事建筑、安装、装配工程业务或者提供其他劳务等，持续时间超过12个月的，按照纳税年度内完工进度或者完成的工作量确认收入的实现。

（3）采取产品分成方式取得收入的，按照企业分得产品的日期确认收入的实现，其收入额按照产品的公允价值确定。

（4）企业发生非货币性资产交换，以及将货物、财产、劳务用于捐赠、偿债、赞助、集资、广告、样品、职工福利或者利润分配等用途的，应当视同销售货物、转让财产或者提供劳务，但国务院财政、税务主管部门另有规定的除外。

【任务分析4-3】依据表4-11分析，科创公司用于交际应酬和市场推广的收入应视同销售收入，在计算应纳税所得额时计入应税收入。

4.2.2 不征税收入

（1）财政拨款。财政拨款是指各级人民政府对纳入预算管理的事业单位、社会团体等组织拨付的财政资金，但国务院和国务院财政税务主管部门另有规定的除外。

（2）依法收取并纳入财政管理的行政事业性收费、政府性基金。行政事业性收费是指依照法律法规等有关规定，按照规定程序批准，在实施社会公共管理，以及在向公民、法人或者其他组织提供特定公共服务过程中，向特定对象收取并纳入财政管理的费用。政府性基金是指企业依照法律、行政法规等有关规定，代政府收取的具有专项用途的财政资金。

（3）国务院规定的其他不征税收入。该项收入是指企业取得的，由国务院财政、税务主管部门规定专项用途并经国务院批准的财政性资金。

财政性资金是指企业取得的来源于政府及其有关部门的财政补助、补贴、贷款贴息以及其他各类财政专项资金，包括增值税即征即退、先征后退、先征后返的各种税收，但不包括企业按规定取得的出口退税款。

（4）企业取得的不征税收入。该项收入应按照《财政部 国家税务总局关于专项用途财政性资金企业所得税处理问题的通知》（财税〔2011〕70 号）的规定进行处理。凡未按照文件规定进行管理的，应作为企业应税收入计入应纳税所得额，依法缴纳企业所得税。

【任务分析 4-4】依据表 4-2 分析，科创公司营业外收入中的政府补助收入因不能提供规定资金专项用途的资金拨付文件，应作为企业应税收入计入应纳税所得额，依法缴纳企业所得税。

4.2.3　免税收入

（1）国债利息收入（为鼓励企业积极购买国债，支援国家建设，税法规定，企业因购买国债所得的利息收入，免征企业所得税）。

（2）符合条件的居民企业之间的股息、红利等权益性收益，是指居民企业直接投资于其他居民企业取得的投资收益。

（3）在中国境内设立机构、场所的非居民企业从居民企业取得与该机构、场所有实际联系的股息、红利等权益性投资收益。

（4）符合条件的非营利组织的收入。

（5）企业取得的 2009 年及以后年度发行的地方政府债券利息（地方政府债券是指经国务院批院批准，以省、自治区、直辖市和计划单列市政府为发行和偿还主体的债券）。

【任务分析 4-5】依据表 4-8 分析，科创公司国债利息收入和股息属于免税收入，不计入应税收入。

任务 4.3　确定企业所得税的扣除项目

在确定了科创公司应税收入后，接下来需要判断哪些项目属于企业所得税扣除项目。

4.3.1　税前扣除项目的原则

企业申报的扣除项目和金额要真实合法。所谓真实，是指能够证明有关支出确属已经实际发生；所谓合法，是指符合国家税法的规定。若其他法规规定与税收法规规定不一致，应以税收法规的规定为标准，除税收法规另有规定外，税前扣除一般应遵循以下原则。

（1）权责发生制原则，是指企业费用应在发生的所属期扣除。

（2）配比原则，是指企业发生的费用应当与收入配比扣除，除特殊规定外，企业发生的费用不得提前或滞后申报扣除。

（3）合理性原则，符合企业生产经营活动常规，应当计入当期损益或者有关资产成本的必要和正常的支出。

4.3.2　扣除项目的范围

企业所得税法规定，企业实际发生的与取得收入有关、合理的支出，包括成本、费用、税金、损失和其他支出，准予在计算应纳税所得额时扣除。

（1）成本：指企业在生产经营活动中发生的销售成本、销货成本、业务支出以及其他耗费及企业销售商品（产品、材料、下脚料、废料、废旧物资等）、提供劳务、转让固定资产、无形资产（包括技术转让）的成本。

（2）费用：指企业每一个纳税年度为生产经营商品和提供劳务等所发生的销售费用、管理费用和财务费用。已经记录成本的有关费用除外。

（3）税金：指企业发生的除企业所得税和允许抵扣的增值税以外的企业缴纳的各项税金及其附加，即企业按规定缴纳的消费税、城市维护建设税、关税、资源税、土地增值税、房产税、车船税、城镇土地使用税、印花税、教育费附加等产品销售税金及附加。这些已纳税金准予税前扣除。

（4）损失：指企业在生产经营活动中发生的固定资产和存货的盘亏、毁损、报废损失，转让财产损失，呆账损失，坏账损失，自然灾害等不可抗力因素造成的损失以及其他损失。

（5）其他支出：指除成本、费用、税金、损失外，企业在生产经营活动中发生的与生产经营活动有关的、合理的支出。

4.3.3　扣除项目及其标准

在计算应纳税所得额时，下列项目可按照实际发生额或规定的标准扣除。

1. 工资、薪金支出的扣除标准

企业发生的合理的工资、薪金支出准予据实扣除。工资、薪金支出是企业每一纳税年度支付给本企业任职或与其有雇佣关系的员工的所有现金或非现金形式的劳动报酬，包括基本工资、奖金、津贴、补贴、年终加薪、加班工资，以及与任职或者受雇有关的其他支出。

【任务分析4-6】依据表4-10分析，科创公司工资支出可以据实扣除。

2. 职工福利费、工会经费、职工教育经费的扣除标准

企业发生的职工福利费、工会经费、职工教育经费按标准扣除，未超过标准的，按实际数扣除，超过标准的，当年只能按标准扣除。除职工教育经费外，超出标准的部分不得扣除，也不得在以后年度结转扣除。

企业发生的职工福利费支出不超过工资、薪金总额14%的部分准予扣除。

企业拨付的工会经费不超过工资、薪金总额2%的部分准予扣除。

企业发生的职工教育经费支出，自2018年1月1日起，不超过工资、薪金总额8%的部分，准予在计算企业所得税应纳税所得额时扣除；超过部分，准予在以后纳税年度结转扣除。

【任务分析4-7】依据表4-10分析，科创公司的职工福利费需按工资总额的14%扣除，

即扣除 5 583 200.00 元。职工教育经费需按工资总额的 8% 扣除，即扣除 3 190 400.00 元。工会经费没有超过工资总额的 2%，可以据实扣除。

软件生产企业发生的职工教育经费中的职工培训费用，根据《财政部 国家税务总局关于进一步鼓励软件产业和集成电路产业发展企业所得税政策的通知》（财税〔2012〕27 号）规定，可以全额在企业所得税前扣除。软件生产企业应准确划分职工教育经费中的职工培训费支出，对于不能准确划分的，以及准确划分后职工教育经费中扣除职工培训费用的余额，一律按照工资、薪金总额 8% 的比例扣除。

3. 社会保险费的扣除标准

企业依照国务院有关主管部门或者省级人民政府规定的范围和标准，为职工缴纳的"五险一金"，即基本养老保险费、基本医疗保险费、失业保险费、工伤保险费、生育保险费等基本社会保险费和住房公积金准予扣除。

企业为在本企业任职或受雇的全体员工支付的补充养老保险费、补充医疗保险费分别在不超过职工工资总额 5% 标准内的部分，准予扣除；超过部分不得扣除。

企业参加财产保险，按照规定缴纳的保险费，准予扣除。企业为投资者或者职工支付的商业保险费不得扣除。

【任务分析 4-8】依据表 4-10 分析，科创公司的基本社会保险费和住房公积金准予据实扣除。

4. 利息费用

企业在生产经营活动中发生的利息费用，按下列规定扣除。

非金融企业向金融企业借款的利息支出，金融企业的各项存款利息支出和同业拆借利息支出，企业经批准发行债券的利息支出，可据实扣除。

非金融企业向非金融企业借款的利息支出不超过按照金融企业同期同类贷款利率计算的数额的部分，可以据实扣除；超过部分不允许扣除。

【任务分析 4-9】依据表 4-7 分析，科创公司的利息支出需按金融企业同期同类贷款利率计算的利息支出金额 350 000.00 元进行扣除。

5. 借款费用

企业在生产经营活动中发生的合理的、不需要资本化的借款费用，准予扣除。

企业为购置建造固定资产、无形资产和经过 12 个月以上的建造才能达到预定可销售状态的存货发生借款的，在有关资产购置建造期间发生的合理的借款费用，应予以资本化，作为资本性支出，计入有关资产的成本，有关资产交付使用后发生的借款利息，可在发生当期扣除。

企业通过发行债券、取得贷款、吸收保护储金等方式融资而发生的合理的费用支出，符合资本化条件的，应计入相关资产成本；不符合资本化条件的，应作为财务费用，准予在企业所得税前据实扣除。

6. 汇兑损失

企业在货币交易中，以及纳税年度终了时将人民币以外的货币性资产、负债按照期末即期人民币汇率中间价折算为人民币时产生的汇兑损失，除已经计入有关资产成本以及与向所有者进行利润分配相关的部分外，准予扣除。

7. 业务招待费

企业发生的与生产经营活动有关的业务招待费支出，按照发生额的 60% 扣除，但最高不得超过当年销售（营业）收入的 5‰。当年销售（营业）收入包括《企业所得税法实施条例》第 25 条规定的视同销售（营业）收入额。

企业在筹建期间发生的与筹办活动有关的业务招待费支出，可按实际发生额的 60% 计入企业筹办费，并按有关规定在税前扣除。

对从事股权投资业务的企业（包括集团公司总部、创业投资企业等），其从被投资企业所分配的股息、红利以及股权转让收入，可以按规定的比例计算业务招待费扣除限额。

【任务分析 4-10】依据表 4-5 分析，科创公司的业务招待费为 1 200 000.00 元。到底能扣除多少呢？

按照税法规定，首先要确认当年的销售收入。

销售收入 = 销售货物的收入 91 200 000.00+ 提供劳务的收入 287 000.00

+ 让渡资产使用权的收入 120 000.00+ 销售材料的收入 80 000.00

+ 视同销售收入 191 000.00=91 878 000.00（元）

销售收入的 5‰ =91 878 000.00×5‰ =459 390.00（元）

业务招待费的 60%=1 200 000.00×60%=720 000（元）

业务招待费的扣除限额 =459 390.00 元

因此能扣除 459 390.00 元。

8. 广告费和业务宣传费

企业发生的符合条件的广告费和业务宣传费支出，除国务院财政税务主管部门另有规定外，不超过当年销售（营业）收入 15% 的部分，准予扣除；超过部分，准予结转以后纳税年度扣除。当年销售（营业）收入包括《企业所得税法实施条例》第 25 条规定的视同销售（营业）收入额。

【任务分析 4-11】依据表 4-4 分析，科创公司的广告费为 3 048 000.00 元，业务宣传费为 210 000.00 元，能扣除多少呢？

按照税法规定，需要先确认当年的销售收入。

根据上面的计算：

销售收入 = 91 878 000.00 元

91 878 000.00×15%=13 781 700.00（元）

3 048 000.00+210 000.00=3 258 000.00（元）

由于 3 258 000.00＜13 781 700.00，因此可以全额扣除，即扣除 3 258 000.00 元。

企业申报扣除的广告费支出，应与赞助支出严格区分。企业申报扣除的广告费支出，必须符合下列条件：广告是通过工商部门批准的专门机构制作的；以实际支付费用，并已取得相应发票；通过一定的媒体传播。

9. 环境保护专项资金

企业依照法律、行政法规有关规定提取的用于环境保护、生态恢复等方面的专项资金，准予扣除。上述专项资金提取后改变用途的，不得扣除。

10. 租赁费

以经营租赁方式租入固定资产发生的租赁支出，按照租赁期限均匀扣除，经营性租赁是指所有权不转移的租赁。

以融资租赁方式租入固定资产发生的租赁费支出，按照规定构成融资租入固定资产价值的部分，应当提取折旧费用，分期扣除。融资租赁是指在实质上转移与一项资产所有权有关的全部风险和报酬的一种租赁。

11. 劳动保护费

企业发生的合理的劳动保护支出，准予扣除。

12. 公益性捐赠支出

指企业通过公益性社会组织或者县级以上人民政府及其部门，用于符合法律规定的慈善活动、公益事业的捐赠。

企业当年发生以及以前年度结转的公益性捐赠支出不超过年度利润总额 12% 的部分，准予扣除。超过年度利润总额 12% 的部分，准予以后三年内在计算应纳税所得额时结转扣除。年度利润总额，是指企业依照国家会计制度的规定计算的年度会计利润。

企业发生的公益性捐赠支出未在当年税前扣除的部分，准予向以后年度结转扣除，但结转年限自捐献发生年度的次年起计算，最长不得超过三年。企业对公益性捐赠支出计算扣除时，应先扣除以前年度结转的捐赠支出，再扣除当年发生的捐赠支出。

【任务分析 4-12】依据表 4-3 分析，科创公司通过市人民政府向灾区捐赠现金 3 000 000.00 元，能够扣除多少呢？

根据税法规定，企业当年发生以及以前年度结转的公益性捐赠支出不超过年度利润总额 12% 的部分，准予扣除。

根据表 4-1 分析，年度利润总额为 13 234 077.97 元。

$$13\ 234\ 077.97 \times 12\% = 1\ 588\ 089.36\ （元）$$

因此只能扣除 1 588 089.36 元。

13. 总机构分摊的费用

非居民企业在中国境内设立的机构、场所，就其中国境外总机构发生的与该机构、场所生产经营有关的费用，能够提供总机构出具的费用汇集范围、定额、分配依据和方法等证明文件，并合理分摊的，准予扣除。

14. 资产损失

企业当期发生的固定资产和流动资产盘亏、毁损净损失，由其提供清查盘存资料，经向主管税务机关备案后，准予扣除；企业因存货盘亏、毁损、报废等原因，不得从销项税金中抵扣的进项税金，应视同企业财产损失，准予与存货损失一起，在所得税前按规定扣除。

15. 手续费及佣金支出

企业发生与生产经营有关的手续费及佣金支出不超过以下规定计算限额以内的部分，准予扣除；超过部分，不得扣除。

财产保险企业按当年全部保费收入扣除退保金等后余额的 15% 计算限额；人身保险企业按当年全部保费收入扣除退保金后余额的 10% 计算限额。

电信企业在发展客户、拓展业务等过程中，需向经纪人、代办商支付手续费及佣金的，其实际发生的相关手续费及佣金支出，不超过企业当年收入总额 5% 的部分，准予在企业所得税前据实扣除。

其他企业按与具有合法经营资格中介服务机构或个人（不含交易双方及其雇员、代理人和代表人等）所签订服务协议或合同确定的收入金额的 5% 计算限额。

16. 其他项目的扣除标准

企业依照法律、行政法规和国家有关税法规定准予扣除的其他项目，如会员费、合理的会议费、差旅费、违约金、诉讼费用等。

4.3.4　不得扣除的项目

在计算应纳税所得额时，下列支出不得扣除。

（1）向投资者支付的股息、红利等权益性投资收益款项。

（2）企业所得税税款。

（3）税收滞纳金，指纳税人违反税收法规，被税务机关处以的滞纳金。

（4）罚金、罚款和被没收财物的损失，指纳税人违反国家有关法律、法规规定，被有关部门处以的罚款，以及被司法机关处以的罚金和被没收财物。

（5）超过规定标准的捐赠支出。

（6）赞助支出，指企业发生的与生产经营活动无关的各种非广告性质支出。

（7）未经核定的准备金支出，指不符合国务院财政、税务主管部门规定的各项资产减值准备、风险准备等准备金支出。

（8）企业之间支付的管理费、企业内营业机构之间支付的租金和特许权使用费，以及非银行企业内营业机构之间支付的利息，不得扣除。

（9）与取得收入无关的其他支出。

【任务分析 4-13】依据表 4-12 分析，科创公司计提坏账准备 200 000.00 元及存货跌价准备 100 000.00 元，不得扣除；支付股东李明之子出国旅游费用 198 000.00 元，属于与取得收入无关的其他支出，不得扣除。

任务 4.4　资产的所得税处理

在确定了科创公司的扣除项目金额后，还要对科创公司的资产进行所得税税务处理。纳税人资产的所得税税务处理直接影响着扣除项目金额的多少，这也是计算应纳税所得额时必须确定的问题。

税法规定纳入税务处理范围的资产形式主要有固定资产、生物资产、无形资产、长期待摊费用等。除盘盈固定资产外，均以历史成本为计税基础。历史成本是指企业取得该项资产时实际发生的支出，企业持有各项资产期间资产增值或者减值，除国务院财政税务主管部门规定可以确认损益外，不得调整该资产的计税基础。

4.4.1 固定资产的税务处理

固定资产是指企业为生产产品、提供劳务、出租或者经营管理而持有的使用时间超过 12 个月的非货币性资产，包括房屋、建筑物、机器、机械、运输工具以及其他与生产经营活动有关的设备、器具、工具等。

1. 固定资产的计税基础

外购的固定资产，以购买价款和支付的相关税费以及直接归属于使该资产达到预定用途发生的其他支出为计税基础。

自行建造的固定资产以竣工结算前发生的支出为计税基础。

融资租入的固定资产，以租赁合同约定的付款总额和承租人在签订租赁合同过程中发生的相关费用为计税基础。租赁合同未约定付款总额的，以该资产的公允价值和承租人在签订租赁合同过程中发生的相关费用为计税基础。

盘盈的固定资产以同类固定资产的重置完全价值为计税基础。

通过捐赠、投资、非货币性资产交换、债务重组等方式取得的固定资产，以该资产的公允价值和支付的相关税费为计税基础。

改建的固定资产，除已足额提取折旧的固定资产和租入的固定资产以外的其他固定资产，以改建过程中发生的改建支出增加为计税基础。

2. 固定资产折旧的计提方法

企业应当自固定资产投入使用月份的次月起计算折旧。停止使用的固定资产，应当自停止使用月份的次月起停止计算折旧。

企业应当根据固定资产的性质和使用情况，合理确定固定资产的预计净残值。固定资产的预计净残值一经确定，不得变更。

固定资产按照直线法计算的折旧，准予扣除。

企业对房屋、建筑物固定资产在未足额提取折旧前进行改扩建的，如属于推倒重置，该资产原值减除提取折旧后的净值应并入重置后的固定资产计税成本，并在该固定资产投入使用后的次月起，按照税法规定的折旧年限一并计提折旧；如属于提升功能、增加面积的，该固定资产的改扩建支出，并入该固定资产计税基础，并从改扩建完工投入使用后的次月起，重新按税法规定的固定资产折旧年限计提折旧，如该改扩建后的固定资产尚可使用的年限低于税法规定的最低年限，可以按尚可使用的年限计提折旧。

3. 固定资产折旧的计提年限

除国务院财政、税务主管部门另有规定外，固定资产计算折旧的最低年限如下：房屋建筑物为 20 年；飞机、火车、轮船、机器、机械和其他生产设备为 10 年；与生产经营活动有关的器具、工具、家具等为 5 年；飞机、火车、轮船以外的运输工具为 4 年；电子设备为 3 年。

4. 固定资产折旧的企业所得税处理

企业固定资产会计折旧年限，如果短于税法规定的最低折旧年限，其按会计折旧年限计提的折旧高于按税法规定的最低折旧年限计提的折旧部分应调增当期应纳税所得额，企业固定资产会计折旧年限已期满，且会计折旧已提足，但税法规定的最低折旧年限尚未到期，且税收折旧尚未足额扣除，其未足额扣除的部分准予在剩余的税收折旧年限继续按规定扣除。

企业固定资产会计折旧年限，如果长于税法规定的最低折旧年限，其折旧应按会计折旧年限计算扣除，税法另有规定除外。

企业按会计规定提取的固定资产减值准备，不得税前扣除，其折旧仍按税法确定的固定资产计税基础计算扣除。

企业按税法规定实行加速折旧的，其按加速折旧办法计算的折旧额可全额在税前扣除。

石油天然气开采企业在计提油气资产折耗（折旧）时，由于会计与税法规定计算方法不同导致的折耗（折旧）差异，应按税法规定进行纳税调整。

【任务分析4-14】依据表4-9分析，科创公司办公设备为1 300 000.00元，按照税法规定，计提折旧年限应为5年，每年折旧额为249 600.00元；生产设备为2 100 000.00元，按照税法规定，计提折旧年限应为10年，每年折旧额为201 600.00元。

4.4.2 生物资产的税务处理

生物资产是指有生命的动物和植物，生物资产分为消耗性生物资产、生产性生物资产和公益性生物资产。

1. 生物资产的计税基础

外购的生产性生物资产以购买价款和支付的相关税费为计税基础；通过捐赠、投资、非货币性资产交换、债务重组等方式取得的生产性生物资产，以该资产的公允价值和支付的相关税费为计税基础。

2. 生物资产的折旧方法和折旧年限

生产性生物资产按照直线法计算的折旧准予扣除。企业应当自生产性生物资产投入使用月份的次月起计算折旧；停止使用的生产性生物资产，应当自停止使用月份的次月起停止计算折旧。

企业应当根据生产性生物资产的性质和使用情况，合理确定生产性生物资产的预计净产值。生产性生物资产的预计净残值一经确定，不得变更。

生产性生物资产计算折旧的最低年限如下：林木类生产性生物资产为10年；畜类生产性生物资产为3年。

4.4.3 无形资产的税务处理

无形资产是指企业长期使用，但没有实物形态的资产，包括专利权、商标权、著作权、土地使用权、非专利技术、商誉等。

1. 无形资产的计税基础

外购的无形资产，以购买价款和支付的相关税费以及直接归属于使该资产达到预定用途发生的其他支出为计税基础。

自行开发的无形资产，以开发过程中该资产符合资本化条件后至达到预定用途前发生的支出为计税基础。

通过捐赠、投资、非货币性资产交换、债务重组等方式取得的无形资产，以该资产的公允价值和支付的相关税费为计税基础。

2. 无形资产的摊销方法及年限

无形资产的摊销采取直线法计算，无形资产的摊销年限不得低于 10 年。作为投资或者受让的无形资产，有关法律规定或者合同约定了使用年限的，可以按照规定或者约定的使用年限分期摊销。外购商誉的支出，在企业整体转让或者清算时，准予扣除。

4.4.4　长期待摊费用的税务处理

长期待摊费用是指企业发生的应在一个年度以上或几个年度进行摊销的费用。在计算应纳税所得额时，企业发生的下列支出，作为长期待摊费用，按照规定摊销的，准予扣除：已足额提取折旧的固定资产的改建支出；租入固定资产的改建支出；固定资产的大修理支出；其他应当作为长期待摊费用的支出。

企业的固定资产修理支出可在发生当期直接扣除。企业的固定资产改良支出，如果有关固定资产尚未提足折旧，可增加固定资产价值；如果有关固定资产已提足折旧，可作为长期待摊费用，在规定的期间内平均摊销。

4.4.5　存货的税务处理

存货是指企业持有以备出售的产品或者商品、处在生产过程中的在产品、在生产或者提供劳务过程中耗用的材料和物料等。

1. 存货的计税基础

通过支付现金方式取得的存货，以购买价款和支付的相关税费为成本；通过支付现金以外的方式取得的存货，以该存货的公允价值和支付的相关税费为成本；生产性生物资产收获的农产品，以产出或者采收过程中发生的材料费、人工费和分摊的间接费用等必要支出为成本。

2. 存货的成本计算方法

企业使用或者销售的存货的成本计算方法，可以在先进先出法、加权平均法、个别计价法中选用一种。计价方法一经选用，不得随意变更。

企业转让以上资产，在计算应纳税所得额时，资产的净值允许扣除。其中资产的净值是指有关资产、财产的计税基础减除已经按照规定扣除的折旧、折耗、摊销、准备金等后的余额。

4.4.6　税法规定与会计规定差异处理

税法规定与会计规定差异的处理是指在计算应纳税所得额时，企业财务会计处理办法与税收法律、行政法规的规定不一致的，应当按照税收法律、行政法规的规定计算，即企业在平时进行会计核算时，可以按会计制度的有关规定进行账务处理，但在计算应纳税所得额和申报纳税时，对税法规定和会计制度规定有差异的，要按税法规定进行纳税调整。

任务 4.5　弥补亏损与税收优惠

在确定了科创公司的应税收入、扣除项目，并进行了资产的所得税处理后，还需要考虑科创公司发生的亏损情况，以及能否享受税收优惠政策。《企业所得税法》对亏损弥补与税收优惠政策进行了相关的规定。

4.5.1　弥补亏损

企业纳税年度发生的亏损，准予用以后年度的税前所得弥补，但结转弥补年限最长不得超过5年。5年内不论是盈利还是亏损，都作为实际弥补年限计算。

这里所说的亏损是指企业依照《企业所得税法》规定，将每一纳税年度的收入总额减除不征税收入、免税收入和各项扣除后，小于零的数额，而不是企业财务报表中反映的亏损额。

【任务分析4-15】依据表4-13分析，科创公司2018年亏损19 962.00元，可以税前弥补。

4.5.2　税收优惠

1. 扶持农、林、牧、渔业发展，鼓励基础设施建设的税收优惠

（1）企业从事蔬菜、谷物、薯类、油料、豆类、棉花、麻类等农作物的种植，农作物新品种的选育，中药材的种植，林木的培育和种植，牲畜、家禽的饲养，林产品的采集，灌溉、农产品初加工、兽医、农技推广、农机作业和维修等农、林、牧、渔服务业项目，远洋捕捞等项目以及"公司＋农户"经营模式从事农、林、牧、渔业项目生产的企业的所得，免征企业所得税。

（2）企业从事花卉、茶以及其他饮料作物和香料作物的种植、海水养殖、内陆养殖等项目的所得减半征收企业所得税。

2. 促进技术创新和科技进步的优惠

根据《财政部 税务总局 科技部关于提高研究开发费用税前加计扣除比例的通知》（财税〔2018〕99号）及财政部、税务总局公告2021年第6号规定，企业开展研发活动中实际发生的研发费用，未形成无形资产计入当期损益的，在按规定据实扣除的基础上，在2018年1月1日至2023年12月31日期间，再按照实际发生额的75%在税前加计扣除；形成无形资产的，在上述期间按照无形资产成本的175%在税前摊销。

为进一步激励企业加大研发投入，支持科技创新，对于制造业企业开展研发活动中实际发生的研发费用，未形成无形资产计入当期损益的，在按规定据实扣除的基础上，自2021年1月1日起，再按照实际发生额的100%在税前加计扣除；形成无形资产的，自2021年1月1日起，按照无形资产成本的200%在税前摊销（国家税务总局2021年第13号公告）。

为进一步支持科技创新，鼓励科技型中小企业加大研发投入，对于科技型中小企业开展研发活动中实际发生的研发费用，未形成无形资产计入当期损益的，在按规定据实扣除的基础上，自2022年1月1日起，再按照实际发生额的100%在税前加计扣除；形成无形资产的，

自 2022 年 1 月 1 日起，按照无形资产成本的 200% 在税前摊销（财政部、税务总局、科技部公告 2022 年第 16 号）。

在一个纳税年度内，居民企业技术转让所得不超过 500 万元的部分，免征企业所得税；超过 500 万元的部分，减半征收企业所得税。

【任务分析 4-16】依据表 4-5 分析，科创公司新技术研究开发费用为 2 650 000.00 元，按照税法规定，在据实扣除的基础上，再按照实际发生额的 75% 在税前加计扣除；依据表 4-9 分析，科创公司无形资产为 1 879 500.00 元，符合"三新"标准，按照税法规定，按照无形资产成本的 175%，在税前摊销，当期摊销额为 219 275.00 元。（本任务中科创公司参照非制造企业处理）

3. 鼓励环境保护与节能的优惠

企业从事符合条件的环境保护、节能节水项目的所得，自项目取得第一笔生产经营收入所属纳税年度起，第一年至第三年免征企业所得税，第四年至第六年减半征收企业所得税。

企业购置用于环境保护、节能节水、安全生产等专用设备的，该专用设备投资额的 10%，可从企业当年的应纳税额中抵免；当年不足抵免的，可以在以后 5 个纳税年度内结转抵免。

4. 对劳服企业、福利企业的优惠

企业安置残疾人员的，在按照支付给残疾职工工资据实扣除的基础上，可按支付给残疾职工实际工资的 100% 加计扣除。

任务 4.6　计算企业所得税应纳税额

科创公司在确定了应税收入，进行了相关项目扣除并对资产、亏损、优惠情况进行了处理后，就可以计算企业所得税应纳税额了。

居民企业应纳企业所得税额的基本计算公式如下。

$$应纳税额 = 应纳税所得额 \times 适用税率 - 减免税额 - 抵免税额$$

从公式中可以看出，应纳税额的计算主要取决于应纳税所得额的计算。在实际计算中，应纳税所得额的计算方法一般有直接计算法和间接计算法两种。

4.6.1　直接计算法

直接计算法是直接按照《企业所得税法》规定的计算公式计算应纳税所得额的方法，计算公式如下。

$$应纳税所得额 = 收入总额 - 不征税收入 - 免税收入 - 准予扣除项目金额 - 弥补以前年度亏损$$

【案例 4-1】惠民食品公司为居民企业。2021 年取得的各项收入为：销售食品收入 5 000 万元；固定资产出租收入 100 万元；转让无形资产所有权取得收入 110 万元；国债利息收入 10 万元；提供非专利技术使用权取得收入 50 万元。发生的各项支出为：产品销售成本

1 100万元；缴纳增值税400万元、城市维护建设税和教育费附加40万元；财务费用100万元；销售费用410万元（其中广告费支出380万元）；管理费用210万元（其中业务招待费100万元，新技术开发费用30万元）；营业外支出100万元（其中环保罚款15万元，银行罚息1万元，税收滞纳金2万元）。

要求：用直接法计算该公司2021年应纳的企业所得税。

解析　　　收入总额 = 5 000＋100＋110＋50＋10 = 5 270（万元）

其中，免税收入为10万元。

准予扣除的项目及金额如下。

（1）准予扣除的成本为1 100万元。

（2）准予扣除的费用如下。

广告费扣除限额 =（5 260－10－110）×15% = 772.5（万元）

由于实际发生广告费支出380万元，小于扣除限额，可全部在税前扣除，销售费用410万元可全部税前扣除。

业务招待费扣除标准 = 100×60% = 60（万元）

业务招待费用扣除限额 =（5 270－10－110）×5‰ = 25.75（万元）

即税前只允许扣除业务招待费25.75万元。

新技术开发费用可以加计扣除金额 = 30×75% = 22.5（万元）

管理费用可以税前扣除金额 = 210－100＋25.75＋22.5 = 158.25（万元）

财务费用100万元可全部税前扣除。

准予扣除的费用合计 = 410＋158.25＋100 = 668.25（万元）

（3）准予扣除的税金为40万元。

（4）准予扣除的损失为83万元（100－15－2）。

（5）扣除项目合计如下。

1 100＋668.25＋40＋83 = 1 891.25（万元）

应纳税所得额如下。

应纳税所得额 = 5 270－10－1 891.25 = 3 368.75（万元）

应纳税额如下。

全年应纳所得税额 = 3 368.75×25% = 842.187 5（万元）

4.6.2　间接计算法

间接计算法是在会计利润总额的基础上加或减按照税法规定调整的项目金额后，即为应纳税所得额。

计算公式如下。

应纳税所得额 = 会计利润总额 ± 纳税调整项目金额

纳税调整项目金额包括两方面的内容：① 企业财务会计制度规定的项目范围与税收法规规定的项目范围不一致，应予调整的金额；② 企业财务会计制度规定的扣除标准与税法规定的扣除标准不一致的差异，应予以调整的金额。

现行企业所得税年度纳税申报表采取间接计算法。

【任务分析 4-17】 科创公司 2021 年利润表中反映的利润总额是 13 234 077.97 元。需要考虑纳税调整的事项如下。

（1）表 4-2 中，政府补助收入由于企业不能提供规定资金专项用途的资金拨付文件，因此不能调减。

（2）表 4-3 中，科创公司通过市人民政府向灾区捐赠现金 3 000 000.00 元。

$$可以扣除的限额 = 13\ 234\ 077.97 \times 12\% = 1\ 588\ 089.36（元）$$

$$需要调增额 = 3\ 000\ 000.00 - 1\ 588\ 089.36 = 1\ 411\ 910.64（元）$$

（3）表 4-3 中，赞助红旗中学校庆支出 240 000.00 元，不能扣除。需要调增 240 000.00 元。

（4）表 4-3 中，罚金、罚款支出 21 000.00 元，不能扣除。需要调增 21 000.00 元。

（5）表 4-4 中，广告费、业务宣传费的扣除限额为 13 781 700.00 元（91 878 000.00×15%）。

$$广告费、业务宣传费的实际发生额 = 3\ 048\ 000.00 + 210\ 000.00 = 3\ 258\ 000.00（元）$$

实际发生额小于扣除限额，可以全额扣除，不需要纳税调整。

（6）表 4-5 中，业务招待费的扣除限额计算如下。

$$业务招待费的 60\% = 1\ 200\ 000.00 \times 60\% = 720\ 000（元）$$

$$销售收入的 5‰ = 91\ 878\ 000.00 \times 5‰ = 459\ 390.00（元）$$

$$业务招待费的扣除限额 = 459\ 390.00 元$$

$$需要调增额 = 1\ 200\ 000.00 - 459\ 390.00 = 740\ 610.00（元）$$

（7）表 4-5 中，新技术研究开发费用可以加计扣除。

$$需要调减额 = 2\ 650\ 000.00 \times 75\% = 1\ 987\ 500.00（元）$$

（8）表 4-7 中，利息支出按金融企业同期同类贷款利率计算的金额为 350 000.00 元。

$$需要调增额 = 360\ 000 - 350\ 000 = 10\ 000.00（元）$$

（9）表 4-8 中，国债利息收入与股息是免税的。

$$需要调减额 = 202\ 011.55 + 550\ 088.66 = 752\ 100.21（元）$$

（10）表 4-9 中，办公设备需调增 62 400.00 元；无形资产需调减 93 975.00 元。

（11）表 4-10 中，福利费支出需调增 5 764 300.00 - 5 583 200.00 = 181 100（元）；职工教育经费支出需要调增 3 213 400.00 - 3 190 400.00 = 23 000（元）。

（12）表 4-11 中，用于交际应酬视同销售收入需要调增 83 000.00 元；用于交际应酬视同销售成本需要调减 48 000.00 元；用于市场推广视同销售收入需要调增 108 000.00 元；用于市场推广视同销售成本需要调减 69 000.00 元。

（13）表4-12中，资产减值准备金需要调增300 000.00元；与取得收入无关的支出需要调增198 000.00元；公允价值变动损益需要调减50 000.00元。

（14）表4-13中，2018年亏损可以税前弥补，需要调减19 962.00元。

综上所述，

应纳税所得额 =13 234 077.97+1 411 910.64+240 000.00+21 000.00+740 610.00

　　　　　　　－1 987 500.00+10 000.00－752 100.21+62 400.00－93 975.00

　　　　　　　+181 100+23 000+83 000.00－48 000.00+108 000.00－69 000.00

　　　　　　　+300 000.00+198 000.00－50 000.00－19 962.00=13 592 561.40（元）

应纳企业所得税额 =13 592 561.40×25%=3 398 140.35（元）

任务 4.7　预缴企业所得税纳税申报

科创公司在计算了企业所得税额后，就可以进行企业所得税的纳税申报了。

4.7.1　企业所得税纳税申报的规定

企业所得税按年计征，分月或者分季度预缴，年终汇算清缴，多退少补。企业在纳税年度内无论盈利或者亏损，都应当依照《企业所得税法》第54条规定期限，向税务机关报送预缴企业所得税纳税申报表、年度企业所得税纳税申报表、财务会计报告和税务机关规定应当报送的其他有关资料。

4.7.2　企业所得税月（季）度预缴纳税申报（查账征收）

1. 申报要求

实行查账征收方式申报企业所得税的居民企业（包括境外注册中资控股居民企业）在月份或者季度终了之日起的15日内，依照税收法律、法规、规章及其他有关规定，向税务机关填报《中华人民共和国企业所得税月（季）度预缴纳税申报表（A类，2018年版）》及其他相关资料，进行月（季）度预缴纳税申报。

2. 办理材料（表4-14）

表4-14　月（季）度预缴纳税申报材料表（查账征收）

序号	材料名称	必要性	报送情形	备注
1	《中华人民共和国企业所得税月（季）度预缴纳税申报表（A类，2018年版）》	必报		
2	建筑企业总机构直接管理的跨地区经营项目部就地预缴税款的完税证明	条件报送	有直接管理的跨地区设立的项目部的建筑企业总机构	查验后退回

续表

序号	材料名称	必要性	报送情形	备注
3	《企业所得税汇总纳税分支机构所得税分配表》	条件报送	跨省、自治区、直辖市和计划单列市设立的，实行汇总纳税办法的居民企业（分支机构）	经总机构所在地主管税务机关受理
4	《居民企业参股外国企业信息报告表》	条件报送	符合条件的境外投资居民企业	
5	《技术成果投资入股企业所得税递延纳税备案表》	条件报送	适用于股权激励和技术入股递延纳税政策的企业	投资完成后首次预缴申报时报送

【任务分析 4-18】科创电子实业有限公司 2021 年第一季度季初资产总额 8 496.28 万元，季末资产总额 8 898.06 万元，季初和季末从业人数都是 600 人。（其他企业资料见前面工作任务资料）

2021 年 4 月进行第一季度企业所得税申报，相关资料如下（表 4-15）。

表 4-15 利润表

编制单位：科创电子实业有限公司　　　　　　填表日期：2021 年 3 月 31 日　　　　　　单位：人民币元（列至角分）

项　　目	本 月 数	本 年 累 计
一、营业收入	7 640 686.00	25 667 000.00
减：营业成本	3 762 852.00	13 524 240.00
税金及附加	365 029.67	1 673 350.00
销售费用	967 633.70	2 308 000.00
管理费用	1 534 159.00	3 618 900.00
研发费用		
财务费用	48 312.68	110 675.56
其中：利息费用		
利息收入		
资产减值损失	30 000.00	88 000.00
信用减值损失		
加：其他收益		
投资收益（损失以"一"号填列）	395 226.89	983 233.88
其中：对联营企业和合营企业的投资收益		
净敞口套期收益（损失以"一"号填列）		
公允价值变动收益（损失以"一"号填列）	−5 000.00	20 000.00
资产处置收益（损失以"一"号填列）		
二、营业利润（亏损以"一"号填列）	1 322 925.84	5 347 068.32
加：营业外收入		10 000.00
减：营业外支出		
三、利润总额（亏损总额以"一"号填列）	1 322 925.84	5 357 068.32
减：所得税费用	330 731.46	1 339 267.08
四、净利润（净亏损以"一"号填列）	992 194.38	4 017 801.24
……		
六、综合收益总额	992 194.38	4017801.24
七、每股收益：		

续表

项　　目	本　月　数	本　年　累　计
（一）基本每股收益		
（二）稀释每股收益		

要求：完成科创电子实业有限公司第一季度企业所得税预缴申报工作。

申报流程如图 4-1 所示。申报表如表 4-16 所示。

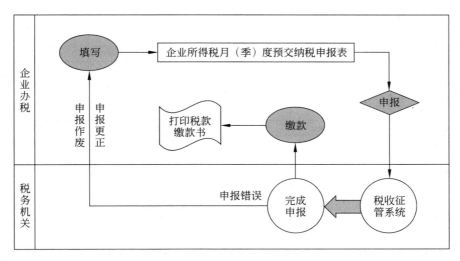

图 4-1　企业所得税月（季）度预缴纳税申报流程

表 4-16　A200000　中华人民共和国企业所得税月（季）度预缴纳税申报表（A 类）

税款所属期：2021 年 1 月 1 日 至 2021 年 3 月 31 日
纳税人识别号（统一社会信用代码）：91110106493439××××
纳税人名称：科创电子实业有限公司 金额单位：人民币元（列至角分）

预缴方式	☑ 按照实际利润额预缴	□ 按照上一纳税年度应纳税所得额平均额预缴	□ 按照税务机关确定的其他方法预缴
企业类型	☑ 一般企业	□ 跨地区经营汇总纳税企业总机构	□ 跨地区经营汇总纳税企业分支机构

行次	项　　目	本年累计金额
	预缴税款计算	
1	营业收入	25 667 000.00
2	营业成本	13 524 240.00
3	利润总额	5 357 068.32
4	加：特定业务计算的应纳税所得额	
5	减：不征税收入	
6	减：免税收入、减计收入、所得减免等优惠金额（填写 A201010）	
7	减：固定资产加速折旧（扣除）调减额（填写 A201020）	
8	减：弥补以前年度亏损	
9	实际利润额（3＋4－5－6－7－8）（按照上一纳税年度应纳税所得额平均额确定的应纳税所得额）	5 357 068.32
10	税率（25%）	0.25
11	应纳所得税额（9×10）	1 339 267.08
12	减：减免所得税额（填写 A201030）	
13	减：实际已缴纳所得税额	
14	减：特定业务预缴（征）所得税额	
15	本期应补（退）所得税额（11－12－13－14）（税务机关确定的本期应纳所得税额）	1 339 267.08

		预缴税款计算		
行次		项　　目		本年累计金额
汇总纳税企业总分机构税款计算				
16	总机构填报	总机构本期分摊应补（退）所得税额（17+18+19）		
17		其中：总机构分摊应补（退）所得税额（15×总机构分摊比例＿％）		
18		财政集中分配应补（退）所得税额（15×财政集中分配比例＿％）		
19		总机构具有主体生产经营职能的部门分摊所得税额（15×全部分支机构分摊比例＿％×总机构具有主体生产经营职能部门分摊比例＿％）		
20	分支机构填报	分支机构本期分摊比例		
21		分支机构本期分摊应补（退）所得税额		
附报信息				
高新技术企业		□是 ☑否	科技型中小企业	□是 ☑否
技术入股递延纳税事项		□是 ☑否		
按季度填报信息				
季初从业人数		600	季末从业人数	600
季初资产总额（万元）		8 496.28	季末资产总额（万元）	8 898.06
国家限制或禁止行业		□是 ☑否	小型微利企业	□是 ☑否

谨声明：本纳税申报表是根据国家税收法律法规及相关规定填报的，是真实的、可靠的、完整的。

纳税人（签章）：　　　　年　月　日

经办人：　　　　　　　　　　　　　　　受理人：

经办人身份证号：　　　　　　　　　　　受理税务机关（章）：

代理机构签章：　　　　　　　　　　　　受理日期：　　　年　月　日

代理机构统一社会信用代码：

国家税务总局监制

申报业务核算如下。

借：所得税费用　　　　　　　　　1 339 267.08

　贷：应缴税费—企业所得税　　　　1 339 267.08

4.7.3　企业所得税月（季）度预缴（核定征收）

1. 申报要求

按照企业所得税核定征收办法缴纳企业所得税的居民企业依照税收法律、法规、规章及其他有关企业所得税的规定，在规定的纳税期限内向税务机关填报《中华人民共和国企业所得税月（季）度预缴和年度纳税申报表（B类，2018年版）》及其他相关资料，向税务机关进行企业所得税月（季）度申报。

月（季）度预缴纳税期限为月份或者季度终了之日起的15日内，纳税申报期限遇最后一日是法定休假日的，以休假日期满的次日为期限的最后一日；在期限内有连续3日以上法定休假日的，按休假日天数顺延。

2. 办理材料（表4-17）

表4-17　月（季）度预缴纳税申报材料表（核定征收）

序号	材料名称	必要性	报送情形
1	《中华人民共和国企业所得税月（季）度预缴和年度纳税申报表（B类，2018年版）》	必报	
2	《居民企业参股外国企业信息报告表》	条件报送	符合条件的境外投资居民企业

【**案例 4-2**】北京日盛日用品经销有限公司是以日用品批发、零售为主的商业企业。该企业虽设置账簿，但无专职财务人员管理公司账目，导致账目混乱、成本资料、费用凭证残缺不全，税局人员难以查账征收企业税费，但该企业能够准确提供销货发票凭证并能够提供当期银行进账单，采用按月核定征收方式预缴企业所得税。税务机关出具的企业所得税核定征收鉴定表中注明该企业实行按收入总额核定应纳税所得额，税务机关参照行业的应税所得率及企业实际经营规模确定其应税所得率为 8%，企业财务执行新会计准则，非汇总企业，无分支机构，符合小型微利企业条件。

该企业 2021 年 1 月份预缴企业所得税情况如表 4-18 所示。

表 4-18 中华人民共和国企业所得税月（季）度预缴和年度纳税申报表（B 类）

税款所属期: 2021 年 1 月 1 日至 2020 年 1 月 31 日
纳税人名称: 北京日盛日用品经销有限公司
纳税人识别号: 91230460238967046L　　　　　　　　　　　　　　金额单位: 人民币元（列至角分）

核定征收方式	☑ 核定应税所得率（能核算收入总额的） □ 核定应税所得率（能核算成本费用总额的） □ 核定应纳所得税额	
行次	**项　目**	**本年累计金额**
1	收入总额	5 060 089.00
2	减: 不征税收入	
3	减: 免税收入（4+5+10+11）	
4	国债利息收入免征企业所得税	
5	符合条件的居民企业之间的股息、红利等权益性投资收益免征企业所得税	
6	其中: 通过沪港通投资且连续持有 H 股满 12 个月取得的股息红利所得免征企业所得税	
7	通过深港通投资且连续持有 H 股满 12 个月取得的股息红利所得免征企业所得税	
8	居民企业持有创新企业 CDR 取得的股息红利所得免征企业所得税	
9	符合条件的居民企业之间属于股息、红利性质的永续债利息收入免征企业所得税	
10	投资者从证券投资基金分配中取得的收入免征企业所得税	
11	取得的地方政府债券利息收入免征企业所得税	
12	应税收入额（1−2−3）（成本费用总额）	5 060 089.00
13	税务机关核定的应税所得率（%）	8%
14	应纳税所得额（第 12 行×13 行）/[第 12 行÷（1−第 13 行）×第 13 行]	404 807.12
15	税率（25%）	25%
16	应纳所得税额（14×15）	101 201.78
17	减: 符合条件的小型微利企业减免企业所得税	80 961.42
18	减: 实际已缴纳所得税额	0
19	本期应补（退）所得税额（16−17−18）（税务机关核定本期应纳所得税额）	20 240.36
20	民族自治地方的自治机关对本民族自治地方的企业应缴纳的企业所得税中属于地方分享的部分减征或免征（□ 免征　□ 减征: 减征幅度 ____ %）	
21	本期实际应补（退）所得税额	20 240.36
按季度填报信息		
季初从业人数		季末从业人数	
季初资产总额（万元）		季末资产总额（万元）	
国家限制或禁止行业	□ 是　□ 否	小型微利企业	□ 是　□ 否
按年度填报信息		
小型微利企业	□ 是　□ 否		

谨声明：本纳税申报表是根据国家税收法律法规及相关规定填报的，是真实的、可靠的、完整的。

	纳税人（签章）：　　　年　月　日

经办人：	受理人：
经办人身份证号：	受理税务机关（章）：
代理机构签章：	受理日期：　　　年　月　日
代理机构统一社会信用代码：	

国家税务总局监制

2021 年 2 月开具批发、零售发票记载实现收入总额为 6 051 968.00 元。

要求：请根据上述业务资料完成该企业 2021 年 2 月企业所得税的月度预缴申报工作。

申报表如表 4-19 所示。

表 4-19　中华人民共和国企业所得税月（季）度预缴和年度纳税申报表（B 类）

税款所属期：2021 年 2 月 1 日至 2021 年 2 月 28 日

纳税人名称：北京日盛日用品经销有限公司

纳税人识别号：91230460238967046L

金额单位：人民币元（列至角分）

核定征收方式	☑ 核定应税所得率（能核算收入总额的）
	□ 核定应税所得率（能核算成本费用总额的）
	□ 核定应纳所得税额

行次	项　　目	本年累计金额
1	收入总额	11 112 057.00
2	减：不征税收入	
3	减：免税收入（4+5+10+11）	
4	国债利息收入免征企业所得税	
5	符合条件的居民企业之间的股息、红利等权益性投资收益免征企业所得税	
6	其中：通过沪港通投资且连续持有 H 股满 12 个月取得的股息红利所得免征企业所得税	
7	通过深港通投资且连续持有 H 股满 12 个月取得的股息红利所得免征企业所得税	
8	居民企业持有创新企业 CDR 取得的股息红利所得免征企业所得税	
9	符合条件的居民企业之间属于股息、红利性质的永续债利息收入免征企业所得税	
10	投资者从证券投资基金分配中取得的收入免征企业所得税	
11	取得的地方政府债券利息收入免征企业所得税	
12	应税收入额（1－2－3）（成本费用总额）	11 112 057.00
13	税务机关核定的应税所得率（%）	8%
14	应纳税所得额（第 12×13 行）/[第 12 行÷（1－第 13 行）×第 13 行]	888 964.56
15	税率（25%）	25%
16	应纳所得税额（14×15）	222 241.14
17	减：符合条件的小型微利企业减免企业所得税	177 792.91
18	减：实际已缴纳所得税额	20 240.36
19	本期应补（退）所得税额（16－17－18）（税务机关核定本期应纳所得税额）	24 207.87
20	民族自治地方的自治机关对本民族自治地方的企业应缴纳的企业所得税中属于地方分享的部分减征或免征（□ 免征　□ 减征：减征幅度＿＿＿%）	
21	本期实际应补（退）所得税额	24 207.87
按季度填报信息		
季初从业人数		季末从业人数	
季初资产总额（万元）		季末资产总额（万元）	
国家限制或禁止行业	□是　□否	小型微利企业	□是　□否
按年度填报信息		
小型微利企业	□是　□否		

续表

谨声明：本纳税申报表是根据国家税收法律法规及相关规定填报的，是真实的、可靠的、完整的。

纳税人（签章）： 年 月 日

经办人： 经办人身份证号： 代理机构签章： 代理机构统一社会信用代码：	受理人： 受理税务机关（章）： 受理日期： 年 月 日

国家税务总局监制

任务 4.8 汇算清缴企业所得税纳税申报

科创公司在进行了季度所得税的预缴纳税申报后，还需要进行企业所得税的年终汇算清缴申报。

1. 申报要求

实行查账征收方式申报企业所得税的居民企业（包括境外注册中资控股居民企业）应当在纳税年度终了之日起 5 个月内，在年度中间终止经营活动的应当在实际终止经营之日起 60 日内，依照税收法律、法规、规章及其他有关规定，自行计算本纳税年度应纳税所得额、应纳所得税额和本纳税年度应补（退）税额，向税务机关提交《中华人民共和国企业所得税年度纳税申报表（A 类，2017 年版）》及其他有关资料，进行年度纳税申报。

纳税年度中间新开业（包括试生产、试经营）或纳税年度中间终止经营活动的纳税人，无论是否在减税、免税期间，也无论盈利或亏损，均应按照企业所得税法及其实施条例和有关规定进行居民企业所得税年度申报。

申报期限最后一天为法定休假日的，根据《中华人民共和国税收征收管理法实施细则》第一百零九条的规定，以休假日期满的次日为期限的最后一日。

2. 办理材料（表 4-20）

表 4-20 年度汇算清缴纳税申报材料表

序号	材料名称	必要性	报送情形
1	《中华人民共和国企业所得税年度纳税申报表（A 类，2017 年版）》	必报	
2	房地产开发企业成本对象管理专项报告	条件报送	房地产开发企业在开发产品完工当年企业所得税年度纳税申报
3	年度会计报表和担保业务情况（包括担保业务明细和风险准备金提取等）	条件报送	申请享受中小企业信用担保机构有关准备金企业所得税前扣除政策
4	与境外所得相关的完税证明或纳税凭证 境外分支机构会计报表 境外分支机构所得依照中国境内企业所得税及实施条例的规定计算的应纳税额的计算过程及说明资料 具有资质的机构出具的有关分机构升级报告	条件报送	申报抵免境外所得税收（取得境外分支机构的营业利润所得）
5	与境外所得相关的完税证明或纳税凭证 集团组织架构图 被投资公司章程 境外企业有权决定利润分配的机构作出的决定书	条件报送	申报抵免境外所得税收（取得境外股息、红利所得）

续表

序号	材 料 名 称	必要性	报 送 情 形
6	与境外所得相关的完税证明或纳税凭证 依照中国境内企业所得税法及实施条例规定计算的应纳税额的资料及计算过程 项目合同	条件报送	申报抵免境外所得税收（取得境外利息、租金、特许权使用费、转让财产等所得）
7	与境外所得相关的完税证明或纳税凭证 本企业及其直接或间接控制的外国企业在境外所获免税及减税的依据及证明或有关审计报告披露该企业享受的优惠政策 企业在其直接或间接控制的外国企业的参股比例等情况的证明 间接抵免税额或者饶让抵免税额的计算过程 由本企业直接或间接控制的外国企业的财务会计资料	条件报送	申报抵免境外所得税收（申请享受税收饶让抵免）
8	与境外所得相关的完税证明或纳税凭证 取得境外分支机构的营业利润所得需提供企业申请及有关情况说明 来源国（地区）政府机关核发的具有纳税性质的凭证和证明 取得符合境外税额间接抵免条件的股息所得需提供企业申请及有关情况说明 符合企业所得税法第 24 条条件的有关股权证明的文件或凭证	条件报送	申报抵免境外所得税收（采用简易办法计算抵免限额）
9	《汇总纳税企业分支机构所得税分配表》 《中华人民共和国企业所得税月（季）度预缴纳税申报表（A 类，2018 年版）》	条件报送	跨省、自治区、直辖市和计划单列市设立的，实行汇总纳税办法的居民企业（分支机构）
10	《受控外国企业信息报告表》	条件报送	适用《中华人民共和国企业所得税法》第四十五条情形或者需要适用《中华人民共和国特别纳税调整实施办法（试行）》第八十四条规定的居民企业
11	《财务报表主表及相关附表》 《会计报表附注》 《财务情况说明书》	条件报送	居民企业在办理企业所得税年度申报时，与境外所得相关的纳入《中华人民共和国企业所得税法》第二十四条规定抵免范围的外国企业或符合《中华人民共和国企业所得税法》第四十五条规定的受控外国企业
12	《非货币性资产投资递延纳税调整明细表》	条件报送	居民企业以非货币性资产对外投资确认的非货币性资产转让所得，在自确认非货币性资产转让收入年度起不超过连续 5 个纳税年度的期间内，分期均匀计入相应年度的应纳税所得额的，在非货币性资产转让所得递延确认期间每年企业所得税汇算清缴
13	《企业重组所得税特殊性税务处理报告表及附表》	条件报送	企业重组业务适用特殊性税务处理申报
14	《海上油气生产设施弃置费情况表》	条件报送	为参与开采海上油气资源的中国企业和外国企业在申报当年度企业所得税汇算清缴资料
15	《居民企业资产（股权）划转特殊性税务处理申报表》	条件报送	进行特殊性税务处理的股权或资产划转的交易双方在年度汇算清缴

续表

序号	材 料 名 称	必要性	报 送 情 形
16	依法取得合法真实凭证的当年手续费及佣金计算分配表和其他相关资料	条件报送	企业税前扣除手续费及佣金支出

注： ① 第4~8项：备案资料使用非中文的，企业应同时提交中文译本复印件。上述资料已向税务机关提供的，可不再提供；上述资料若有变更的，须重新提供。原件查验后退回。

② 第9项：不需要报送《中华人民共和国企业所得税年度纳税申报表（A类，2017年版）》。

【任务分析4-19】根据科创电子实业有限公司2021年利润表及相关资料，进行该公司2021年度企业所得税年度汇算清缴，具体流程如图4-2所示。

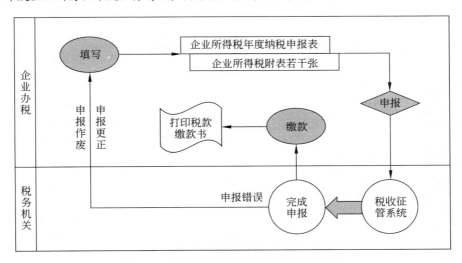

图4-2　企业所得税年度汇算清缴申报流程

（1）勾选《企业所得税年度纳税申报表填报表单》、填报A000000《企业所得税年度纳税申报基础信息表》，具体申报表如表4-21和表4-22所示。

表4-21　企业所得税年度纳税申报表填报表单

表单编号	表 单 名 称	是否填报
A000000	企业所得税年度纳税申报基础信息表	√
A100000	中华人民共和国企业所得税年度纳税申报表（A类）	√
A101010	一般企业收入明细表	√
A101020	金融企业收入明细表	□
A102010	一般企业成本支出明细表	√
A102020	金融企业支出明细表	□
A103000	事业单位、民间非营利组织收入、支出明细表	□
A104000	期间费用明细表	√
A105000	纳税调整项目明细表	√
A105010	视同销售和房地产开发企业特定业务纳税调整明细表	√
A105020	未按权责发生制确认收入纳税调整明细表	□
A105030	投资收益纳税调整明细表	√

续表

表单编号	表 单 名 称	是否填报
A105040	专项用途财政性资金纳税调整明细表	□
A105050	职工薪酬支出及纳税调整明细表	√
A105060	广告费和业务宣传费等跨年度纳税调整明细表	√
A105070	捐赠支出及纳税调整明细表	√
A105080	资产折旧、摊销及纳税调整明细表	√
A105090	资产损失税前扣除及纳税调整明细表	□
A105100	企业重组及递延纳税事项纳税调整明细表	□
A105110	政策性搬迁纳税调整明细表	□
A105120	贷款损失准备金及纳税调整明细表	□
A106000	企业所得税弥补亏损明细表	√
A107010	免税、减计收入及加计扣除优惠明细表	√
A107011	符合条件的居民企业之间的股息、红利等权益性投资收益优惠明细表	√
A107012	研发费用加计扣除优惠明细表	√
A107020	所得减免优惠明细表	□
A107030	抵扣应纳税所得额明细表	□
A107040	减免所得税优惠明细表	□
A107041	高新技术企业优惠情况及明细表	□
A107042	软件、集成电路企业优惠情况及明细表	□
A107050	税额抵免优惠明细表	□
A108000	境外所得税收抵免明细表	□
A108010	境外所得纳税调整后所得明细表	□
A108020	境外分支机构弥补亏损明细表	□
A108030	跨年度结转抵免境外所得税明细表	□
A109000	跨地区经营汇总纳税企业年度分摊企业所得税明细表	□
A109010	企业所得税汇总纳税分支机构所得税分配表	□

表 4-22　A000000 企业所得税年度纳税申报基础信息表

基本经营情况（必填项目）			
101 纳税申报企业类型（填写代码）	100	102 分支机构就地纳税比例（%）	
103 资产总额（填写平均值，单位：万元）	8 000	104 从业人数（填写平均值，单位：人）	600
105 所属国民经济行业（填写代码）	3872	106 从事国家限制或禁止行业	□是√否
107 适用会计准则或会计制度（填写代码）	110	108 采用一般企业财务报表格式（2019年版）	√是□否
109 小型微利企业	□是√否	110 上市公司	是（□境内□境外）√否
有关涉税事项情况（存在或者发生下列事项时必填）			
201 从事股权投资业务	□是	202 存在境外关联交易	□是
203 境外所得信息	203-1 选择采用的境外所得抵免方式	□分国（地区）不分项　□不分国（地区）不分项	
	203-2 新增境外直接投资信息	□是（产业类别：□旅游业　□现代服务业　□高新技术产业）	
204 有限合伙制创业投资企业的法人合伙人	□是	205 创业投资企业	□是
206 技术先进型服务企业类型（填写代码）		207 非营利组织	□是

续表

208 软件、集成电路企业类型（填写代码）		209 集成电路生产项目类型	□ 130 纳米 □ 65 纳米
210 科技型中小企业	210-1＿＿＿年（申报所属期年度）入库编号 1	210-2 入库时间 1	
	210-3＿＿＿年（所属期下一年度）入库编号 2	210-4 入库时间 2	
211 高新技术企业申报所属期年度有效的高新技术企业证书	211-1 证书编号 1	211-2 发证时间 1	
	211-3 证书编号 2	211-4 发证时间 2	
212 重组事项税务处理方式	□一般性　□特殊性	213 重组交易类型（填写代码）	
214 重组当事方类型（填写代码）		215 政策性搬迁开始时间	＿＿年＿＿月
216 发生政策性搬迁且停止生产经营无所得年度	□是	217 政策性搬迁损失分期扣除年度	□是
218 发生非货币性资产对外投资递延纳税事项	□是	219 非货币性资产对外投资转让所得递延纳税年度	□是
220 发生技术成果投资入股递延纳税事项	□是	221 技术成果投资入股递延纳税年度	□是
222 发生资产（股权）划转特殊性税务处理事项	□是	223 债务重组所得递延纳税年度	□是
224 研发支出辅助账样式	□2015 版　□2021 版　□自行设计		

		主要股东及分红情况（必填项目）			
股东名称	证件种类	证件号码	投资比例（%）	当年（决议日）分配的股息、红利等权益性投资收益金额	国籍（注册地址）
李明	身份证	23010119621212××××	70.00%		中国
周欣	身份证	23010119670606××××	30.00%		中国
其余股东合计	—	—	100.00%		—

（2）填报 A101010 一般企业收入明细表、A102010 一般企业成本支出明细表、A104000 期间费用明细表，具体申报表如表 4-23~表 4-25 所示。

表 4-23　A101010 一般企业收入明细表

行次	项　目	金　额
1	一、营业收入（2+9）	91 687 000.00
2	（一）主营业务收入（3+5+6+7+8）	91 607 000.00
3	1. 销售商品收入	91 200 000.00
4	其中：非货币性资产交换收入	
5	2. 提供劳务收入	287 000.00
6	3. 建造合同收入	
7	4. 让渡资产使用权收入	120 000.00
8	5. 其他	
9	（二）其他业务收入（10+12+13+14+15）	80 000.00

续表

行次	项　目	金　额
10	1. 销售材料收入	80 000.00
11	其中：非货币性资产交换收入	
12	2. 出租固定资产收入	
13	3. 出租无形资产收入	
14	4. 出租包装物和商品收入	
15	5. 其他	
16	二、营业外收入（17+18+19+20+21+22+23+24+25+26）	2 200 000.00
17	（一）非流动资产处置利得	180 000.00
18	（二）非货币性资产交换利得	
19	（三）债务重组利得	
20	（四）政府补助利得	200 000.00
21	（五）盘盈利得	
22	（六）捐赠利得	1 820 000.00
23	（七）罚没利得	
24	（八）确实无法偿付的应付款项	
25	（九）汇兑收益	
26	（十）其他	

表 4-24　A102010 一般企业成本支出明细表

行次	项　目	金　额
1	一、营业成本（2+9）	50 674 240.00
2	（一）主营业务成本（3+5+6+7+8）	50 624 240.00
3	1. 销售商品成本	50 440 000.00
4	其中：非货币性资产交换成本	
5	2. 提供劳务成本	124 240.00
6	3. 建造合同成本	
7	4. 让渡资产使用权成本	60 000.00
8	5. 其他	
9	（二）其他业务成本（10+12+13+14+15）	50 000.00
10	1. 销售材料成本	50 000.00
11	其中：非货币性资产交换成本	
12	2. 出租固定资产成本	
13	3. 出租无形资产成本	
14	4. 包装物出租成本	
15	5. 其他	
16	二、营业外支出（17+18+19+20+21+22+23+24+25+26）	3 271 000.00
17	（一）非流动资产处置损失	
18	（二）非货币性资产交换损失	
19	（三）债务重组损失	
20	（四）非常损失	
21	（五）捐赠支出	3 000 000.00
22	（六）赞助支出	240 000.00
23	（七）罚没支出	31 000.00
24	（八）坏账损失	
25	（九）无法收回的债券股权投资损失	
26	（十）其他	

表 4-25　A104000 期间费用明细表

行次	项目	销售费用 1	其中:境外支付 2	管理费用 3	其中:境外支付 4	财务费用 5	其中:境外支付 6
1	一、职工薪酬	6 600 000.00	×	6 186 000.00	×	×	×
2	二、劳务费					×	×
3	三、咨询顾问费			150 000.00		×	×
4	四、业务招待费	3 258 000.00	×	1 200 000.00	×	×	×
5	五、广告费和业务宣传费		×		×		×
6	六、佣金和手续费		×			147 754.68	×
7	七、资产折旧摊销费		×	374 900.00	×	×	×
8	八、财产损耗、盘亏及毁损损失		×		×	×	×
9	九、办公费		×	1 200 000.00	×	×	×
10	十、董事会费					×	
11	十一、租赁费		×	500 000.00		×	
12	十二、诉讼费		×		×	×	×
13	十三、差旅费	980 000.00		850 000.00	×	×	×
14	十四、保险费		×	250 000.00	×	×	×
15	十五、运输、仓储费						
16	十六、修理费		×	350 000.00		×	×
17	十七、包装费						
18	十八、技术转让费				×		
19	十九、研究费用			2 650 000.00		×	
20	二十、各项税金		×	×	×	×	×
21	二十一、利息收支	×	×	×	×	360 000.00	×
22	二十二、汇兑差额	×	×	×	×	×	×
23	二十三、现金折扣	×	×	×	×		×
24	二十四、党组织工作经费	×		19 000.00	×	×	×
25	二十五、其他	80 000.00					×
26	合计 (1+2+3+…+25)	10 918 000.00	0.00	13 729 900.00	0.00	507 754.68	0.00

（3）填报 A105010 视同销售和房地产开发企业特定业务纳税调整明细表、A105050 职工薪酬支出及纳税调整明细表，具体申报表如表 4-26 和表 4-27 所示。

表 4-26　A105010 视同销售和房地产开发企业特定业务纳税调整明细表

行次	项　　目	税收金额	纳税调整金额
		1	2
1	一、视同销售（营业）收入（2+3+4+5+6+7+8+9+10）	191 000.00	191 000.00
2	（一）非货币性资产交换视同销售收入		
3	（二）用于市场推广或销售视同销售收入	108 000.00	108 000.00
4	（三）用于交际应酬视同销售收入	83 000.00	83 000.00
5	（四）用于职工奖励或福利视同销售收入		
6	（五）用于股息分配视同销售收入		
7	（六）用于对外捐赠视同销售收入		
8	（七）用于对外投资项目视同销售收入		
9	（八）提供劳务视同销售收入		
10	（九）其他		
11	二、视同销售（营业）成本（12+13+14+15+16+17+18+19+20）	117 000.00	−117 000.00
12	（一）非货币性资产交换视同销售成本		
13	（二）用于市场推广或销售视同销售成本	69 000.00	−69 000.00
14	（三）用于交际应酬视同销售成本	48 000.00	−48 000.00
15	（四）用于职工奖励或福利视同销售成本		
16	（五）用于股息分配视同销售成本		
17	（六）用于对外捐赠视同销售成本		
18	（七）用于对外投资项目视同销售成本		
19	（八）提供劳务视同销售成本		
20	（九）其他		
21	三、房地产开发企业特定业务计算的纳税调整额（22−26）	0.00	0.00
22	（一）房地产企业销售未完工开发产品特定业务计算的纳税调整额（24−25）	0.00	0.00
23	1.销售未完工产品的收入		×
24	2.销售未完工产品预计毛利额		
25	3.实际发生的税金及附加、土地增值税		
26	（二）房地产企业销售的未完工产品转完工产品特定业务计算的纳税调整额（28−29）	0.00	0.00
27	1.销售未完工产品转完工产品确认的销售收入		×
28	2.转回的销售未完工产品预计毛利额		
29	3.转回实际发生的税金及附加、土地增值税		

表 4-27　A105050 职工薪酬支出及纳税调整明细表

行次	项　目	账载金额 1	实际发生额 2	税收规定扣除率 3	以前年度累计结转扣除额 4	税收金额 5	纳税调整金额 6（1−5）	累计结转以后年度扣除额 7（2+4−5）
1	一、工资薪金支出	39 880 000.00	39 880 000.00	×	×	39 880 000.00	0.00	×
2	其中：股权激励			×	×	0.00	0.00	×
3	二、职工福利费支出	5 764 300.00	5 764 300.00	14%	×	5 583 200.00	181 100.00	×
4	三、职工教育经费支出	3 213 400.00	3 213 400.00	×	0.00	3 190 400.00	23 000.00	23 000.00
5	其中：按税收规定比例扣除的职工教育经费	3 213 400.00	3 213 400.00	8%	×	3 190 400.00	23 000.00	23 000.00
6	按税收规定全额扣除的职工培训费用			100%	×	0.00	0.00	×
7	四、工会经费支出	797 600.00	797 600.00	2%	×	797 600.00	0.00	×
8	五、各类基本社会保障性缴款	5 583 200.00	5 583 200.00	×	×	5 583 200.00	0.00	×
9	六、住房公积金	3 190 400.00	3 190 400.00	×	×	3 190 400.00	0.00	×
10	七、补充养老保险			×	×	0.00	0.00	×
11	八、补充医疗保险			×	×	0.00	0.00	×
12	九、其他			×	×			×
13	合计（1+3+4+7+8+9+10+11+12）	58 428 900.00	58 428 900.00	×	0.00	58 224 800.00	204 100.00	23 000.00

（4）填报 A105060 广告费和业务宣传费等跨年度纳税调整明细表、A105070 捐赠支出及纳税调整明细表、A105080 资产折旧、摊销及纳税调整明细表，具体申报表如表 4-28~ 表 4-30 所示。

表 4-28　A105060 广告费和业务宣传费等跨年度纳税调整明细表

行次	项　目	广告费和业务宣传费	保险企业手续费及佣金支出
		1	2
1	一、本年支出	3 258 000.00	
2	减：不允许扣除的支出		
3	二、本年符合条件的支出（1－2）	3 258 000.00	0.00
4	三、本年计算扣除限额的基数	91 878 000.00	
5	乘：税收规定扣除率	15%	
6	四、本企业计算的扣除限额（4×5）	13 781 700.00	0.00
7	五、本年结转以后年度扣除额（3＞6，本行 =3－6；3≤6，本行 =0）	0.00	0.00
8	加：以前年度累计结转扣除额	0.00	
9	减：本年扣除的以前年度结转额 [3＞6，本行 =0；3≤6，本行 =8 与（6－3）孰小值]	0.00	0.00
10	六、按照分摊协议归集至其他关联方的金额（10≤3 与 6 孰小值）		
11	按照分摊协议从其他关联方归集至本企业的金额		
12	七、本年支出纳税调整金额（3＞6，本行 =2+3－6+10－11；3≤6，本行 =2+10－11－9）	0.00	0.00
13	八、累计结转以后年度扣除额（7+8－9）	0.00	0.00

表 4-29　A105070 捐赠支出及纳税调整明细表

行次	项　目	账载金额	以前年度结转可扣除的捐赠额	按税收规定计算的扣除限额	税收金额	纳税调增金额	纳税调减金额	可结转以后年度扣除的捐赠额
		1	2	3	4	5	6	7
1	一、非公益性捐赠	3 000 000.00	×	×	×	0.00	×	×
2	二、限额扣除的公益性捐赠（3＋4＋5＋6）		0.00	1 588 089.36	1 588 089.36	1 411 910.64	0.00	1 411 910.64
3	前三年度（　年）	×	×	×	×	×	×	×
4	前二年度（　年）	×	×	×	×	×	×	×
5	前一年度（2020 年）	×	×	×	×	×	×	0.00
6	本年（2021 年）	3 000 000.00	×	1 588 089.36	1 588 089.36	1 411 910.64	×	1 411 910.64
7	三、全额扣除的公益性捐赠		×	×	0.00	×	×	×
8	1.		×	×	0.00	×	×	×
9	2.							
10	3.							
11	合计（1＋2＋7）	3 000 000.00	0.00	1 588 089.36	1 588 089.36	1 411 910.64	0.00	1 411 910.64
附列资料	2015 年度至本年发生的公益性扶贫捐赠合计金额				×			×

表 4-30　A105080 资产折旧、摊销及纳税调整明细表

行次	项　目	账 载 金 额			税 收 金 额			纳税调整金额
		资产原值	本年折旧、摊销额	累计折旧、摊销额	资产计税基础	税收折旧、摊销额	累计折旧、摊销额	9（2－5）
		1	2	3	4	5	8	
1	一、固定资产（2+3+4+5+6+7）	3 400 000.00	513 600.00	1 944 000.00	3 400 000.00	451 200.00	1 756 800.00	62 400.00
2	（一）房屋、建筑物							
3	所有固定资产 （二）飞机、火车、轮船、机器、机械和其他生产设备	2 100 000.00	201 600.00	1 008 000.00	2 100 000.00	201 600.00	1 008 000.00	0.00
4	（三）与生产经营活动有关的器具、工具、家具等	1 300 000.00	312 000.00	936 000.00	1 300 000.00	249 600.00	748 800.00	62 400.00
5	（四）飞机、火车、轮船以外的运输工具							0.00
6	（五）电子设备							0.00
7	（六）其他							0.00

续表

行次	项 目	账载金额			税收金额			纳税调整金额
		资产原值 1	本年折旧、摊销额 2	累计折旧、摊销额 3	资产计税基础 4	税收折旧、摊销额 5	累计折旧、摊销额 8	9（2-5）
8	（一）重要行业固定资产加速折旧（不含一次性扣除）							×
9	（二）其他行业研发设备加速折旧							×
10	（三）固定资产一次性扣除（10.1+10.2）							×
10.1	1.海南自由贸易港企业固定资产一次性扣除							
10.2	2.其他特定地区企业固定资产加速折旧							
11	（四）500万元以下设备器具一次性扣除							×
12	（五）疫情防控重点保障物资生产企业单价500万元以上设备一次性扣除							×
13	（六）特定地区固定资产一次性扣除（13.1+13.2）							×
13.1	1.海南自由贸易港企业固定资产一次性扣除							
13.2	2.其他特定地区企业固定资产加速折旧							
14	（七）技术进步、更新换代固定资产加速折旧							
15	（八）常年强震动、高腐蚀固定资产加速折旧							
16	（九）外购软件加速折旧							
17	（十）集成电路企业生产设备加速折旧							×
18	二、生产性生物资产（19+20）	0.00	0.00	0.00	0.00	0.00	0.00	0.00
19	（一）林木类							0.00
20	（二）畜类							0.00
21	三、无形资产（22+23+24+25+26+27+28+29）	1 879 500.00	125 300.00	1 253 000.00	3 289 125.00	219 275.00	2 192 750.00	-93 975.00
22	（一）专利权	1 879 500.00	125 300.00	1 253 000.00	3 289 125.00	219 275.00	2 192 750.00	-93 975.00
23	（二）商标权							0.00
24	（三）著作权							0.00
25	（四）土地使用权							0.00
26	（五）非专利技术							0.00

续表

行次	项　目	账载金额			税收金额			纳税调整金额
		资产原值	本年折旧、摊销额	累计折旧、摊销额	资产计税基础	税收折旧、摊销额	累计折旧、摊销额	9（2-5）
		1	2	3	4	5	8	
27	（六）特许权使用费							0.00
28	（七）软件							0.00
29	（八）其他							×
30	其中：享受无形资产加速摊销又一次性摊销政策的资产加速摊销额大于一般摊销额的部分 （一）企业外购软件加速摊销							0.00
31	（二）特定地区企业无形资产加速摊销（31.1+31.2）							
31.1	1.海南自由贸易港企业无形资产加速摊销							
31.2	2.其他特定地区企业无形资产加速摊销							
32	（三）特定地区企业无形资产一次性摊销（32.1+32.2）							
32.1	1.海南自由贸易港企业无形资产一次性摊销							
32.2	2.其他特定地区企业无形资产一次性摊销							
33	四、长期待摊费用（34+35+36+37+38）	0.00	0.00	0.00	0.00	0.00	0.00	0.00
34	（一）已足额提取折旧的固定资产的改建支出							0.00
35	（二）租入固定资产的改建支出							0.00
36	（三）固定资产的大修理支出							0.00
37	（四）开办费							0.00
38	（五）其他							0.00
39	五、油气勘探投资							0.00
40	六、油气开发投资							0.00
41	合计（1+18+21+33+39+40）	5 279 500.00	638 900.00	3 197 000.00	6 689 125.00	670 475.00	3 949 550.00	-31 575.00

（5）填报 A105000 纳税调整项目明细表，具体申报表如表 4-31 所示。

表 4-31　A105000 纳税调整项目明细表

行次	项　目	账载金额	税收金额	调增金额	调减金额
		1	2	3	4
1	一、收入类调整项目（2+3+…+8+10++11）	×	×	191 000.00	50 000.00
2	（一）视同销售收入（填写 A105010）	×	191 000.00	191 000.00	×
3	（二）未按权责发生制原则确认的收入（填写 A105020）	0.00	0.00	0.00	0.00
4	（三）投资收益（填写 A105030）	0.00	0.00	0.00	0.00
5	（四）按权益法核算长期股权投资对初始投资成本调整确认收益	×	×	×	
6	（五）交易性金融资产初始投资调整	×	×		×
7	（六）公允价值变动净损益	50 000.00	×	0.00	50 000.00
8	（七）不征税收入	×	×		
9	其中：专项用途财政性资金（填写 A105040）	×	×	0.00	0.00
10	（八）销售折扣、折让和退回			0.00	0.00
11	（九）其他			0.00	0.00
12	二、扣除类调整项目（13+14+…+24+26+27+28+29+30）	×	×	2 825 620.64	117 000.00
13	（一）视同销售成本（填写 A105010）	×	117 000.00	×	117 000.00
14	（二）职工薪酬（填写 A105050）	58 428 900.00	58 224 800.00	204 100.00	0.00
15	（三）业务招待费支出	1 200 000.00	459 390.00	740 610.00	×
16	（四）广告费和业务宣传费支出（填写 A105060）	×	×	0.00	0.00
17	（五）捐赠支出（填写 A105070）	3 000 000.00	1 588 089.36	1 411 910.64	0.00
18	（六）利息支出	360 000.00	350 000.00	10 000.00	0.00
19	（七）罚金、罚款和被没收财物的损失	1 000.00	×	1 000.00	×
20	（八）税收滞纳金、加收利息	20 000.00	×	20 000.00	×
21	（九）赞助支出	240 000.00	×	240 000.00	×
22	（十）与未实现融资收益相关在当期确认的财务费用			0.00	0.00
23	（十一）佣金和手续费支出（保险企业填写 A105060）	0.00	0.00	0.00	0.00
24	（十二）不征税收入用于支出所形成的费用	×	×		×
25	其中：专项用途财政性资金用于支出所形成的费用（填写 A105040）	×	×	0.00	×
26	（十三）跨期扣除项目			0.00	0.00
27	（十四）与取得收入无关的支出	198 000.00	×	198 000.00	×

续表

行次	项　目	账载金额	税收金额	调增金额	调减金额
		1	2	3	4
28	（十五）境外所得分摊的共同支出	×	×	0.00	×
29	（十六）党组织工作经费				
30	（十七）其他				0.00
31	三、资产类调整项目（32+33+34+35）	×	×	300 000.00	31 575.00
32	（一）资产折旧、摊销（填写A105080）	638 900.00	670 475.00	0.00	31 575.00
33	（二）资产减值准备金	300 000.00	×	300 000.00	0.00
34	（三）资产损失（填写A105090）	0.00	0.00	0.00	0.00
35	（四）其他			0.00	0.00
36	四、特殊事项调整项目（37+38+…+43）	×	×	0.00	0.00
37	（一）企业重组及递延纳税事项（填写A105100）	0.00	0.00	0.00	0.00
38	（二）政策性搬迁（填写A105110）	×	×	0.00	0.00
39	（三）特殊行业准备金（39.1+39.2+39.4+39.5+39.6+39.7）	0.00	0.00	0.00	0.00
39.1	1. 保险公司保险保障基金				
39.2	2. 保险公司准备金				
39.3	其中：已发生未报案未决赔款准备金				
39.4	3. 证券行业准备金				
39.5	4. 期货行业准备金				
39.6	5. 中小企业融资（信用）担保机构准备金				
39.7	6. 金融企业、小额贷款公司准备金（填写A105120）				
40	（四）房地产开发企业特定业务计算的纳税调整额（填写A105010）	×	0.00	0.00	0.00
41	（五）合伙企业法人合伙人应分得的应纳税所得额			0.00	0.00
42	（六）发行永续债利息支出			0.00	0.00
43	（七）其他	×	×		
44	五、特别纳税调整应税所得	×	×		
45	六、其他	×	×		
46	合计（1+12+31+36+44+45）	×	×	3 316 620.64	198 575.00

（6）填报A107011符合条件的居民企业之间的股息、红利等权益性投资收益优惠明细表、A107012研发费用加计扣除优惠明细表、A107010免税、减计收入及加计扣除优惠明细表，具体申报表如表4-32~表4-34所示。

表 4-32 A107011 符合条件的居民企业之间的股息、红利等权益性投资收益优惠明细表

行次	被投资企业	被投资企业统一社会信用代码（纳税人识别号）	投资性质	投资成本	投资比例	被投资企业利润分配确认金额		被投资企业清算确认金额			撤回或减少投资确认金额						合计
						被投资企业做出利润分配或转股决定时间	依决定属于本公司的股息、红利等权益性投资收益金额	分得的被投资企业清算剩余资产	被清算企业累计未分配利润和累计盈余公积应享有部分	应确认的股息所得	从被投资企业撤回或减少投资取得的资产	减少投资比例	收回初始投资成本	取得资产中超过收回初始投资成本部分	撤回或减少投资应享被投资企业累计未分配利润和累计盈余公积	应确认的股息所得	
	1	2	3	4	5	6	7	8	9	10（8与9孰小）	11	12	13（4×12）	14（11－13）	15	16（14与15孰小）	17（7+10+16）
1	盛阳科技股份有限公司	913408002754082806	（1）直接投资	6 000 000.00	6%	2019/12/30	550 088.66			0.00			0.00	0.00		0.00	550 088.66
2										0.00			0.00	0.00		0.00	0.00
3										0.00			0.00	0.00		0.00	0.00
4										0.00			0.00	0.00		0.00	0.00
5										0.00			0.00	0.00		0.00	0.00
6													0.00	0.00		0.00	0.00
7													0.00	0.00		0.00	0.00
8	合 计																550 088.66
9	其中：直接投资或非H股投资																550 088.66
10	股票投资－沪港通H股																0.00
11	股票投资－深港通H股																0.00
12	创新企业CDR																0.00
13	永续债																0.00

表 4-33　A107012 研发费用加计扣除优惠明细表

行次	项　目	金额（数量）
1	本年可享受研发费用加计扣除项目数量	1
2	一、自主研发、合作研发、集中研发（3＋7＋16＋19＋23＋34）	2 650 000.00
3	（一）人员人工费用（4＋5＋6）	1 560 000.00
4	1. 直接从事研发活动人员工资薪金	1 200 000.00
5	2. 直接从事研发活动人员五险一金	360 000.00
6	3. 外聘研发人员的劳务费用	
7	（二）直接投入费用（8＋9＋10＋11＋12＋13＋14＋15）	790 000.00
8	1. 研发活动直接消耗材料费用	500 000.00
9	2. 研发活动直接消耗燃料费用	
10	3. 研发活动直接消耗动力费用	
11	4. 用于中间试验和产品试制的模具、工艺装备开发及制造费	
12	5. 用于不构成固定资产的样品、样机及一般测试手段购置费	
13	6. 用于试制产品的检验费	290 000.00
14	7. 用于研发活动的仪器、设备的运行维护、调整、检验、维修等费用	
15	8. 通过经营租赁方式租入的用于研发活动的仪器、设备租赁费	
16	（三）折旧费用（17＋18）	85 000.00
17	1. 用于研发活动的仪器的折旧费	
18	2. 用于研发活动的设备的折旧费	85 000.00
19	（四）无形资产摊销（20＋21＋22）	75 000.00
20	1. 用于研发活动的软件的摊销费用	
21	2. 用于研发活动的专利权的摊销费用	
22	3. 用于研发活动的非专利技术（包括许可证、专有技术、设计和计算方法等）的摊销费用	75 000.00
23	（五）新产品设计费等（24＋25＋26＋27）	100 000.00
24	1. 新产品设计费	100 000.00
25	2. 新工艺规程制定费	
26	3. 新药研制的临床试验费	
27	4. 勘探开发技术的现场试验费	
28	（六）其他相关费用（29＋30＋31＋32＋33）	40 000.00
29	1. 技术图书资料费、资料翻译费、专家咨询费、高新科技研发保险费	
30	2. 研发成果的检索、分析、评议、论证、鉴定、评审、评估、验收费用	
31	3. 知识产权的申请费、注册费、代理费	

续表

行次	项　　目	金额（数量）
32	4.职工福利费、补充养老保险费、补充医疗保险费	
33	5.差旅费、会议费	40 000.00
34	（七）经限额调整后的其他相关费用	40 000.00
35	二、委托研发（36+37+39）	0.00
36	（一）委托境内机构或个人进行研发活动所发生的费用	
37	（二）委托境外机构进行研发活动发生的费用	
38	其中：允许加计扣除的委托境外机构进行研发活动发生的费用	
39	（三）委托境外个人进行研发活动发生的费用	
40	三、年度研发费用小计（2+36×80%+38）	2 650 000.00
41	（一）本年费用化金额	2 650 000.00
42	（二）本年资本化金额	
43	四、本年形成无形资产摊销额	
44	五、以前年度形成无形资产本年摊销额	
45	六、允许扣除的研发费用合计（41+43+44）	2 650 000.00
46	减：特殊收入部分	
47	七、允许扣除的研发费用抵减特殊收入后的金额（45−46）	2 650 000.00
48	减：当年销售研发活动直接形成产品（包括组成部分）对应的材料部分	
49	减：以前年度销售研发活动直接形成产品（包括组成部分）对应材料部分结转金额	
50	八、加计扣除比例（%）	75%
51	九、本年研发费用加计扣除总额（47−48−49）×50	1 987 500.00
52	十、销售研发活动直接形成产品（包括组成部分）对应材料部分结转以后年度扣减金额（当47−48−49≥0，本行＝0；当47−48−49<0，本行＝47−48−49的绝对值）	0.00

表 4-34　A107010 免税、减计收入及加计扣除优惠明细表

行次	项　　目	金　额
1	一、免税收入（2+3+9+…+16）	752 100.21
2	（一）国债利息收入免征企业所得税	202 011.55
3	（二）符合条件的居民企业之间的股息、红利等权益性投资收益免征企业所得税（4+5+6+7+8）	550 088.66
4	1.一般股息红利等权益性投资收益免征企业所得税（填写 A107011）	550 088.66
5	2.内地居民企业通过沪港通投资且连续持有 H 股满 12 个月取得的股息红利所得免征企业所得税（填写 A107011）	0.00

续表

行次	项　　目	金　额
6	3. 内地居民企业通过深港通投资且连续持有 H 股满 12 个月取得的股息红利所得免征企业所得税（填写 A107011）	0.00
7	4. 居民企业持有创新企业 CDR 取得的股息红利所得免征企业所得税（填写 A107011）	0.00
8	5. 符合条件的永续债利息收入免征企业所得税（填写 A107011）	0.00
9	（三）符合条件的非营利组织的收入免征企业所得税	
10	（四）中国清洁发展机制基金取得的收入免征企业所得税	
11	（五）投资者从证券投资基金分配中取得的收入免征企业所得税	
12	（六）取得的地方政府债券利息收入免征企业所得税	
13	（七）中国保险保障基金有限责任公司取得的保险保障基金等收入免征企业所得税	
14	（八）中国奥委会取得北京冬奥组委支付的收入免征企业所得税	
15	（九）中国残奥委会取得北京冬奥组委分期支付的收入免征企业所得税	
16	（十）其他	
17	二、减计收入（18＋19＋23＋24）	0.00
18	（一）综合利用资源生产产品取得的收入在计算应纳税所得额时减计收入	
19	（二）金融、保险等机构取得的涉农利息、保费减计收入（20＋21＋22）	0.00
20	1. 金融机构取得的涉农贷款利息收入在计算应纳税所得额时减计收入	
21	2. 保险机构取得的涉农保费收入在计算应纳税所得额时减计收入	
22	3. 小额贷款公司取得的农户小额贷款利息收入在计算应纳税所得额时减计收入	
23	（三）取得铁路债券利息收入减半征收企业所得税	
24	（四）其他（24.1＋24.2）	0.00
24.1	1. 取得的社区家庭服务收入在计算应纳税所得额时减计收入	
24.2	2. 其他	
25	三、加计扣除（26＋27＋28＋29＋30）	1 987 500.00
26	（一）开发新技术、新产品、新工艺发生的研究开发费用加计扣除（填写 A107012）	1 987 500.00
27	（二）科技型中小企业开发新技术、新产品、新工艺发生的研究开发费用加计扣除（填写 A107012）	0.00
28	（三）企业为获得创新性、创意性、突破性的产品进行创意设计活动而发生的相关费用加计扣除	
29	（四）安置残疾人员所支付的工资加计扣除	
30	（五）其他	
31	合计（1＋17＋25）	2 739 600.21

（7）填报 A106000 企业所得税弥补亏损明细表、A100000 中华人民共和国企业所得税年度纳税申报表（A 类），具体申报表如表 4-35 和表 4-36 所示。

表 4-35　A106000 企业所得税弥补亏损明细表

行次	项目	年度	当年境内所得额	分立转出的亏损额	合并、分立转入的亏损额		弥补亏损企业类型	当年亏损额	当年待弥补的亏损额	用本年度所得额弥补的以前年度亏损额		当年可结转以后年度弥补的亏损额
					可弥补年限 5 年	可弥补年限 10 年				使用境内所得弥补	使用境外所得弥补	
		1	2	3	4	5	6	7	8	9	10	11
1	前十年度	2011										0.00
2	前九年度	2012										0.00
3	前八年度	2013										0.00
4	前七年度	2014										0.00
5	前六年度	2015										0.00
6	前五年度	2016	8 605 821.00				100					0.00
7	前四年度	2017	11 606 811.00				100					0.00
8	前三年度	2018	10 705 632.00				100					0.00
9	前二年度	2019	9 607 836.00				100					0.00
10	前一年度	2020	-19 962.00				100	-19 962.00	-19 962.00	19 962.00		0.00
11	本年度	2021	13 612 523.40				100			19 962.00	0.00	0.00
12	可结转以后年度弥补的亏损额合计											

表 4-36　A100000 中华人民共和国企业所得税年度纳税申报表（A 类）

行次	类别	项 目	金 额
1		一、营业收入（填写 A101010/101020/103000）	91 687 000.00
2		减：营业成本（填写 A102010/102020/103000）	50 674 240.00
3	利润总额计算	减：税金及附加	4 584 350.00
4		减：销售费用（填写 A104000）	10 918 000.00
5		减：管理费用（填写 A104000）	13 729 900.00
6		减：财务费用（填写 A104000）	507 754.68
7	利润总额计算	减：资产减值损失	300 000.00
8		加：公允价值变动收益	50 000.00

续表

行次	类　别	项　目	金　额
9		加：投资收益	3 282 322.65
10	利润总额计算	二、营业利润（1-2-3-4-5-6-7-8-9）	14 305 077.97
11		加：营业外收入（填写 A101010/101020/103000）	2 200 000.00
12		减：营业外支出（填写 A102010/102020/103000）	3 271 000.00
13		三、利润总额（10+11-12）	13 234 077.97
14		减：境外所得（填写 A108010）	0.00
15		加：纳税调整增加额（填写 A105000）	3 316 620.64
16		减：纳税调整减少额（填写 A105000）	198 575.00
17		减：免税、减计收入及加计扣除（填写 A107010）	2 739 600.21
18	应纳税所得额计算	加：境外应税所得抵减境内亏损（填写 A108000）	0.00
19		四、纳税调整后所得（13+14+15-16-17+18）	13 612 523.40
20		减：所得减免（填写 A107020）	0.00
21		减：弥补以前年度亏损（填写 A106000）	19 962.00
22		减：抵扣应纳税所得额（填写 A107030）	0.00
23		五、应纳税所得额（19-20-21-22）	13 592 561.40
24		税率（25%）	25%
25		六、应纳所得税额（23×24）	3 398 140.35
26		减：减免所得税额（填写 A107040）	0.00
27	应纳税额计算	减：抵免所得税额（填写 A107050）	0.00
28		七、应纳税额（25-26-27）	3 398 140.35
29		加：境外所得应纳所得税额（填写 A108000）	0.00
30		减：境外所得抵免所得税额（填写 A108000）	0.00
31		八、实际应纳所得税额（28+29-30）	3 398 140.35
32		减：本年累计实际已缴纳的所得税额	3 308 519.49
33		九、本年应补（退）所得税额（31-32）	89 620.86
34	应纳税额计算	其中：总机构分摊本年应补（退）所得税额（填写 A109000）	0.00
35		财政集中分配本年应补（退）所得税额（填写 A109000）	0.00
36		总机构主体生产经营部门分摊本年应补（退）所得税额（填写 A109000）	0.00
37	实际应纳税额计算	减：民族自治区企业所得税地方分享部分：（□免征 □减征：减征幅度____%）所得税额	0.00
38		十、本年实际应补（退）所得税额（33-37）	89 620.86

汇算清缴业务核算如下。

借：以前年度损益调整　　　　　　　89 620.86

贷：应交税费—企业所得税　　　　　89 620.86

任务 4.9　企业所得税筹划管理

企业所得税作为企业主要税种，与其他税种相比规定繁多、计算复杂，但是筹划空间却是很大的。如果做好企业所得税的筹划管理，无疑将直接给企业带来经济利益。

企业所得税的计税依据是应纳税所得额，即应纳税所得额越小，所缴纳的企业所得税就越少。《中华人民共和国企业所得税法》规定：

企业应纳税所得额 = 收入总额 − 不征税收入 − 免税收入 − 各项准予扣除项目
− 允许弥补的以前年度亏损

从公式中可以看到，减少企业所得税的应税收入，增加准予扣除项目都可以起到减少应纳税所得额，从而降低应纳税额的作用。

企业所得税筹划管理可以从收入的筹划管理、准予扣除项目的筹划管理、应纳所得税税额的筹划管理和企业所得税税收优惠的筹划管理四方面考虑。

4.9.1　收入的税收筹划

依据所得税法规定，计缴所得税的收入包括销售货物收入、提供劳务收入、转让财产收入、股息红利等权益性投资收益、利息收入、租金收入、特许权使用费收入、接受捐赠收入，其他收入。对业务收入的税收筹划，主要是通过选择合理的销售结算方式，控制收入确认的时间，合理归属所得年度，以达到减税或延缓纳税的目的。

【案例 4-3】丽华公司是一家居民企业。2021 年对外转让其拥有的一项专利技术，同时还为对方提供咨询、培训、维护等后续服务，双方签订了 2 年协议，并一次性收取款项 2 200 万元。该企业适用的所得税税率为 25%，对此项收入该如何进行纳税筹划？

筹划思路　筹划前，应缴纳所得税税额 =（2 200−500）×25%÷2=212.5（万元）。采用分期收款方式，分两年收取款项，每年 1 100 万元。

筹划后，应纳所得税税额 =（1 100−500）×25%÷2×2=150（万元）。可以节税 212.5−150=62.5（万元）。

4.9.2　准予扣除项目的税收筹划

利用企业所得税法中对准予扣除项目进行筹划，是企业所得税税收筹划的重点，筹划空间很大。由于企业成本费用高低受到资产计价与会计核算方法的影响，而且许多扣除项目在税法中均规定了相应条件。因此，准予扣除项目的税收筹划主要包括资产计价与会计核算方法的税收筹划、限定条件扣除的税收筹划两部分。

【案例 4-4】华阳运输公司有一辆价值 600 000 元的货车，残值按原价的 2% 估算，估计使用年限为 6 年。该企业按直接法计提折旧，适用所得税税率 25%，资金成本率为 8%。请对折旧年限进行税收筹划。

筹划思路　筹划前，年折旧额 =600 000×（1−2%）÷6=98 000（元）。《中华人民共和国企业所得税法》规定，飞机、火车、轮船以外的运输工具最低折旧年限为四年，该企业可以将货车的折旧年限缩短为四年。

筹划后，年折旧额 =600 000×（1−2%）÷4=147 000（元）。

尽管折旧期限的改变并未从数字上影响到企业所得税税负的总和，但是后者开始 4 年扣的折旧额多，交的所得税也就少。考虑到资金的时间价值，后者对企业更为有利。

4.9.3　应纳所得税税额的税收筹划

《中华人民共和国企业所得税法》规定，企业纳税年度发生的亏损，准予向以后年度结转，用以后年度的所得弥补，但结转年限最长不得超过 5 年，具备高新技术企业或科技型中小企业资格的企业，年限为 10 年。企业可以通过对本企业投资和收益的控制来充分利用亏损结转的规定，将能够弥补的亏损尽量弥补。

【案例 4-5】月华公司是 2014 年创立的工业型企业，创办初期投入较大，需要采购较多物资和固定资产，所以亏损较大（–40 万元）。假设月华公司年度应纳税所得额资料如表 4-37 所示。

表 4-37　月华公司各年度应纳税所得额资料

年　　度	2015	2016	2017	2018	2019	2020	2021
应纳税所得额 / 万元	–40	–10	–6	–4	10	20	30

筹划思路　筹划前，2015—2018 年不缴企业所得税；2019 年应纳税所得额为 –30 万元（10 – 40），不纳税；2020 年应纳税所得额为 –10 万元（20–30），不纳税；2021 年应纳税所得额为 2.5 万元 [（30–10 –6– 4）×25%]。

由于超过了税法规定的 5 年弥补期限，甲公司尚有 2015 年的 10 万元亏损无法在税前弥补，也就无法发挥亏损的抵税作用。

将 2015 年采购的物资转移到 2016 年 10 万元，亏损转移到 2016 年 10 万元，则 2015 年和 2016 年的亏损额分别为 –30 万元和 –20 万元。

筹划后，月华公司的亏损可以全部得到弥补，在 2021 年前应纳税所得额都为 0，不用交纳企业所得税，节税 2.5 万元。

4.9.4　利用税收优惠政策的税收筹划

企业所得税优惠政策较多，我们可以充分利用这些税收优惠进行税收筹划。

企业从事国家重点扶持的公共基础设施项目的投资经营所得，自项目取得第一笔生产经营收入所属纳税年度起，第一年至第三年免征企业所得税，第四年至第六年减半征收企业所得税。这要求我们在筹划时应选择好第一笔生产经营收入的时间。

【案例 4-6】朝阳有限公司是一家 2015 年新办的从事节能节水项目的公司。2015 年 12 月开业，并取得第一笔生产经营收入，2015 年应纳税所得额为 –200 万元。2016 年到 2021 年弥补亏损前的应纳税所得额分别为 –100 万元、500 万元、1 000 万元、2 000 万元、3 000 万元、4 000 万元。假设朝阳有限公司年度应纳税所得额资料如表 4-38 所示。

表 4-38　朝阳有限公司各年度应纳税所得额资料

年　　度	2015	2016	2017	2018	2019	2020	2021
应纳税所得额 / 万元	–200	–100	500	1 000	2 000	3 000	4 000

筹划思路　筹划前，2015 年、2016 年、2017 年免税，2018 年、2019 年、2020 年减半征收，2021 年正常纳税。各年度的税额如下。

2018 年：1 000×25%×50%=125（万元）。

2019 年：2 000×25%×50%=250（万元）。

2020 年：3 000×25%×50%=375（万元）。

2021 年：4 000×25%×1 000（万元）。

共纳税 125＋250＋375＋1 000=1 750（万元）。

将 2015 年的收入后移到 2016 年。

筹划后，2015 年亏损，不交税；2016 年、2017 年、2018 年免税，2019 年、2020 年、2021 年减半征收。各年度的税额如下。

2019 年：2 000×25%×50%=250（万元）。

2020 年：3 000×25%×50%=375（万元）。

2021 年：4 000×25%×50%=500（万元）。

共纳税 250＋375＋500=1 125（万元）。

共节税 1 750－1 125=625（万元）。

模 块 小 结

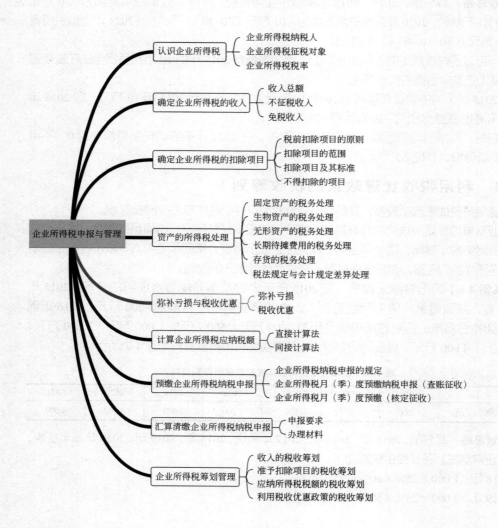

训　练　4

一、单项选择题

1. 根据企业所得税法律制度的规定，以下属于非居民企业的是（　　）。

　　A. 根据我国法律成立，实际管理机构在中国的丙公司

　　B. 根据外国法律成立，实际管理机构在我国的甲公司

　　C. 根据外国法律成立且实际管理机构在国外，在我国设立机构场所的

　　D. 根据我国企业法律成立，在国外设立机构场所的

2. 根据企业所得税法律制度的规定，关于确定来源于中国境内、境外所得的下列表述中，不确定的是（　　）。

　　A. 提供劳务所得，按照劳务发生地确定

　　B. 销售货物所得，按照交易活动发生地确定

　　C. 股息、红利等权益性投资所得，按照分配所得的企业所在地确定

　　D. 转让不动产所得，按照转让不动产的企业或者机构、场所所在地确定

3. 根据企业所得税法的规定，下列固定资产中准予扣除折旧费的是（　　）。

　　A. 未投入使用的机器设备

　　B. 以经营租赁方式租入的固定资产

　　C. 未投入使用的房屋

　　D. 以融资租赁方式租出的固定资产

4. 某企业取得产品销售收入 200 万元，产品销售成本为 120 万元，发生管理费用 10 万元，销售费用为 20 万元，财务费用为 4 万元，销售产品的税金及附加为 10 万元（不含增值税），该企业当年应缴纳的企业所得税是（　　）万元。

　　A. 9　　　　　　　　B. 5　　　　　　　　C. 8　　　　　　　　D. 5.5

5. 根据企业所得税法律制度的规定，下列各项中属于不征税收入的是（　　）。

　　A. 依法收取并纳入财政管理的政府性资金

　　B. 国债利息收入

　　C. 财产转让收入

　　D. 特许权使用费收入

6. 根据企业所得税法律制度的规定，下列各项中不属于企业所得税的纳税人的是（　　）。

　　A. 甲有限责任公司　　　　　　　　B. 乙事业单位

　　C. 丙个人独资企业　　　　　　　　D. 丁股份有限公司

7. 关于企业所得税所得来源的确定，下列各项中错误的是（　　）。

　　A. 销售货物所得按照交易活动发生地确定

　　B. 提供劳务所得按照报酬支付地确定

　　C. 权益性投资资产转让所得按照被投资企业所在地确定

　　D. 特许权使用费所得按负担、支付所得的企业所在地确定

8. 甲企业为符合条件的小型微利企业。2019 年甲企业的应纳税所得额为 150 万元。甲企业当年应缴纳的企业所得税税额的下列计算中正确的是（　　）。

    A. 150×20%=30（万元）

    B. 150×50%×20%=15（万元）

    C. 100×25%×20%+50×50%×20%=10（万元）

    D. 150×25%×20%=7.5（万元）

9. 根据企业所得税法律制度的规定，企业应当自纳税年度终了之日起一定期限内，向税务机关报送年度企业所得税纳税申报表，该期限为（　　）个月。

    A. 4　　　　　　　　　B. 3　　　　　　　　　C. 6　　　　　　　　　D. 5

10. 根据企业所得税法律制度的规定，下列各项中，应以同类固定资产的重置完全价值为计税基础的是（　　）。

    A. 盘盈的固定资产　　　　　　　　　B. 自行建造的固定资产

    C. 外购的固定资产　　　　　　　　　D. 通过捐赠取得的固定资产

11. 根据企业所得税法律制度的规定，下列关于不同方式下销售商品收入金额确定的表述中，正确的是（　　）。

    A. 采用商业折扣方式销售商品的，按照扣除商业折扣前的金额确定销售商品收入金额

    B. 采用现金折扣方式销售商品的，按照扣除现金折扣前的金额确定销售商品收入金额

    C. 采用售后回购方式销售商品的，按照扣除回购商品公允价值后的余额确定销售商品收入金额

    D. 采用以旧换新方式销售商品的，按照扣除回收商品公允价值后的余额确定销售商品收入金额

12. 根据企业所得税法律制度的规定，关于确认收入实现时间的下列表述中，正确的是（　　）。

    A. 接受捐赠收入，按照合同约定的捐赠日期确认收入的实现

    B. 利息收入，按照合同约定的债务人应付利息的日期确认收入的实现

    C. 租金收入，按照出租人实际收到租金的日期确认收入的实现

    D. 权益性投资收益，按照投资方实际收到利润的日期确认收入的实现

13. 根据企业所得税法律制度的规定，下列各项中不属于企业所得税纳税人的是（　　）。

    A. 事业单位　　　　　B. 合伙企业　　　　　C. 社会团体　　　　　D. 民办非企业单位

14. 甲公司 2019 年度企业所得税应纳税所得额 1 000 万元，减免税额 10 万元，抵免税额 20 万元。已知企业所得税税率为 25%，甲公司当年企业所得税应纳税额的下列算式中，正确的是（　　）。

    A. 1 000×25%−10−20=220（万元）　　　　B. 1 000×25%−10=240（万元）

    C. 1 000×25%=250（万元）　　　　D. 1 000×25%−20=230（万元）

15. 根据企业所得税法律制度的规定，下列各项中在计算企业所得税应纳税所得额时准予扣除的是（　　）。

  A. 向投资者支付的股息   B. 税收滞纳金

  C. 违反合同的违约   D. 违法经营的行政罚款

16. 根据企业所得税法律制度的规定，下列固定资产中，在计算企业所得税应纳税所得额时，准予计算折旧扣除的是（ ）。

  A. 以融资租赁方式租出的大型机床 B. 以经营租赁方式租入的载货汽车

  C. 已投入使用的厂房   D. 已足额提取折旧仍继续使用的计算机

17. 2019 年 11 月，甲生产企业因业务需要，经某具有合法经营资格的中介机构介绍与乙企业签订了一份买卖合同，合同金额为 20 万元。甲生产企业向该中介机构支付佣金 2 万元。甲生产企业在计算当年企业所得税应纳税所得额时，该笔佣金准予扣除的数额为（ ）万元。

  A. 0.5   B. 1.5   C. 1   D. 2

18. 根据企业所得税法律制度的规定，企业发生的下列税金中，在计算企业所得税应纳税所得额时不得扣除的是（ ）。

  A. 印花税   B. 车船税

  C. 城镇土地使用税   D. 允许抵扣的增值税

19. 根据企业所得税法律制度的规定，下列项目中享受"税额抵免"优惠政策的是（ ）。

  A 企业非广告性质的赞助支出

  B. 企业向残疾职工支付的工资

  C. 企业购置并实际使用国家相关目录规定的环境保护专用设备投资额 10% 的部分

  D. 创业投资企业采取股权投资方式投资于未上市的中小高新技术企业 2 年以上的投资额 70% 的部分

20. 2019 年某企业（计算机制造企业）取得销售收入 200 万元，广告费支出 45 万元，上年结转广告费 15 万元。根据企业所得税法律制度的规定，该企业 2019 年准予税前扣除的广告费是（ ）万元。

  A. 15   B. 30   C. 45   D. 60

二、多项选择题

1. 下列支出项目中，在计算企业所得税应纳税所得额时不得扣除的有（ ）。

  A. 向投资者支付的股息、红利   B. 银行按规定加收的罚息

  C. 被没收财务的损失   D. 直接赞助某学校的支出

2. 根据企业所得税法律制度的规定，企业当年发生的某些费用，超过税法规定的扣除标准，允许结转以后纳税年度扣除，下列各项中属于此类费用的有（ ）。

  A. 广告费 B. 业务宣传费 C. 公益性捐赠 D. 职工教育经费

3. 根据企业所得税法律制度的规定，下列选项中属于长期待摊费用的有（ ）。

  A. 购入固定资产的支出   B. 固定资产的大修理支出

  C. 租入固定资产的改建支出   D. 已足额提取折旧的固定资产的改建支出

4. 根据企业所得税法律制度的规定，下列各项中在计算企业所得税应纳税所得额时应计入收入总额的有（ ）。

  A. 转让专利权收入   B. 债务重组收入

C. 接受捐赠收入   D. 确实无法偿付的应付款项

5. 根据企业所得税法律制度的规定，下列各项中属于不征税收入的有（   ）。

A. 依法收取并纳入财政管理的行政事业性收费

B. 财政拨款

C. 国债利息收入

D. 接受捐赠收入

6. 根据企业所得税法律制度的规定，下列关于企业所得税纳税期限的表述中，正确的有（   ）。

A. 企业在一个纳税年度中间开业，使该纳税年度的实际经营期不足 12 个月的，应当以其实际经营期为一个纳税年度

B. 企业依法清算时，应当以清算期间作为一个纳税年度

C. 企业所得税按年计征，分月或者分季预缴，年终汇算清缴，多退少补

D. 企业在年度中间终止经营活动的，应当自实际经营终止之日起 60 日内，向税务机关办理当期企业所得税汇算清缴

7. 根据企业所得税法律制度，下列各项中属于企业取得收入的货币形式的有（   ）。

A. 股权投资   B. 应收票   C. 银行存款   D. 应收账款

8. 根据企业所得税法律制度的规定，下列各项中准予在以后纳税年度结转扣除的有（   ）。

A. 职工教育经费   B. 广告费   C. 业务宣传费   D. 业务招待费

9. 根据企业所得税法律制度的规定，下列各项中应视同销售货物的有（   ）。

A. 将货物用于广告   B. 将货物用于捐赠

C. 将货物用于偿债   D. 将货物用于赞助

10. 某企业 2019 年利润总额为 2 000 万元，工资薪金支出为 1 500 万元，已知在计算企业所得税应纳税所得额时，公益性捐赠支出、职工福利费支出、职工教育经费支出的扣除比例分别为不超过 12%、14% 和 8%。下列支出中，允许在计算 2019 年企业所得税应纳税所得额时全额扣除的有（   ）。

A. 公益性捐赠支出 200 万元

B. 职工福利费支出 160 万元

C. 职工教育经费支出 40 万元

D. 2018 年 7 月至 2019 年 6 月期间的厂房租金支出 50 万元

三、判断题

1. 非居民企业未在中国境内设立机构、场所的，应当就来源于中国境内的所得缴纳企业所得税。   （   ）

2. 非居民企业取得的来源于中国境外但与其在中国境内设立的机构、场所有实际联系的所得，应缴纳企业所得税。   （   ）

3. 企业在一个纳税年度中间开业，或者终止经营活动，使该纳税年度的实际经营期不足 12 个月的，应当以实际经营期为一个纳税年度。   （   ）

4. 企业在年度中间终止经营活动的，应当自实际经营终止之日起 30 日内，向税务机关

办理当期企业所得税汇算清缴。　　　　　　　　　　　　　　　　　　　　（　　）

5. 依照中国法律、行政法规成立的个人独资企业属于企业所得税纳税义务人。（　　）

6. 企业从事海水养殖项目的所得，免征企业所得税。　　　　　　　　　　（　　）

7. 甲企业属于按照国家规定享受免征企业所得税的税收优惠政策的企业，在享受免税待遇期间，甲企业无须办理企业所得税的纳税申报。　　　　　　　　　　　　（　　）

8. 企业应当自年度终了之日起 3 个月内，向税务机关报送年度企业所得税纳税申报表，并汇算清缴，结清应缴应退税款。　　　　　　　　　　　　　　　　　　　（　　）

9. 企业的不征税收入用于支出所形成的费用，不得在计算应纳税所得额时扣除；企业的不征税收入用于支出所形成的资产，其计算的折旧、摊销不得在计算应纳税所得额时扣除。

　　　　　　　　　　　　　　　　　　　　　　　　　　　　　　　　　　（　　）

10. 企业为在本企业任职或受雇的全体员工支付的补充养老保险费、补充医疗保险费，不得在企业所得税税前扣除。　　　　　　　　　　　　　　　　　　　　　　（　　）

四、不定项选择题

1. 甲公司为居民企业，主要从事电冰箱的生产和销售业务。2019 年有关经营情况如下。① 销售电冰箱收入 8 000 万元；出租闲置设备收入 500 万元；国债利息收入 50 万元；接收乙公司投资取得投资款 30 万元。② 符合条件的广告费支出 1500 万元。③ 向银行借入流动资金支付利息支出 55 万元；非广告性费助支出 80 万元；向客户支付违约金 3 万元；计提坏账准备金 8 万元。④ 全年利润总额为 900 万元。

已知：广告费和业务宣传费支出不超过当年销售（营业）收入 15% 的部分，准予扣除。

要求：根据上述资料，不考虑其他因素，分析回答下列小题。

（1）甲公司下列收入中，应计入 2019 年度企业所得税收入总额的是（　　）。

　　　A. 出租闲置设备收入 500 万元　　　　B. 国债利息收入 50 万元

　　　C. 销售电冰箱收入 8 000 万元　　　　D. 接收投资款 30 万元

（2）甲公司在计算 2019 年度企业所得税应纳税所得额时，准予扣除的广告费支出是（　　）万元。

　　　A. 1 275　　　　　B. 1 500　　　　　C. 1 287　　　　　D. 1 200

（3）甲公司在计算 2019 年度企业所得税应纳税所得额时，下列支出中不得扣除的是（　　）。

　　　A. 向银行借入流动资金支付利息支出 55 万元

　　　B. 向客户支付违约金 3 万元

　　　C. 计提坏账准备金 8 万元

　　　D. 非广告性赞助支出 80 万元

（4）计算甲公司 2019 年度企业所得税应纳税所得额的下列算式中，正确的是（　　）。

　　　A. 900＋（1 500－1 287）＋80＋3＋8=1 204（万元）

　　　B. 900－50＋（1 500－1 275）＋80＋8=1 163（万元）

　　　C. 900－500＋55＋8=463（万元）

　　　D. 900－30＋（1 500－1 200）=1 170（万元）

2. 某企业为居民企业，2018 年发生部分经济事项如下。① 销售产品收入 4 000 万元，出租办公楼租金收入 240 万元，信息技术服务费收入 80 万元。② 用产品换取原材料，该批产品不含增值税售价 70 万元。③ 实发合理工资、薪金总额 2 000 万元，发生职工福利费 300 万元，职工教育经费 60 万元，工会经费 24 万元。④ 支付诉讼费 4 万元，工商行政部门罚款 6 万元，母公司管理费 136 万元，直接捐赠给贫困地区小学 14 万元。⑤ 缴纳增值税 180 万元，消费税 38 万元，资源税 12 万元，城市维护建设税和教育费附加 23 万元。

已知：职工福利费支出、职工教育经费支出、拨缴的工会经费，分别不超过工资、薪金总额的 14%、8% 和 2% 的部分，准予扣除。

要求：根据上述资料，不考虑其他因素，分析回答下列小题。

（1）下列业务中，在计算企业所得税应纳税所得额时，应当计入收入总额的是（　　　）。

    A. 销售产品收入 4 000 万元　　　　B. 出租办公楼租金收入 240 万元

    C. 信息技术服务费收入 80 万元　　　D. 用产品换取原材料 70 万元

（2）下列税费中，在计算企业所得税应纳税所得额时，准予扣除的是（　　　）。

    A. 增值税 180 万元　　　　　　　　B. 消费税 38 万元

    C. 资源税 12 万元　　　　　　　　　D. 城市维护建设税和教育费附加 23 万元

（3）下列支出中，在计算企业所得税应纳税所得额时，准予全额扣除的是（　　　）。

    A. 职工教育经费 60 万元　　　　　　B. 工会经费 24 万元

    C. 职工福利费 300 万元　　　　　　D. 工资、薪金总额 2 000 万元

（4）下列支出中，在计算企业所得税应纳税所得额时，不得扣除的是（　　　）。

    A. 工商行政部门罚款 6 万元　　　　B. 母公司管理费 136 万元

    C. 诉讼费 4 万元　　　　　　　　　D. 直接接捐赠给贫困地区小学 14 万元

模块5

个人所得税
申报与管理

☑ 学习目标

【能力目标】能够准确计算个人所得税、正确办理个人所得税纳税申报业务，并能进行简单的税收筹划。

【知识目标】个人所得税的征税范围，纳税人及纳税申报的办理流程，办税过程中的注意事项，个人所得税的基本筹划原理。

【素质目标】在学习过程中，能够保持认真、严谨的工作作风，遇到不懂的问题能够主动探究并树立依法纳税意识。

在本模块中，我们将来到北京万晟科技有限公司（以下简称"万晟公司"），以税务会计的身份完成个人所得税的汇算清缴。

📝 工作任务

刘志是北京万晟科技有限公司的税务会计，该公司的统一社会信用代码为91110105248639××××，刘志负责办理在职员工个人所得税代扣代缴业务。该公司2019年1月的工资发放表如表5-1所示。

表5-1　北京万晟科技有限公司2021年1月工资发放表

单位：元

工号	姓名	应发工资合计	扣除项目				专项附加扣除	扣除合计
			养老（8%）	医疗（2%）	失业（0.2%）	公积金（12%）		
001	孙心	33 000.00	1 885.20	660.00	66.00	3 334.32		5 945.52
002	丁一	30 000.00	1 885.20	600.00	60.00	3 334.32	2 000.00	7 879.52
003	刘超	16 300.00	1 304.00	326.00	32.60	1 956.00		3 618.60
004	胡喜	22 430.00	1 794.40	448.60	44.86	2 691.60		4 979.46
005	赵美	10 520.00	841.60	210.40	21.04	1 262.40		2 335.44
006	张远	10 140.00	811.20	202.80	20.28	1 216.80		2 251.08
007	刘志	10 100.00	808.00	202.00	20.20	1 212.00		2 242.20
008	杨旭	9 600.00	768.00	192.00	19.20	1 152.00		2 131.20
009	谢海	7 720.00	617.60	154.40	15.44	926.40		1 713.84
010	李慧	8 600.00	688.00	172.00	17.20	1 032.00		1 909.20

注：① 所有员工2021年每月的应发工资固定不变。

② 所有员工的专项附加扣除均从2021年1月开始计算。

（1）丁一（身份证号码：11010019880205××××）是2020年12月新入职的中层管理人员，每月工资30 000元，"三险一金"扣除5 879.52元，专项附加扣除2 000元，包括子女教育1 000元（按1个子女一方按月100%扣除）和赡养老人1 000元（兄妹两人按月均摊）。

① 专项附加扣除基本信息。

丁一手机号码：13638606666

丁一电子邮箱：st13638606666@163.com

丁一联系地址：北京市朝阳区松柏街道松柏路33号

扣除年度：2021

申报方式：通过扣缴义务人申报

② 子女教育专项附加扣除采集信息。

子女姓名：丁贝贝（身份证号码：11010020120103××××）

出生日期：2012 年 1 月 3 日

当前受教育阶段：义务教育

当前受教育阶段：2020 年 9 月至 2029 年 6 月

就读学校：北京实验小学

配偶姓名：徐瑞（身份证号码：11010019801101××××）

本人扣除比例：100%

③ 赡养老人专项附加扣除采集信息。

被赡养人：丁之博（身份证号码：11010019580205××××）

出生日期：1958 年 2 月 5 日

共同赡养人：丁敏（身份证号码：11010019950101××××）

（2）2021 年 3 月丁一取得劳务报酬收入 4 200 元，稿酬收入 5 000 元，转让一项自动化专利技术 7 000 元。

（3）2021 年 5 月 1 日起丁一将自有的面积为 120 平方米的住房按市场价格出租给李某居住，当月取得不含增值税租金 4 500 元。

（4）2021 年 6 月丁一承包了某企业招待所，按照合同规定，招待所的年经营利润全部归丁一所有，但是本年应上缴承包费 25 000 元。丁一每月从经营收入中支取工资 4 500 元。当年招待所实现营业利润为 85 000 元（不含丁一工资）。

（5）2021 年 7 月丁一取得国债利息 2 500 元，一年期定期储蓄存款利息收入 346 元，B 公司发行的企业债券利息收入 1 200 元。

（6）2021 年 8 月丁一因持有两年前购买的境内某上市公司股票取得股票分红所得 3 500 元。

（7）2021 年 9 月丁一将一套 2015 年购入的住房出售，购买原价 200 万元，售价 800 万元，印花税为：2 000 元，交易费用为 500 元。

目前我国工资、薪金的个人所得税依据《中华人民共和国个人所得税法》代扣代缴，其他个人所得由个人自行申报，在实际工作中应首先确定个人所得税的纳税人、征税范围及对应的税率，然后再根据《个人所得税法》中规定的核算方式对所有相关业务进行应纳个人所得税的核算，并填写好《扣缴个人所得税报告表》或《个人所得税纳税申报表》提交给主管税务机关。

任务 5.1　认识个人所得税

个人所得税是调整征税机关与自然人（居民、非居民人）之间，在个人所得税的征纳与管理过程中所发生的社会关系的法律规范的总称。

根据 2018 年 8 月 31 日第十三届全国人民代表大会常务委员会第五次会议对《关于修改〈中华人民共和国个人所得税法〉的决定》的第七次修正，中华人民共和国个人所得税法正式实施。

要准确地进行个人所得税的申报，必须要了解个人所得税的纳税义务人，明确自己是不是个人所得税的纳税义务人。同时了解哪些收入需要缴纳个人所得税，其中哪些由单位代扣代缴，哪些是由个人自行申报，并且判断每项应税收入按照什么税率来缴纳个人所得税。

5.1.1 个人所得税纳税人

个人所得税的纳税义务人为取得应税所得项目的中国公民、个体工商户以及在中国有所得的外籍个人（包括无国籍人员）和港澳台同胞。依据住所和居住时间两个标准，个人所得税纳税人可以区分为居民纳税义务人和非居民纳税义务人，分别承担不同的纳税义务。居民纳税义务人负有完全纳税的义务，必须就其来源于中国境内、境外的全部所得缴纳个人所得税；而非居民纳税义务人仅就其来源于中国境内的所得缴纳个人所得税（表 5-2）。

表 5-2 居民纳税人和非居民纳税人判定标准

类　型	判　定　标　准	纳税义务
居民个人	在中国境内有住所的个人	就其从中国境内和境外取得的所得，向中国政府缴纳个人所得税
	在中国境内无住所而一个纳税年度内在中国境内居住累计满 183 天的个人，计算居住天数时，不扣减临时离境的天数	
非居民个人	在中国境内无住所又不居住的个人	仅就其从中国境内取得的所得，向中国政府缴纳个人所得税
	在中国境内无住所而一个纳税年度内在中国境内居住不满 183 天的个人	

注意： 个人独资企业和合伙企业不缴纳企业所得税，但需要以企业的名义缴纳个人所得税。这两种企业取得的收入，只对投资者个人或个人合伙人按照取得的生产经营所得征收个人所得税。

5.1.2 个人所得税征税范围

1. 工资、薪金所得

工资、薪金所得是指个人因任职或受雇而取得的工资、薪金、奖金、年终加薪、劳动分红、津贴、补贴以及与任职或受雇有关的其他所得。这就是说，个人取得的所得只要是与任职、受雇有关，不管其单位的资金开支渠道或以现金、实物、有价证券等形式支付的，都是工资、薪金所得项目的课税对象。

【任务分析 5-1】北京市 2021 年三险一金计算基数依据 2020 年全年工资基数确定，其中养老基数为 3 613~23 565 元，失业和医疗基数 4 713~33 000 元，住房公积金基数 2 200~27 786 元，应发工资低于基数，按最低基数计算，高于最高基数按最高基数计算。再根据北京市三险一金个人扣除比例（养老 8%，失业 0.2%，医疗 2%，住房公积金 12%），计算应缴纳的个人所得税，北京万晟科技有限公司员工丁一，2021 年每月工资 30 000 元，属于个人所得税的征税范围。月工资额超过最高基数，按三险一金最高基数 23 565 元、33 000 元、27 786 元和相应扣除比例计算"三险一金"扣除总计 5 879.52 元，专项附加扣除 2 000 元，再扣除 5 000 元，查询综合所得月度应纳税所得额表，计算出丁一 2019 年度每个月工资薪金应缴纳的个人所得税。

根据财税〔2018〕164 号文件，个人与用人单位解除劳动关系取得一次性补偿收入（包括用人单位发放的经济补偿金、生活补助费和其他补助费），在当地上年职工平均工资3倍数额以内的部分，免征个人所得税；超过3倍数额的部分，不并入当年综合所得，单独适用综合所得税率表，计算纳税。

社会保险作为专项扣除，2019年开始的社保阶段性减免政策。

2. 劳务报酬所得

劳务报酬所得是指个人从事设计、装潢、安装、制图、化验、测试、医疗、法律、会计、咨询、讲学、新闻、广播、翻译、审稿、书画、雕刻、影视、录音、录像、演出、表演、广告、展览、技术服务、介绍服务、经济服务、代办服务以及其他劳务取得的所得。

$$应纳税所得额 = 劳务报酬（少于4\,000元）-800$$
$$应纳税所得额 = 劳务报酬（超过4\,000元）\times（1-20\%）$$

【任务分析5-2】2021年3月，北京万晟科技有限公司员工丁一取得劳务报酬收入4\,200元，属于个人所得税的征税范围，但金额超过4\,000元，应扣除劳务报酬的20%作为应纳税所得额计算缴纳个人所得税。

3. 稿酬所得

稿酬所得是指个人因其作品以图书、报纸形式出版、发表而取得的所得。这里所说的"作品"是指包括中外文字、图片、乐谱等能以图书、报刊方式出版、发表的作品；"个人作品"包括本人的著作、翻译的作品等。个人取得遗作稿酬应按稿酬所得项目计税。

（1）每次收入不足4\,000元的：

$$应纳税所得额 = 每次收入额 -800$$

（2）每次收入4\,000元以上的：

$$应纳税所得额 = 每次收入额 \times（1-20\%）$$

【任务分析5-3】2021年3月，北京万晟科技有限公司员工丁一取得稿酬收入5\,000元，属于个人所得税的征税范围，但金额高于4\,000元，应扣除稿酬的20%作为应纳税所得额计算缴纳个人所得税。

4. 特许权使用费所得

特许权使用费所得是指个人提供专利权、著作权、商标权、非专利技术以及其他特许权的使用权取得的所得。提供著作权的使用权取得的所得，不包括稿酬所得。作者将自己文字作品手稿原件或复印件公开拍卖（竞价）取得的所得，应按特许权使用费所得项目计税。

$$应纳税所得额（4\,000元以内）= 特许权使用费所得 -800$$
$$应纳税所得额（4\,000元以上）= 特许权使用费所得 \times（1-20\%）$$

【任务分析5-4】2021年3月，北京万晟科技有限公司员工丁一转让一项自动化专利技术，属于特许权使用费所得，金额7\,000元，超过4\,000元，应扣除特许权使用费的20%作为应纳税所得额计算缴纳个人所得税。

5. 经营所得

（1）经工商行政管理部门批准开业并领取营业执照的城乡个体工商户，从事工业、手工业、建筑业、交通运输业、商业、饮食业、服务业、修理业及其他行业的生产、经营取得的所得。

（2）个人经政府有关部门批准，取得营业执照，从事办学、医疗、咨询以及其他有偿服务活动取得的所得。

（3）其他个人从事个体工商业生产、经营取得的所得，个人临时从事生产、经营活动取得的所得。

（4）上述个体工商户和个人取得的生产、经营有关的各项应税所得。

【任务分析 5-5】 2021 年 6 月丁一承包了某企业招待所，按照合同规定，招待所的年经营利润全部归丁一所有，但是本年应上缴承包费 25 000 元。丁一每月从经营收入中支取工资 4 500 元。当年招待所实现营业利润为 85 000 元（不含丁一工资）。丁一 2021 全年应按照 91 500 元（85 000－25 000＋4 500×7）的经营所得计算缴纳个人所得税，根据经营所得税率表，适用 20%的税率。

6. 利息、股息、红利所得

利息、股息、红利所得是指个人拥有债权、股权而取得的利息、股息、红利所得。利息是指个人的存款利息（国家宣布 2008 年 10 月 8 日次日开始取消利息税）、货款利息和购买各种债券的利息。股息，也称股利，是指股票持有人根据股份制公司章程规定，凭股票定期从股份公司取得的投资利益。红利，也称公司（企业）分红，是指股份公司或企业根据应分配的利润按股份分配超过股息部分的利润。股份制企业以股票形式向股东个人支付股息、红利即派发红股，应以派发的股票面额为收入额计税。

【任务分析 5-6】 2021 年 7 月，丁一取得国债利息收入 2 500 元，一年期定期储蓄存款利息收入 346 元，B 公司发行的企业债券利息收入 1 200 元。根据财税〔2013〕5 号规定地方政府债券利息免税；财税〔2008〕132 号规定自 2008 年 10 月 9 日起，对储蓄存款利息所得暂免征收个人所得税。所以丁一 7 月取得的国债利息收入 2 500 元和储蓄存款利息收入 346 元是免个人所得税的，只需对取得的企业债券利息收入 1 200 元缴纳个人所得税，适用税率为 20%。

【任务分析 5-7】 丁一 2021 年 8 月因持有两年前购买的境内某上市公司股票取得股票分红所得 3 500 元。依据财税〔2015〕101 号第 1 条：个人从公开发行和转让市场取得的上市公司股票，持股期限超过 1 年的，股息红利所得暂免征收个人所得税，因此丁一 8 月取得的股票分红所得免征个人所得税。

7. 财产租赁所得

财产租赁所得是指个人出租建筑物、土地使用权、机器设备、车船以及其他财产取得的所得。财产包括动产和不动产。

【任务分析 5-8】 丁一自 5 月 1 日起将自有的面积为 120 平方米的住房按市场价格出租给李某居住，当月取得不含增值税租金 4 500 元。丁一应对 5 月出租的房产取得的租金收入计算个人所得税。

8. 财产转让所得

财产转让所得是指个人转让有价证券、股权、建筑物、土地使用权、机器设备、车船以及其他自有财产给他人或单位而取得的所得，包括转让不动产和动产而取得的所得。对个人股票买卖取得的所得暂不征税。

【任务分析 5-9】丁一于 2021 年 9 月转让 2015 年购入的住房,购买原价 200 万元,售价 800 万元。如果是个人转让自用 5 年以上,并且是家庭唯一生活用房取得的所得,免征个人所得税。丁一购入住房不满 5 年,且不是家庭唯一住房,应该计算缴纳个人所得税。

9. 偶然所得

偶然所得是指个人取得的所得是非经常性的,属于各种机遇性所得,包括得奖、中奖、中彩以及其他偶然性质的所得(含奖金、实物和有价证券)。个人购买社会福利有奖募捐奖券、中国体育彩票,一次中奖收入不超过 10 000 元的,免征个人所得税,超过 10 000 元的,应以全额按偶然所得项目计税。

居民个人取得第 1 项至第 4 项所得(以下简称"综合所得"),按纳税年度合并计算个人所得税;非居民个人取得前款第一项至第四项所得,按月或者按次分项计算个人所得税。纳税人取得前款第五项至第九项所得,按规定分别计算个人所得税。

10. 其他所得

除上述 9 项应税项目以外,其他所得应确定征税的,由国务院财政部门确定。国务院财政部门是指财政部和国家税务总局。财政部和国家税务总局确定征税的其他所得项目有以下几个。

(1)个人取得"蔡冠深中国科学院院士荣誉基金会"颁发的中国科学院院士荣誉奖金。

(2)个人取得由银行部门以超过国家规定利率和保值贴补率支付的揽储奖金。

(3)个人因任职单位缴纳有关保险费用而取得的无偿款优待收入。

(4)对保险公司按投保金额,以银行同期储蓄存款利率支付给在保期内未出险的人寿保险户的利息(或以其他名义支付的类似收入)。

(5)股民个人因证券公司招揽大户股民在本公司开户交易,从取得的交易手续费中支付部分金额给大户股民而取得的回扣收入或交易手续费返还收入。

(6)个人取得部分单位和部门在年终总结、各种庆典、业务往来及其他活动中,为其他单位和部门的有关人员发放现金、实物或有价证券。

(7)辞职风险金。

(8)个人为单位或者他人提供担保获得报酬。

居民个人综合所得按纳税年度合并计算个人所得税;非居民个人综合所得按月或者按次分项计算个人所得税。纳税人取得第 5 项至第 9 项所得,依照本法规定分别计算个人所得税。

注意:根据我国个人所得税规定,有一些收入是免税的。

(1)省级人民政府、国务院部委和中国人民解放军军以上单位,以及外国组织、国际组织颁发的科学、教育、技术、文化、卫生、体育、环境保护等方面的奖金。

(2)国债和国家发行的金融债券利息。

(3)按照国家统一规定发给的补贴、津贴。

(4)福利费、抚恤金、救济金。

(5)保险赔款。

(6)军人的转业费、复员费、退役金。

(7)按照国家统一规定发给干部、职工的安家费、退职费、基本养老金或者退休费、离休费、离休生活补助费。

（8）依照有关法律规定应予免税的各国驻华使馆、领事馆的外交代表、领事官员和其他人员的所得。

（9）中国政府参加的国际公约、签订的协议中规定免税的所得。

（10）国务院规定的其他免税所得。

个人所得税免税规定由国务院报全国人民代表大会常务委员会备案。

有下列情形之一的，可以减征个人所得税：①残疾、孤老人员和烈属的所得；②因自然灾害遭受重大损失的，具体幅度和期限由省、自治区、直辖市人民政府规定，并报同级人民代表大会常务委员会备案。

5.1.3　个人所得税税率

个人所得税根据不同的征税项目，分别规定了三种不同的税率。

（1）综合所得，适用7级超额累进税率，按月应纳税所得额计算征税。该税率按个人月工资、薪金应税所得额划分级距，最高一级为45%，最低一级为3%，共7级。

（2）经营所得，适用按年计算、分月预缴税款的个体工商户的生产、经营所得和对企事业单位的承包经营、承租经营的全年应纳税所得额划分级距，最低一级为5%，最高一级为35%，共5级。

（3）利息、股息、红利所得，财产租赁所得，财产转让所得和偶然取得，适用比例税率。按次计算征收个人所得税，适用20%的比例税率。

应当缴纳个人所得税项目包括：工资、薪金所得、劳务报酬所得、稿酬所得、特许权使用费所得、经营所得、利息股息红利所得、财产租赁所得、财产转让所得、偶然所得。前四项所得属于综合所得。其中居民个人取得工资、薪金所得、劳务报酬所得、稿酬所得、特许权使用费所得，按纳税年度合并计算个人所得税；非居民个人取得前款四项所得，按月或者按次分项计算个人所得税（表5-3~表5-5）。

表5-3　征税范围税率表

征税范围（项目）	税　　率
工资、薪金所得	属于综合所得 按纳税年度合并计算，采用7级超额累进税率
劳务报酬所得	
稿酬所得	
特许权使用费所得	
经营所得	采用5级超额累进税率
财产租赁所得	20%的比例税率
财产转让所得	
利息、股息、红利所得	
偶然所得	

表5-4　个人所得税税率表（一）

（综合所得适用、居民个人工资、薪金所得预扣预缴适用）

级数	全年应纳税所得额	税率 / %	速算扣除数 / 元
1	不超过36 000元的	3	0
2	超过36 000元至144 000元的部分	10	2 520

续表

级数	全年应纳税所得额	税率 / %	速算扣除数 / 元
3	超过 144 000 元至 300 000 元的部分	20	16 920
4	超过 300 000 元至 420 000 元的部分	25	31 920
5	超过 420 000 元至 660 000 元的部分	30	52 920
6	超过 660 000 元至 960 000 元的部分	35	85 920
7	超过 960 000 元的部分	45	181 920

注：① 本表所称全年应纳税所得额是指依照本法第六条的规定，居民个人取得综合所得以每一纳税年度收入额减除费用六万元以及专项扣除、专项附加扣除和依法确定的其他扣除后的余额。

② 非居民个人取得工资、薪金所得，劳务报酬所得，稿酬所得和特许权使用费所得，依照本表按月换算后计算应纳税额。

表 5-5　个人所得税税率表（二）

（非居民个人工资、薪金所得，劳务报酬所得，稿酬所得，特许权使用费所得适用）

级数	月度应纳税所得额	税率 / %	速算扣除数 / 元
1	不超过 3 000 元的	3	0
2	超过 3 000 元至 12 000 元的部分	10	210
3	超过 12 000 元至 25 000 元的部分	20	1 410
4	超过 25 000 元至 35 000 元的部分	25	2 660
5	超过 35 000 元至 55 000 元的部分	30	4 410
6	超过 55 000 元至 80 000 元的部分	35	7 160
7	超过 80 000 元的部分	45	15 160

注：纳税人的工资、薪金所得，先以每月收入额减除费用五千元以及专项扣除和依法确定的其他扣除后的余额为应纳税所得额，依照表 5-4 按月换算后计算缴纳税款。

【任务分析 5-10】北京万晟科技有限公司员工丁一，在 2021 年度，取得了工资、薪金所得、劳务报酬所得、稿酬所得、特许权使用费所得、经营所得、利息、股红利所得和财产租赁所得，分别按照表 5-5 和表 5-6 对应的税率计算缴纳个人所得税，并进行年终汇算清缴。

表 5-6　个人所得税税率表（三）

（经营所得适用）

级数	全年应纳税所得额	税率 /%	速算扣除数 / 元
1	不超过 30 000 元的	5	0
2	超过 30 000 元至 90 000 元的部分	10	1 500
3	超过 90 000 元至 300 000 元的部分	20	10 500
4	超过 300 000 元至 500 000 元的部分	30	40 500
5	超过 500 000 元的部分	35	65 500

注：本表所称全年应纳税所得额是指依照本法第六条的规定，以每一纳税年度的收入总额减除成本、费用以及损失后的余额。个体工商户的生产、经营所得，依照本表计算缴纳税款，而对企事业单位的承包经营、承租经营所得。

任务 5.2　确定应纳税所得额

在确定了北京万晟科技有限公司员工丁一的个人所得税纳税项目和各个纳税项目适用的个人所得税税率后，接下来要确定个人所得税应纳税所得额。按照个人所得税法的规定，纳税人的应纳税所得包括综合所得、经营所得和利息、股息、红利所得，财产租赁所得，财产转让所得和偶然所得三大类，下面分别进行介绍。

5.2.1 综合所得应纳税所得额的确定

1. 居民个人综合所得应纳税所得额的确定

居民取得的综合所得（包括工资、薪金所得，劳务报酬所得，稿酬所得和特许权使用费所得），按纳税年度合并汇算个人所得税。

居民个人的综合所得，以每一纳税年度的收入额减除费用六万元以及专项扣除、专项附加扣除和依法确定的其他扣除后的余额，为年应纳税所得额。

应纳税所得额＝每一纳税年度的收入额 － 60 000 － 专项扣除 － 专项附加扣除

－ 依法确定的其他扣除额

1）专项扣除

专项扣除包括居民个人按照国家规定的范围和标准缴纳的基本养老保险、基本医疗保险、失业保险等社会保险费和住房公积金等需要个人承担的部分。之所以没有工伤保险和生育保险，是因为这两项由单位缴纳，个人不缴费。

2）专项附加扣除

专项附加扣除包括子女教育支出、继续教育支出、大病医疗支出、住房贷款利息或者住房租金、赡养老人等与人民群众生活相关的专项附加扣除。专项附加扣除在按年度计算综合所得时扣除（表5-7）。

表 5-7 专项附加扣除项目表

项 目		扣 除 标 准	扣 除 方 法
减除费用		60 000 元 / 年（5 000 元 / 月）	
专项扣除		包括居民个人按照国家规定的范围和标准缴纳的基本养老保险、基本医疗保险、失业保险等社会保险费和住房公积金等	
专项附加扣除	子女教育专项附加扣除	纳税人的子女接受学前教育和学历教育的相关支出，按照每个子女每年 12 000 元（每月 1 000 元）的标准定额扣除	纳税人可以选择由其中一方按扣除标准的 100% 扣除，即每月 1 000 元扣除，也可以选择由配偶双方分别按扣除标准的 50% 扣除，即一人每月 500 元扣除。具体扣除方式在 1 个纳税年度内不能变更
	继续教育专项附加扣除	（1）纳税人接受学历继续教育的支出，在学历教育期间按照每年 4 800 元（每月 400 元）定额扣除 （2）纳税人接受技能人员职业资格继续教育、专业技术人员职业资格继续教育支出，在取得相关证书的当年，按照 3 600 元定额扣除	个人接受本科及以下学历（学位）继续教育，符合规定扣除条件的，可以选择由其父母扣除，也可以由本人按照继续教育支扣除，但不得同时扣除
	大病医疗专项附加扣除	在一个纳税年度内，纳税人发生的与基本医保相关的医药费用支出，扣除医保报销后个人负担（指医保目录范围内自付的部分）累计超过 15 000 元的部分，由纳税人在办理年度汇算清缴时，在 80 000 元限额内据实扣除	（1）纳税人发生的医药费用支出可以选择由本人或配偶扣除 （2）未成年子女发生的医药费用可以选择由父母一方扣除

项　　目		扣 除 标 准	扣 除 方 法
专项附加扣除	住房贷款利息专项附加扣除	纳税人本人或配偶使用商业银行或住房公积金个人住房贷款为本人或其配偶购买住房： （1）首套住房贷款利息支出，在偿还贷款期间，可以按照每年 12 000 元（每月 1 000 元）标准定额扣除 （2）非首套住房贷款利息支出，纳税人不得扣除	（1）纳税人只能享受一套首套住房贷款利息扣除 （2）经夫妻双方约定，可以选择由其中一方扣除，具体扣除方式在 1 个纳税年度内不能变更
	住房租金专项附加扣除	纳税人及其配偶在其主要工作城市没有自有住房而发生的住房租金支出，可以按照以下标准定额扣除： （1）承租的住房位于直辖市、省会城市、计划单列市以及国务院确定的其他城市，扣除标准为每月 1 500 元 （2）除第一项所列城市外，市辖区户籍人口超过 100 万的，扣除标准为每月 1 100 元 （3）市辖区户籍人口不超过 100 万（含）的，扣除标准为每月 800 元	（1）夫妻双方主要工作城市相同的，只能由一方扣除住房租金支出 （2）住房租金支出由签订租赁住房合同的承租人扣除 （3）一个纳税年度内，纳税人及其配偶不得同时分别享受住房贷款利息专项附加扣除和住房租金专项附加扣除
	赡养老人专项附加扣除	纳税人赡养 60 岁（含）以上父母以及其他法定赡养人的支出，可以按照以下标准定额扣除： （1）纳税人为独生子女的，按照每年 24 000 元（每月 2 000 元）的标准定额扣除 （2）纳税人为非独生子女的，应当与其兄弟姐妹分摊每年 24 000 元（每月 2 000 元）的扣除额度，每人分摊的额度不能超过每月 1 000 元	（1）被赡养人范围：一是年满 60 岁（含）的父母；二是子女已经去世的祖父母、外祖父母 （2）纳税人赡养 2 个及以上老人的，不按老人人数加倍扣除 （3）纳税人为非独生子女的，兄弟姐妹间的分摊方式包括平均分摊、被赡养人指定分摊或者赡养人约定分摊，具体分摊方式在 1 个纳税年度内不得变更
	3 岁以下婴幼儿照护专项附加扣除	纳税人照护 3 岁以下婴幼儿子女的相关支出，可以按照每孩每年 12 000 元（每月 1 000 元）的标准定额扣除	（1）纳税人可选择父母（法定监护人）各扣除 50% 即一人每月 500 元扣除，也可以选择父母（法定监护人）选择一方全额扣除即每月 1 000 元扣除 （2）3 岁以下婴幼儿照护专项附加扣除自 2022 年 1 月 1 日起实施 （3）实行"申报即可享受、资料留存备查"的服务管理模式 （4）纳税人需要将子女的出生医学证明等资料留存备查 （5）具体扣除方式在一个纳税年度内不能变更
其他扣除		包括个人缴付符合国家规定的企业年金、职业年金，个人购买符合国家规定的商业健康保险、税收递延型商业养老保险的支出，以及国务院规定可以扣除的其他项目	

2. 非居民个人的工资、薪金所得

非居民个人的工资、薪金所得，以每月收入额减除费用五千元后的余额为应纳税所得额。

无论是居民个人还是非居民个人，取得的劳务报酬所得、稿酬所得、特许权使用费所得，以收入减除 20% 的费用后的余额为收入额，稿酬所得的收入额减按 70% 计算。

5.2.2 经营所得

经营所得是指以每一纳税年度的收入总额减除成本、费用以及损失后的余额，为应纳税所得额。

成本费用是指生产经营活动中发生的各项直接支出和分配计入成本的间接费用以及销售费用、管理费用、财务费用；损失是指生产经营活动中发生的固定资产和存货的盘亏，毁损，报废损失，转让财产损失，坏账损失，自然灾害等不可抗力因素造成的损失以及其他损失。

取得经营所得的个人，没有综合所得的，计算其每一纳税年度的应纳税所得额时，应当减除费用六万元、专项扣除、专项附加扣除以及依法确定的其他扣除。专项附加扣除在办理汇算清缴时减除。

从事生产、经营活动，未提供完整、准确的纳税资料，不能正确计算应纳税所得额的，由主管税务机关核定应纳税所得额或者应纳税额。

5.2.3 财产租赁所得、财产转让所得

1. 财产租赁所得

对财产租赁所得，每次收入不超过 4 000 元的，减除费用 800 元；每次收入在 4 000 元以上的，减除 20% 的费用，其余为应纳税所得额。

2. 财产转让所得

财产转让所得是指以转让财产的收入额减除财产原值和合理费用后的余额，为应纳税所得额。

其中，财产原值按照下列方法确定。

（1）对有价证券，为买入价以及买入时按照规定交纳的有关费用。

（2）对建筑物，为建造费或者购进价格以及其他有关费用。

（3）对土地使用权，为取得土地使用权所支付的金额、开发土地的费用以及其他有关费用。

（4）对机器设备、车船，为购进价格、运输费、安装费以及其他有关费用。

（5）对其他财产，参照上述规定的方法确定财产原值。

纳税人未提供完整、准确的财产原值凭证，不能按照上述规定的方法确定财产原值的，由主管税务机关核定财产原值。

合理费用是指卖出财产时按照规定支付的有关税费。

3. 利息、股息、红利所得和偶然所得以每次收入额为应纳税所得额

所称依法确定的其他扣除：包括个人缴付符合国家规定的企业年金、职业年金，个人购买符合国家规定的商业健康保险、税收递延型商业养老保险的支出，以及国务院规定可以扣除的其他项目。

任务 5.3 计算应纳税额

由于个人所得税采取分项计税的办法，每项个人收入的扣除范围和扣除标准不尽相同，应纳税所得额的计算方法也存在差异，下面结合引例分别介绍应纳税所得额的确定和应纳所得税额的计算方法。

5.3.1 居民个人综合所得的计税方法

居民个人综合所得是指居民个人取得的工资、薪金所得，劳务报酬所得，稿酬所得，特许权使用费所得。按现行税法规定，扣缴义务人在向居民个人支付工资、薪金所得，劳务报酬所得，稿酬所得，特许权使用费所得时，应按规定分月或分次预扣预缴个人所得税；居民个人需要办理综合所得汇算清缴的，应当在取得所得的次年 3 月 1 日至 6 月 30 日内办理汇算清缴。因此居民个人综合所得个人所得税的计算方法包括预扣预缴税款的计算方法和综合所得汇算清缴的计算方法。

1. 居民个人综合所得预扣预缴税款的计算方法

扣缴义务人向居民个人支付工资、薪金所得，劳务报酬所得，稿酬所得，特许权使用费所得时，按以下方法预扣预缴个人所得税，并向主管税务机关报送《个人所得税扣缴申报表》。

扣缴义务人向居民个人支付工资薪金所得时，应当按照累计预扣法计算预扣税款，并按月办理全员全额扣缴申报。

累计预扣法是指扣缴义务人在一个纳税年度内预扣预缴税款时，以纳税人在本单位截至当前月份工资、薪金所得累计收入减除累计免税收入、累计减除费用、累计专项扣除、累计专项附加扣除和累计依法确定的其他扣除后的余额为累计预扣预缴应纳税所得额，适用个人所得税预扣率表，计算累计应预扣预缴税额，再减除累计减免税额和累计已预扣预缴税额，其余额为本期应预扣预缴税额。余额为负值时，暂不退税。纳税年度终了后余额仍为负值时，由纳税人通过办理综合所得年度汇算清缴，税款多退少补。

具体计算公式如下。

本期应预扣预缴税额 ＝（累计预扣预缴应纳税所得额 × 预扣率 － 速算扣除数）

－ 累计减免税额 － 累计已预扣预缴税额

累计预扣预缴应纳税所得额 ＝ 累计收入 － 累计免税收入 － 累计减除费用 － 累计专项扣除

－ 累计专项附加扣除 － 累计依法确定的其他扣除

其中，累计减除费用按照 5 000 元 / 月乘以纳税人当年截至本月在本单位的任职受雇月份数计算。

六项专项附加扣除中，除大病医疗之外，其他专项附加扣除可由纳税人选择在预扣预缴税款时进行扣除。纳税人在预扣预缴税款阶段享受专项附加扣除，以居民个人在取得工资、薪金所得时，向扣缴义务人提供的专项附加扣除信息为前提。居民个人向扣缴义务人提供有关信息并依法要求办理专项附加扣除的，扣缴义务人应当按照规定在工资、薪金所得按月预扣预缴税款时予以扣除，不得拒绝。纳税人同时从两处以上取得工资、薪金所得，并由扣缴义务人减除专项附加扣除的，对同一专项附加扣除项目，在一个纳税年度内只能选择从一处取得的所得中减除。

计算居民个人工资、薪金所得预扣预缴税额适用的预扣率、速算扣除数，按 7 级超额累进预扣率执行。

【任务分析 5-11】中国居民丁一作为北京万晟科技有限公司的员工，2021 年每月应发工资 30 000 元，每月公司按规定标准为其代扣代缴"三险一金"5 879.52 元，从 1 月起享受子女教育专项附加扣除 1 000 元，赡养老人专项附加扣除 1 000 元，没有减免收入及减免税额等情况。请依照现行税法规定，分别计算丁一 2021 年度每月份应预扣预缴税额。

解析 1 月：（30 000−5 000−5 879.52−2 000）×3% = 513.61（元）

2 月：（30 000×2−5 000×2−5 879.52×2−2 000×2）×3%−513.61 = 513.62（元）

3 月：（30 000×3−5 000×3−5 879.52×3−2 000×3）×10%−2 520−1 027.23 = 1 588.91（元）

4 月：（30 000×4−5 000×4−5 879.52×4−2 000×4）×10%−2 520−2 616.14=1 712.05（元）

5 月：（30 000×5−5 000×5−5 879.52×5−2 000×5）×10%−2 520−4 328.19=1 712.05（元）

6 月：（30 000×6−5 000×6−5 879.52×6−2 000×6）×10%−2 520−6 040.24=1 712.05（元）

7 月：（30 000×7−5 000×7−5 879.52×7−2 000×7）×10%−2 520−7 752.29=1 712.05（元）

8 月：（30 000×8−5 000×8−5 879.52×8−2 000×8）×10%−2 520−9 464.34=1 712.04（元）

9 月：（30 000×9−5 000×9−5 879.52×9−2 000×9）×20%−16 920−11 176.38=2 720.48（元）

10 月：（30 000×10−5 000×10−5 879.52×10−2 000×10）×20%−16 920−13 896.86=3 424.10（元）

11 月：（30 000×11−5 000×11−5 879.52×11−2 000×11）×20%−16 920−17 320.96=3 424.10（元）

12 月：（30 000×12−5 000×12−5 879.52×12−2 000×12）×20%−16 920−20 745.06=3 424.09（元）

1—12 月所在单位共计预扣预缴税额为 24 169.15 元。

2. 居民个人劳务报酬所得、稿酬所得、特许权使用费所得预扣预缴税款计算方法

扣缴义务人向居民个人支付劳务报酬所得、稿酬所得、特许权使用费所得，以每次或每月收入额为预扣预缴应纳税所得额，分别是用 3 级超额累进预扣率和 20% 的比例预扣率，按次或按月计算每项所得应预扣预缴的个人所得税。

具体计算公式如下。

劳务报酬所得应预扣预缴税额＝预扣预缴应纳税所得额（收入额）× 预扣率 − 速算扣除数

稿酬所得、特许权使用费所得应预扣预缴税额＝预扣预缴应纳税所得额（收入额）×20%

1）劳务报酬所得应纳税额的计算

（1）每次收入不足 4 000 元的：

$$应纳税所得额 = 每次收入额 - 800$$

（2）每次收入 4 000 元以上的：

$$应纳税所得额 = 每次收入额 \times （1 - 20\%）$$

劳务报酬所得根据不同劳务项目的特点，分别规定为：① 只有一次性收入的，以取得该项收入为一次；② 属于同一事项连续取得收入的，以一个月内取得的收入为一次。

劳务报酬所得适用 20%~40% 的 3 级超额累进预扣率。

其具体办法是：个人一次取得劳务报酬，其应纳税所得额超过 20 000 元的，为畸高收入；对应纳税所得额超过 20 000 元至 50 000 元的部分，依照税法规定计算应纳税额后再按照应纳税额加征 5 成；超过 50 000 元的部分加征 10 成。

【任务分析 5-12】2021 年 3 月，丁一取得劳务报酬收入 4 200 元。

应纳税所得额 = 劳务报酬（少于 4 000 元）- 800

应纳税所得额 = 劳务报酬（超过 4 000 元）×（1 - 20%）

应纳税额 = 应纳税所得额 × 适用税率 - 速算扣除数

劳务报酬所得预扣预缴应纳税所得额 = 每次收入 ×（1 - 20%）= 4 200×（1 - 20%）

$$= 3\ 360（元）$$

劳务报酬所得预扣预缴税额 = 预扣预缴应纳税所得额 × 预扣率 - 速算扣除数

$$= 3\ 360×20\% - 0 = 672（元）$$

2）稿酬所得应纳税额的计算

（1）应纳税所得额的确定。

① 每次收入不足 4 000 元的：

$$应纳税所得额 = 每次收入额 - 800$$

② 每次收入 4 000 元以上的：

$$应纳税所得额 = 每次收入额 \times （1 - 20\%）$$

稿酬所得以每次出版、发表取得的收入为一次，具体可分为以下几种情况。

① 同一作品再版取得的所得，应视为另一次稿酬所得计征个人所得税。

② 同一作品先在报刊上连载，然后再出版，或者先出版，再在报刊上连载的，应视为两次稿酬所得征税，即连载作为一次，出版作为另一次。

③ 同一作品在报刊上连载取得收入的，以连载完成后取得的所有收入合并为一次，计征个人所得税。

④ 同一作品在出版和发表时，以预付稿酬或分次支付稿酬等形式取得的稿酬收入，应合并计算为一次。

⑤ 同一作品出版、发表后，因添加印数而追加稿酬的，应与以前出版、发表时取得的

稿酬合并计算为一次，计征个人所得税。

（2）适用税率。

稿酬所得适用 20% 的比例税率，并按应纳税额减征 30%，故其实际适用税率为 14%（20%－20%×30%）。

（3）应纳税额计算公式（按次计税）。

① 每次收入额不足 4 000 元的：

$$应纳税额 = 应纳税所得额 \times 适用税率 \times （1-30\%）$$
$$= （每次收入额 -800）\times 20\% \times （1-30\%）$$

② 每次收入额在 4 000 元以上的：

$$应纳税额 = 应纳税所得额 \times 适用税率 \times （1-30\%）$$
$$= 每次收入额 \times （1-20\%）\times 20\% \times （1-30\%）$$

【任务分析 5-13】 2021 年 3 月，丁一稿酬收入 5 000 元。

稿酬所得以个人每次取得的收入，定额或定率减除规定费用后的余额为应纳税所得额，计算公式如下。

（1）每次收入不超过 4 000 元的：

$$应纳税额 = （每次收入额 - 800）\times 20\% \times （1 - 30\%）$$

（2）每次收入在 4 000 元以上的：

$$应纳税额 = 每次收入额 \times （1 - 20\%）\times 20\% \times （1 - 30\%）$$

丁一稿酬所得预扣预缴应纳税所得额 = 每次收入额 × （1 - 20%）×70%
$$= 5 000 \times （1 - 20\%）\times 70\% = 2 800 （元）$$

稿酬所得预扣预缴税额 = 预扣预缴应纳税所得额 × 预扣率 = 2 800×20% = 560（元）

3）特许权使用费所得应纳税额的计算

（1）应纳税所得额的确定。

① 每次收入不足 4 000 元的：

$$应纳税所得额 = 每次收入额 -800$$

② 每次收入 4 000 元以上的：

$$应纳税所得额 = 每次收入额 \times （1-20\%）$$

特许权使用费所得，以某项使用权的一次转让所取得的收入为一次。如果该次转让取得的收入是分笔支付的，则应将各笔收入相加为一次的收入，计征个人所得税。

（2）适用税率。

特许权使用费所得适用 20% 的比例税率。

（3）应纳税额计算公式（按次计税）。

① 每次收入不足 4000 元的：

$$应纳税额 = 应纳税所得额 \times 适用税率 = （每次收入额 -800）\times 20\%$$

② 每次收入额在 4 000 元以上的：

$$应纳税额 = 应纳税所得额 × 适用税率 = 每次收入额 × （1-20\%）×20\%$$

提示：注意特许权使用费所得没有加征和减征规定。

【任务分析 5-14】 2021 年 3 月，丁一转让一项自动化专利技术，获得转让费收入 7 000 元。

$$应纳税额（4 000 元以内）=（特许权使用费所得 -800）×20\%$$

$$应纳税额（4 000 元以上）= 特许权使用费所得 ×（1-20\%）×20\%$$

$$丁一转让特许权使用费所得预扣预缴应纳税所得额 = 特许权使用费所得 ×（1-20\%）$$
$$= 7 000×（1-20\%）= 5 600（元）$$

$$转让特许权使用费所得预扣预缴税额 = 预扣预缴应纳税所得额 × 预扣率$$
$$= 5 600×20\% = 1 120（元）$$

丁一 3 月劳务报酬所得预扣预缴个人所得税 600 元；稿酬所得预扣预缴个人所得税 308 元；转让特许权使用费所得预扣预缴个人所得税 1 120 元。

5.3.2 生产经营所得应纳税额的计算

纳税人取得经营所得按年计算个人所得税，由纳税人在月度或者季度终了后十五日内向税务机关报送纳税申报表，并预扣税款；在取得所得的次年 3 月 31 日前办理汇算清缴。

1. 个体工商户生产经营所得的计税办法

经营所得以每一纳税年度的收入总额减除成本、费用以及损失后的余额，为应纳税所得额，个体工商户生产经营应纳税所得额的计算以权责发生制为原则。

$$应纳税所得额 = 收入总额 -（成本 + 费用 + 税金 + 损失 + 其他支出）$$
$$- 允许弥补的以前年度亏损$$

【案例 5-1】 某酒店是个体工商户，账证比较健全。2021 年 1—12 月累计应纳税所得额为 132 000 元（未扣除投资者费用），1—12 月累计已预缴个人所得税为 15 900 元，除经营所得外，投资者本人没有其他应税收入，2021 年全年享受一名子女教育和赡养老人的专项附加扣除金额合计 24 000 元，则依照现行税法规定分析计算该个体工商户 2021 年度经营所得个人所得税的汇算清缴情况如下。

$$全年应纳税所得额 =132 000-60 000-24 000=48 000（元）$$
$$全年应缴纳个人所得税 =48 000×10\%-1 500=3 300（元）$$
$$2021 年汇算清缴应申请退税额 =15 900-3 300=12 600（元）$$

2. 个人独资企业和合伙企业的投资者的计税办法

1）查账征收

实行查账征收的个人投资者兴办一个企业的，比照个体工商户经营所得应纳税额的计算方法。

投资者兴办两个或两个以上企业的，其应纳税额的具体计算方法为：汇总其投资兴办的所有企业的经营所得作为应纳税所得额，以此确定适用税率计算出全年经营所得的应纳税额，再根据每个企业的经营所得占所有企业经营所得的比例，分别计算出每个企业的应纳税额和应补缴税额。计算公式如下。

应纳税所得额 = ∑各个企业的经营所得

应纳税额 = 应纳税所得额 × 税率 − 速算扣除数

本企业应纳税额 = 应纳税额 × 本企业的经营所得 ÷ ∑各个企业的经营所得

本企业应补缴的税额 = 本企业应纳税额 − 本企业预缴的税额

2）核定征收

有下列情形之一的，主管税务机关应采取核定征收方式征收个人所得税：① 企业依照国家有关规定应当设置但未设置账簿的；② 企业虽设置账簿，但账目混乱或者成本资料、收入凭证、费用凭证残缺不全，难以查账的；③ 纳税人发生纳税义务，未按照规定的期限办理纳税申报，经税务机关责令限期申报，逾期仍不申报的。

核定征收方式包括定额征收、核定应税所得率征收以及其他合理的征收方式。

实行核定应税所得率征收方式的，应纳所得税额的计算公式如下。

应纳所得税额 = 应纳税所得额 × 适用税率

应纳税所得额 = 收入总额 × 应税所得率

= 成本费用支出额 ÷ （1 − 应税所得率） × 应税所得率

各个行业应税所得率如表 5-8 所示。

表 5-8　各个行业应税所得率

行　业	应税所得率
工业、商业、交通运输业	5%～20%
建筑业、房地产开发业	7%～20%
饮食服务业	7%～25%
娱乐业	20%～40%
其他行业	10%～30%

实行核定征税的投资者不能享受个人所得税的优惠政策。

（1）投资者的工资不得在税前直接扣除。自 2019 年 1 月 1 日起，投资者（老板）本人的费用扣除标准为 60 000 元 / 年（即 5 000 元 / 月）。

提示：“企业所得税”中投资者的工资只要符合“实际发生的、合理的”条件，可以税前扣除。

“个人所得税”中，投资者的工资不允许税前扣除，生计费用可以扣除，可扣除的生计费用为：5 000×12=60 000（元）。

注意：投资者兴办两个或两个以上企业的，其费用扣除标准由投资者选择在其中一个企业的生产经营所得税扣除。

（2）企业向其从业人员实际支付的合理的工资、薪金支出，允许在税前据实扣除。

（3）企业拨缴的工会经费、发生的职工福利费、职工教育经费支出分别在其工资、薪金总额的 2%、14%、2.5% 的标准内据实扣除。

（4）投资者及其家庭发生的生活费用不允许在税前扣除。投资者及其家庭发生的生活费用与企业生产经营费用混合在一起，并且难以划分的，全部视为投资者个人及其家庭发生的生活费用，不允许在税前扣除。

（5）企业生产经营和投资者及其家庭生活共用的固定资产难以划分的，由主管税务机关根据企业的生产经营类型、规模等具体情况，核定准予在税前扣除的折旧费用的数额或比例。

（6）企业每一纳税年度发生的与其生产经营业务直接相关的业务招待费，按照发生额的60%扣除，但最高不得超过当年销售（营业）收入的5‰。

（7）企业每一纳税年度发生的广告费和业务宣传费用不超过当年销售（营业）收入15%的部分，可据实扣除；超过部分，准予在以后纳税年度结转扣除。

（8）企业计提的各种准备金不得扣除。

3. 对企事业单位承包承租经营所得的计税方法

1）应纳税所得额的确定

对企事业单位承包经营、承租经营所得是以每一纳税年度的收入总额减除必要费用后的余额，为应纳税所得额。其中，收入总额是指纳税人按照承包经营、承租经营合同规定分得的经营利润和工资薪金性质的所得。个人的承包、承租经营所得，既有工资、薪金性质，又含生产、经营性质，但考虑到个人按承包、承租经营合同规定分到的是经营利润，涉及的生产、经营成本费用已经扣除，所以税法规定："减除必要费用"是指按月减除 5 000 元，实际减除的是相当于个人的生计及其他费用。具体计算公式如下。

$$应纳税所得额 = 个人承包、承租经营收入总额 - 每月费用扣除标准$$
$$\times 实际承包或承租月数$$

个人在承租、承包经营期间，如果工商登记仍为企业的，不管其分配方式如何，均应先按照企业所得税的有关规定缴纳企业所得税。承包经营、承租经营者按照承包、承租经营合同规定取得的所得，依照个人所得税法的有关规定缴纳个人所得税。

2）应纳税额的计算方法

对企事业单位承包经营、承租经营所得适用 5 级超额累计税率，以及应纳税所得额按适用税率计算应纳税额。计算公式如下。

$$应纳税额 = 应纳税所得额 \times 适用税率 - 速算扣除数$$
$$= （纳税年度收入总额 - 必要费用）\times 适用税率 - 速算扣除数$$

实行承包、承租经营的纳税人，应以每一纳税年度的承包、承租经营所得计算纳税。纳税人在一个年度内分次取得承包、承租经营所得的，应在每次取得承包、承租经营所得后预缴税款，年终汇算清缴，多退少补。如果纳税人的承包、承租期在一个纳税年度内经营不足12 个月，应以其实际承包、承租经营的期限为一个纳税年度计算纳税。计算公式如下。

$$应纳税所得额 = 该年度承包、承租经营收入额 - 每月费用扣除标准$$
$$\times 该年度实际承包、承租经营月份数$$
$$应纳税额 = 应纳税所得额 \times 适用税率 - 速算扣除数$$

【任务分析 5-15】2021 年 6 月，丁一承包了某企业招待所，按照合同规定，招待所的年经营利润全部归丁一所有，但是本年应上缴承包费 25 000 元。丁一每月从经营收入中支取工资 4 500 元。当年招待所实现营业利润为 85 000 元（不含丁一工资）。计算丁一 2021 年经营所得需缴纳的个人所得税。

解析 第一步：计算 2019 年经营所得应纳税所得额。

$$全年经营所得应纳税所得额 = 85\,000 - 25\,000 + 4\,500 \times 7 = 91\,500（元）$$

第二步：计算全年经营所得应纳税额。

$$应纳税额 = 91\,500 \times 20\% - 10\,500 = 7\,800（元）$$

依据《关于个人独资企业和合伙企业投资者征收个人所得税的规定》（财税〔2000〕91 号）第 6 条第 1 项规定，投资者的工资不得在税前扣除。丁一有综合所得，因此在计算经营所得的应纳税所得额时无须再扣除费用 6 万元、专项扣除、专项附加扣除以及依法确定的其他扣除。

5.3.3 分类所得的计税方法

分类所得是指个人取得的利息、股息、红利所得，财产租赁所得，财产转让所得和偶然所得。

1. 利息、股息、红利和偶然所得应纳税额的计算

利息、股息、红利所得，以支付利息、股息、红利时取得的收入为一次。偶然所得（如得奖、中奖、中彩等），以每次取得该项收入为一次。每次收入额为应纳税所得额。利息、股息、红利所得，偶然所得，适用比例税率，税率为 20%，即按每次收入额的 20% 缴纳个人所得税。

$$应纳税额 = 应纳税所得额 \times 适用税率 = 每次收入额 \times 20\%$$

【任务分析 5-16】2019 年 7 月，丁一取得国债利息 2 500 元，一年期定期储蓄存款利息收入 346 元，B 公司发行的企业债券利息收入 1 200 元。计算丁一 7 月利息收入需缴纳的个人所得税。

解析 丁一 7 月取得的各项利息收入应缴纳的个人所得税如下。

依据《财政部 国家税务总局关于地方政府债券利息免征所得税问题的通知》（财税〔2013〕5 号）规定地方政府债券利息免税；《财政部 国家税务总局关于储蓄存款利息所得有关个人所得税政策的通知》（财税〔2008〕132 号）规定自 2008 年 10 月 9 日起，对储蓄存款利息所得暂免征收个人所得税。

$$1200 \times 20\% = 240（元）$$

【任务分析 5-17】丁一 8 月因持有两年前购买的境内某上市公司股票取得股票分红所得 3 500 元。计算丁一 8 月股票分红所得应缴纳的个人所得税。

解析 依据《财政部 国家税务总局证监会关于上市公司股息红利差别化个人所得税政策有关问题的通知》（财税〔2015〕101 号）第 1 条规定，个人从公开发行和转让市场取得的上市公司股票，持股期限超过 1 年的，股息红利所得暂免征收个人所得税。

丁一 8 月取得的上市公司股票分红收入应缴纳的个人所得税，应缴纳个人所得税 0 元。

2. 财产租赁所得应纳税额的计算

1）应纳税所得额的计算

（1）应纳税所得额的确定。

① 每次收入不足 4 000 元的：

应纳税所得额 = 每次（月）收入额 − 准予扣除项目 − 修缮费用（800 为限）−800

② 每次收入 4 000 元以上的：

应纳税所得额 =[每次（月）收入额 − 准予扣除项目 − 修缮费用（800 为限）]×（1−20%）

财产租赁收入扣除费用范围和顺序包括：税费、租金（财产转租情况下才有）、修缮费、法定扣除标准。

① 在出租财产过程中缴纳的税金和教育费附加等税费要有完税（缴款）凭证。

② 向出租方支付的租金。

③ 还准予扣除能够提供有效、准确的凭证，证明由纳税人负担的该出租财产实际开支的修缮费用（每月以 800 元为限，一次扣除不完的余额可无限期结转抵扣）。

④ 法定扣除标准为 800 元（减除上述后余额不超过 4 000 元）或 20%（减除上述后余额 4 000 元以上的）。

国家税务总局《关于个人转租房屋取得收入征收个人所得税问题解读稿》2009 年 11 月 26 日发布。文件对财产租赁所得个人所得税前扣除税费的扣除次序问题也重新进行了明确：在计算财产租赁所得个人所得税时，应首先扣除财产租赁过程中缴纳的税费；其次扣除个人向出租方支付的租金；再次扣除由纳税人负担的该出租财产实际开支的修缮费用；最后减除税法规定的费用扣除标准。即经上述减除后，如果余额不足 4 000 元，则减去 800 元，如果余额超过 4 000 元，则减去 20%。

（2）关于"次"的规定。

财产租赁所得以一个月内取得的收入为一次。

2）适用税率

（1）财产租赁所得适用 20% 的比例税率。

（2）2001 年 1 月 1 日起，对个人按市场价出租的住房，暂减按 10% 的税率征收个人所得税。应纳税额计算公式如下。

① 每次（月）收入额不足 4 000 元的：

应纳税额 = 应纳税所得额 × 适用税率

=[每次（月）收入额 − 允许扣除的项目 − 修缮费用（800 为限）−800]×20%

② 每次收入额在 4 000 元以上的：

应纳税额 = 应纳税所得额 × 适用税率

=[每次收入额 − 允许扣除的项目 − 修缮费用（800 为限）]×（1−20%）×20%

【任务分析 5-18】 丁一自 5 月 1 日起将自有的面积为 120 平方米的住房按市场价格出租给李某居住，当月取得不含增值税租金 4 500 元。计算丁一 5 月租金收入的个人所得税。

解析   5 月应纳税所得额 =4 500×（1−20%）=3 600（元）

              应纳个人所得税 =3 600×10%=360（元）

3. 财产转让所得应纳税额的计算

1）应纳税所得额的计算

财产转让所得，以转让财产的收入额减除财产原值和合理费用后的余额为应纳税所得额。"合理费用"是指卖出财产时按照规定支付的有关税费，经税务机关认定方可减除。

2）适用税率

财产转让所得适用 20% 的比例税率。

3）应纳税额计算公式

$$应纳税额 = 应纳税所得额 × 适用税率$$
$$= （收入总额 − 财产原值 − 合理税费）×20\%$$
$$应纳税额 = 应纳税所得额 × 适用税率$$

【任务分析 5-19】 丁一于 2021 年 9 月转让 2015 年购入的住房，购买原价 200 万元，售价 800 万元，个人将购买 2 年以上（含 2 年）的普通住房对外销售的，免征增值税，印花税为：800×0.5‰ ×50%=0.2（万元），交易费用 500 元。

解析   如果是个人转让自用 5 年以上并且是家庭唯一生活用房取得的所得，免征个人所得税。丁一购入住房不满 5 年，且不是家庭唯一住房，个人所得税计算如下。

$$（800−200−0.25）×20\%=119.95（万元）$$

5.3.4 居民个人综合所得应纳税额的汇算清缴

时间：次年 3 月 1 日至 6 月 30 日

1. 需要汇算清缴的情形

（1）在两处或者两处以上取得综合所得，且综合所得年收入额减去专项扣除的余额超过 6 万元。

（2）取得劳务报酬所得、稿酬所得、特许权使用费所得中一项或者多项所得，且综合所得年收入额减去专项扣除的余额超过 6 万元。

（3）纳税年度内预缴税额低于应纳税额的纳税人需要退税的，应当办理汇算清缴。

（4）对于只取得一处工资薪金所得的纳税人，可在日常预缴环节缴纳全部税款的，不需办理汇算清缴。

2. 汇算清缴公式

$$全年应纳税所得额 = 全年收入额 − 费用扣除标准（60\ 000 元）− 专项扣除$$
$$− 专项附加扣除 − 依法确定的其他扣除$$
$$全年应纳税额 = \sum（各级距应纳税所得额 × 该级距的适用税率）$$

或全年应纳税额＝应纳税所得额 × 适用税率 － 速算扣除数

汇算清缴补缴（应退）税额＝全年应纳税额 － 累计已纳税额

【任务分析5-20】丁一是北京万晟科技有限公司员工，2021年每月从任职企业取得工资、薪金收入30 000元，无免税收入；任职企业2021年每月按有关规定标准为其缴纳"三险一金"5 879.52元，从1月开始享受子女教育和赡养老人专项附加扣除共计2 000元，另外丁一2021年3月取得劳务报酬收入4 200元，取得稿酬收入5 000元，转让一项自动化专利技术7 000元，已知当年取得的三项所得已被支付方足额预扣预缴税款，合计2 352元（672+560+1 120），没有大病医疗和减免收入及减免税额等情况，请依照现行税法规定，为丁一进行综合所得个人所得税的汇算清缴（假设上述劳务报酬、稿酬、特许权使用费收入均为不含税收入）。

丁一综合所得年收入额＝工资、薪金收入额 ＋ 劳务报酬收入额 ＋ 稿酬收入额

＋ 特许权使用费收入额

＝30 000×12+4 200×（1－20%）+5 000×（1－20%）

×70%+7 000×（1－20%）=371 760（元）

丁一年应纳税所得额＝年收入额 －60 000－ 专项扣除 － 专项附加扣除

－ 依法确定的其他扣除

＝371 760－60 000－70 554.24－24 000=217 205.76（元）

丁一2021年综合所得应纳税额=217 205.76×20%－16 920=43 441.15－16 920

=26 521.15（元）

丁一年终汇算清缴应补（退）税额=26 521.15－24 169.15－2 352=0（元）

所以，年终汇算清缴不需要补退税。

5.3.5　居民个人全年一次性奖金的计税方法

居民个人取得全年一次性奖金收入，在2021年12月31日前，可不并入当年综合所得，以全年一次性奖金收入除以12个月得到的数额，按照按月换算后的综合所得税率表（月度税率表），确定适用税率和速算扣除数，单独计算纳税。计算公式如下。

应纳税额＝全年一次性奖金收入 × 适用税率 － 速算扣除数

在一个纳税年度内，对每一个纳税人，该计税方法只允许采用一次。雇员取得除全年一次性奖金以外的其他各种名目奖金，如半年奖、季度奖、加班奖等，一律与当月工资、薪金收入合并，按税法规定缴纳个人所得税。

居民个人取得全年一次性奖金，也可以选择并入当年综合所得计算纳税。

自2022年1月1日起，居民个人取得全年一次性奖金，应并入当年综合所得计算纳税。

根据《财政部 税务总局关于延续实施全年一次性奖金等个人所得税优惠政策的公告》（2021年第42号公告）第一条规定，全年一次性奖金单独计税优惠政策，执行期限延长至2023年12月31日。

计算步骤如下。

（1）找税率。将全年一次性奖金收入除以 12，按其商数确定适用税率和速算扣除数。

（2）算税额：计算公式如下。

$$应纳税额 = 全年一次性奖金收入 × 适用税率 - 速算扣除数$$

【案例 5-2】2022 年 1 月，刘志取得 2021 年全年一次性奖金 48 000 元，请依照现行税法规定，分析计算刘志取得的一次性奖金需要交纳个人所得税情况。

找税率：48 000÷12=4 000（元），查找综合所得税率表，适用税率为 10%，速算扣除数为 210。因此，刘志取得的全年一次性奖金应纳个人所得税为 48 000×10%-210=4 590（元）。

任务 5.4 个人所得税纳税申报

北京万晟科技有限公司在计算了个人所得税后，就可以进行个人所得税的纳税申报了。我国的个人所得税纳税申报有自行申报纳税和全员全额扣缴申报纳税两种方式。

5.4.1 个人所得税扣缴申报管理办法

《中华人民共和国个人所得税法》（以下简称《税法》）规定，个人所得税以所得人为纳税人，以支付所得的单位或者个人为扣缴义务人。扣缴义务人向个人支付应税款项时，应当依照个人所得税法规定预扣或者代扣税款，按时缴库，并专项记载备查。

5.4.2 个人所得税全员全额扣缴申报

1. 实行全员全额扣缴申报的应税所得范围

按照《税法》规定，扣缴义务人应当按照国家规定办理全员全额扣缴申报，并向纳税人提供其个人所得和已扣缴税款等信息。

全员全额扣缴申报是指扣缴义务人应当在代扣税款的次月 15 日内，向主管税务机关报送其支付所得的所有个人的有关信息、支付所得数额、扣缴事项和数额、扣缴税款的具体数额和总额以及其他相关涉税信息资料。

实行个人所得税全员全额扣缴申报的应税所得包括：① 工资、薪金所得；② 劳务报酬所得；③ 稿酬所得；④ 特许权使用费所得；⑤ 利息、股息、红利所得；⑥ 财产租赁所得；⑦ 财产转让所得；⑧ 偶然所得。

2. 扣缴义务人的法定义务

（1）扣缴义务人每月或者每次预扣、代扣的税款，应当在次月 15 日内缴入国库，并向税务机关报送《个人所得税扣缴申报表》。

（2）扣缴义务人首次向纳税人支付所得时，应当按照纳税人提供的纳税人识别号等基础信息，填写《个人所得税基础信息表（A 表）》，并于次月扣缴申报时向税务机关报送。

扣缴义务人对纳税人向其报告的相关基础信息变化情况，应当于次月扣缴申报时向税务机关报送。

（3）扣缴义务人向居民个人支付工资、薪金所得时，应当按照累计预扣法计算预扣税款，并按月办理扣缴申报。

（4）居民个人向扣缴业务人提供有关信息并依法要求办理专项附加扣除的，扣缴义务人应当按照规定在工资、薪金所得按月预扣预缴税款时予以扣除，不得拒绝。

（5）扣缴义务人向居民个人支付劳务报酬所得、稿酬所得、特许权使用费所得时，应当按照有关方法按次或者按月预扣预缴税款。

（6）扣缴义务人向非居民个人支付工资、薪酬所得，劳务报酬所得，稿酬所得和特许权使用费所得时，应当按照有关方法按月或者按次代扣代缴税款。

（7）扣缴义务人支付利息、股息、红利所得，财产租赁所得，财产转让所得或者偶然所得时，应当依法按次或者按月代扣代缴税款。

（8）纳税人需要享受税收协定待遇的，应当在取得应税所得时主动向扣缴义务人提出，并提交相关信息、资料，扣缴义务人代扣代缴税款时按照享受税收协定待遇有关办法处理。

（9）支付工资、薪金所得的扣缴义务人应当于年度终了后两个月内，向纳税人提供其个人所得和已扣缴税款等信息。纳税人年度中间需要提供上述信息的，扣缴义务人应当提供。

（10）纳税人取得除工资、薪金所得以外的其他所得，扣缴业务人应当在扣缴税款后，及时向纳税人提供其个人所得和已扣缴税款等信息。

（11）扣缴义务人应当按照纳税人提供的信息计算税款、办理扣缴申报，不得擅自更改纳税人提供的信息。

扣缴业务人发现纳税人提供的信息与实际情况不符的，可以要求纳税人修改。纳税人拒绝修改的，扣缴义务人应当报告税务机关，税务机关应当及时处理。

纳税人发现扣缴业务人提供或者扣缴申报的个人信息、支付所得，扣缴税款等信息与实际情况不符的，有权要求扣缴义务人修改。扣缴义务人拒绝修改的，纳税人应当报告税务机关，税务机关应当及时处理。

（12）扣缴义务人对纳税人提供的《个人所得税专项附加扣除信息表》，应当按照规定妥善保存备查。

（13）扣缴义务人应当依法对纳税人报送的专项附加扣除等相关涉税信息和资料保密。

（14）扣缴义务人依法履行代扣代缴义务，纳税人不得拒绝。纳税人拒绝的，扣缴义务人应当及时报告税务机关。

（15）扣缴义务人未按照规定向税务机关报送资料和信息、未按照纳税人提供信息虚报虚扣专项附加扣除、应扣未扣税款、不缴或少缴已扣税款、借用或冒用他人身份等行为的，依照《税收征管法》等相关法律、行政法规处理。

3. 代扣代缴税款的手续费

税务机关对应扣缴义务人按照规定扣缴的税款（不包括税务机关、司法机关等查补或者责令补扣的税款），按年付给2%的手续费，扣缴义务人领取的扣缴手续费可用于提升办税能力、奖励办税人员。

【任务分析 5-21】根据北京万晟科技有限公司 2021 年度 1 月工资表进行个人所得税全员预扣预缴申报。申报流程如图 5-1 所示。

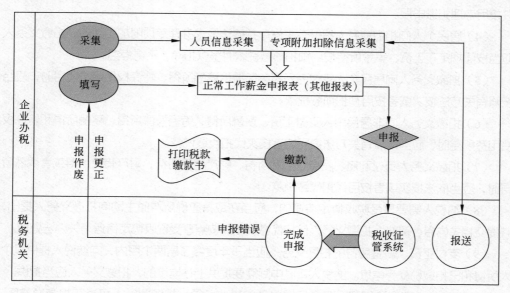

图 5-1　个人所得税全员预扣预缴申报流程

5.4.3　自行纳税申报管理

自行申报纳税是指在税法规定的纳税期限内，由纳税人自行向税务机关申报取得的应税所得项目和数额，如实填写个人所得税纳税申报表，并按依法规定计算应纳税额，据此缴纳个人所得税的一种纳税方法。

根据《税法》规定，有下列情形之一的纳税人应当依法办理纳税申报。

（1）取得综合所得需要办理汇算清缴。

（2）取得应税所得没有扣缴义务人。

（3）取得应税所得，扣缴义务人未扣缴税款。

（4）取得境外所得。

（5）因移居境外注销中国户籍。

（6）非居民个人在中国境内从两处以上取得工资、薪金所得。

（7）国务院规定的其他情形。

5.4.4　居民取得综合所得需要办理汇算清缴的纳税申报

1. 办理汇算清缴

取得综合所得且符合下列情形之一的纳税人应当依法办理汇算清缴。

（1）从两处以上取得综合所得，且综合所得年收入额减除专项扣除后的余额超过 6 万元。

（2）取得劳务报酬所得、稿酬所得、特许权使用费所得中一项或者多项所得，且综合所得年收入额减除专项扣除的余额超过 6 万元。

（3）纳税年度内预缴税款低于应纳税额。

（4）纳税人申请退税。

需要办理汇算清缴的纳税人，应当在取得所得的次年3月1日至6月30日内，向任职、受雇单位所在地主管税务机关办理纳税申报，并报送《个人所得税年度自行纳税申报表》。纳税人有两处以上任职、受雇单位的，选择向其中一处任职、受雇单位所在地主管税务机关办理纳税申报；纳税人没有任职、受雇单位的，向户籍所在地或者经常居住地主管税务机关办理纳税申报。

纳税人办理综合所得汇算清缴，应当准备与收入、专项扣除、专项附加扣除、依法确定的其他扣除、捐赠、享受税收优惠等相关的资料，并按规定留存备查或者报送。

【任务分析5-22】根据北京万晟科技有限公司员工丁一2021年度综合所得，进行个人所得税汇算清缴（注意：丁一取得的全年一次性奖金并入其当年综合所得计算纳税）。

2. 取得经营所得的纳税申报

个体工商户业主、个人独资企业投资者、合伙企业个人合伙人、承包承租经营者个人以及其他从事生产、经营活动的个人取得经营所得，按年计算个人所得税，由纳税人在月度或季度终了后15日内，向经营管理所在地主管税务机关办理预缴纳税申报，并报送《个人所得税经营所得纳税申报表（A表）》。在取得所得的次年3月31日前，向经营管理所在地主管税务机关办理汇算清缴，并报送《个人所得税经营所得纳税申报表（B表）》；从两处以上取得经营所得的，选择向其中一处经营管理所在地主管税务机关办理年度汇总申报，并报送《个人所得税经营所得税纳税申报表（C表）》。

3. 取得应税所得，扣缴义务人未扣缴税款的纳税申报

纳税人取得应税所得，扣缴义务人未扣缴税款的，应当区别以下情形办理纳税申报。

（1）居民个人取得综合所得的，按照前述"取得综合所得需要办理汇算清缴的纳税申报"相关规定办理。

（2）非居民个人取得工资、薪金所得，劳务报酬所得，稿酬所得，特许权使用费所得的，应当在取得所得的次年6月30日前，向扣缴义务人所在地主管税务机关办理纳税申报，并报送《个人所得税自行纳税申报表（A表）》。有两个以上扣缴义务人均未扣缴税款的，选择向其中一处扣缴义务人所在地主管税务机关办理纳税申报。

非居民个人在次年6月30日前离境（临时离境除外）的，应当在离境前办理纳税申报。

（3）纳税人取得利息、股息、红利所得，财产租赁所得，财产转让所得和偶然所得的，应当在取得所得的次年6月30日前，按相关规定向主管税务机关办理纳税申报，并报送《个人所得税自行纳税申报表（A表）》。

税务机关通知限期缴纳的，纳税人应当按照期限缴纳税款。

4. 非居民个人在中国境内从两处以上取得工资、薪金所得的纳税申报

非居民个人在中国境内从两处以上取得工资、薪金所得的，应当在取得所得的次月15日内，向其中一处任职、受雇单位所在地主管税务机关办理纳税申报，并报送《个人所得税自行纳税申报表（A表）》。

5. 个人所得税扣缴申报

个人所得税扣缴申报如表5-9所示。

表 5-9　个人所得税扣缴申报表

扣缴义务人名称：北京万嘉科技有限公司
扣缴义务人纳税人识别号（统一社会信用代码）：9110105246...

序号	姓名	身份证件类型	身份证件号码	纳税人识别号	是否为非居民个人	所得项目	收入额计算			减除费用	专项扣除				其他扣除				
							收入	费用	免税收入		基本养老保险费	基本医疗保险费	失业保险费	住房公积金	年金	商业健康保险	税延养老保险	财产原值	
1	2	3	4	5	6	7	8	9	10	11	12	13	14	15	16	17	18	19	
1	孙心	居民身份证	22001219890907	220012198909070983	否	工资薪金所得	33000.00			5000.00	1885.20	660.00	66.00	3334.32					
2	丁一	居民身份证	11010019880205	110100198805050564	否	工资薪金所得	30000.00			5000.00	1885.20	600.00	60.00	3334.32					
3	刘阳	居民身份证	33001519920911	330015199209110567	否	工资薪金所得	16300.00			5000.00	1304.00	326.00	32.60	1956.00					
4	胡军	居民身份证	34062319900706	340623199007062292	否	工资薪金所得	22430.00			5000.00	1794.40	448.60	44.86	2691.60					
5	赵其	居民身份证	42001719980824	420017199808241919	否	工资薪金所得	10520.00			5000.00	841.60	210.40	21.04	1262.40					
6	张磊	居民身份证	22104519911125	221045199111250989	否	工资薪金所得	10140.00			5000.00	811.20	202.80	20.28	1216.80					
7	刘玉	居民身份证	22001219951225	220012199512250606	否	工资薪金所得	10100.00			5000.00	808.00	202.00	20.20	1212.00					
8	胡瑞	居民身份证	21076119920321	210761199203215776	否	工资薪金所得	9600.00			5000.00	768.00	192.00	19.20	1152.00					
9	逆婷	居民身份证	35609119870909	356091198709090738	否	工资薪金所得	7720.00			5000.00	617.60	154.40	15.44	926.40					
10	李馨	居民身份证	42002719961012	420027199610122782	否	工资薪金所得	8600.00			5000.00	688.00	172.00	17.20	1032.00					
				合计	0.00		158410.00	0.00	0.00	50000.00	11403.20	3168.20	316.82	18117.84	0.00	0.00	0.00	0.00	

谨声明：本表是根据国家税收法律法规及相关规定填报的，是真实的、可靠的、完整的。

经办人签字：
经办人身份证件号码：
代理机构签章：
代理机构统一社会信用代码：

扣缴义务人（签章）：　　　　　　　　　　年　　月　　日

允许扣除的税费	其他	累计收入额	累计减除费用	累计专项扣除	累计专项附加扣除						减按计税比例	准予扣除的捐赠额	累计应纳税所得额	税率/预扣率	速算扣除数	应纳税额	减免税额	已缴税额	应补/退税额	备注
					子女教育	赡养老人	住房贷款利息	住房租金	继续教育	其他										
20	21	22	23	24	25	26	27	28	29	30	31	32	33	34	35	36	37	38	39	40
		33000.00	5000.00	5945.52							1.00		22054.48	0.03		661.63			661.63	
		30000.00	5000.00	5879.52		1000.00					1.00		17120.48	0.03		513.61			513.61	
		16300.00	5000.00	3618.60	1000.00						1.00		7681.40	0.03		230.44			230.44	
		22430.00	5000.00	4979.46							1.00		12450.54	0.03		373.52			373.52	
		10520.00	5000.00	2335.44							1.00		3184.56	0.03		95.54			95.54	
		10140.00	5000.00	2251.08							1.00		2888.92	0.03		86.67			86.67	
		10100.00	5000.00	2242.20							1.00		2857.80	0.03		85.73			85.73	
		9600.00	5000.00	2131.20							1.00		2468.80	0.03		74.06			74.06	
		7720.00	5000.00	1713.84							1.00		1006.16	0.03		30.18			30.18	
		8600.00	5000.00	1909.20							1.00		1690.80	0.03		50.72			50.72	
0.00	0.00	158410.00	50000.00	33006.06	1000.00	1000.00	0.00	0.00	0.00	0.00	10.00	0.00	73403.94	0.30	0.00	2202.12	0.00	0.00	2202.12	

受理人：

受理税务机关（章）：　　年　　月　　日

个人所得税扣缴申报表（1月）申报解析如下。

扣缴义务人名称：北京万晟科技有限公司

扣缴义务人纳税人识别号（统一社会信用代码）：91110105248639687A

（1）第1行第2列：孙心。

（2）第1行第3列：居民身份证。

（3）第1行第4列：2001219890907××××。

（4）第1行第5列：2001219890907××××。

（5）第1行第6列：否。

（6）第1行第7列：工资、薪金所得。

（7）第1行第8列：33 000.00。

（8）第1行第11列：5 000.00。（本月减除费用为5 000元）

（9）第1行第12列：1 885.20。

（10）第1行第13列：660.00。

（11）第1行第14列：66.00。

（12）第1行第15列：3 334.32。

（13）第1行第22列：33 000.00。（累计收入额为33 000×1=33 000（元））

（14）第1行第23列：5 000.00。（累计减除费用为5 000×1=5 000（元））

（15）第1行第24列：5 945.52。（累计专项扣除为（1 885.20+660+66+3 334.32）×1=5 945.52（元））

（16）第1行第33列：23 460.00。（应纳税所得额为33 000−5000−5 945.52=22 054.48（元））

（17）第1行第34列：3%。

查看综合所得个人所得税预扣率表可知，预扣率为3%，速算扣除数为0。

注意：①其他员工工资薪金所得填写参照如上；②工资薪金所得其他数据自动生成。

6. 个人所得税年度自行纳税申报

个人所得税年度自行纳税申报表（A表）如表5-10所示。

表5-10 个人所得税年度自行纳税申报表（A表）

（仅取得境内综合所得年度汇算适用）

税款所属期：2021年1月1日至2021年12月31日

纳税人姓名：丁一

纳税人识别号：11010019880205××××　　　　　　　　　　　　金额单位：人民币元（列至角分）

基 本 情 况				
手机号码	13638606666	电子邮箱	st13638606666@163.com	邮政编码 100000
联系地址	北京省（区、市）朝阳市江汉区（县）松柏街道（乡、镇）松柏路33号			
纳税地点（单选）				
1. 有任职受雇单位的，需选本项并填写"任职受雇单位信息"：			√任职受雇单位所在地	
任职受雇单位信息	名称	北京万晟科技有限公司		
	纳税人识别号	91110105248639687A		
2. 没有任职受雇单位的，可以从本栏次选择一地：			□ 户籍所在地　　　□ 经常居住地	

户籍所在地 / 经常居住地	___省（区、市）___市___区（县）___街道（乡、镇）___		

申报类型（单选）

√ 首次申报　　　　　　　　□ 更正申报

综合所得个人所得税计算

项　目	行次	金　额
一、收入合计（第 1 行＝第 2 行＋第 3 行＋第 4 行＋第 5 行）	1	376 200.00
（一）工资、薪金	2	360 000.00
（二）劳务报酬	3	4 200.00
（三）稿酬	4	5 000.00
（四）特许权使用费	5	7 000.00
二、费用合计 [第 6 行＝（第 3 行＋第 4 行＋第 5 行）×20%]	6	3 240.00
三、免税收入合计（第 7 行＝第 8 行＋第 9 行）	7	1 200.00
（一）稿酬所得免税部分 [第 8 行＝第 4 行 ×（1－20%）×30%]	8	1 200.00
（二）其他免税收入（附报《个人所得税减免税事项报告表》）	9	
四、减除费用	10	60 000.00
五、专项扣除合计（第 11 行＝第 12 行＋第 13 行＋第 14 行＋第 15 行）	11	70 554.24
（一）基本养老保险费	12	22 622.40
（二）基本医疗保险费	13	7 200.00
（三）失业保险费	14	720.00
（四）住房公积金	15	40 011.84
六、专项附加扣除合计（附报《个人所得税专项附加扣除信息表》）（第 16 行＝第 17 行＋第 18 行＋第 19 行＋第 20 行＋第 21 行＋第 22 行）	16	24 000.00
（一）子女教育	17	12 000.00
（二）继续教育	18	
（三）大病医疗	19	
（四）住房贷款利息	20	
（五）住房租金	21	
（六）赡养老人	22	12 000.00
七、其他扣除合计（第 23 行＝第 24 行＋第 25 行＋第 26 行＋第 27 行＋第 28 行）	23	0.00
（一）年金	24	
（二）商业健康保险（附报《商业健康保险税前扣除情况明细表》）	25	
（三）税延养老保险（附报《个人税收递延型商业养老保险税前扣除情况明细表》）	26	
（四）允许扣除的税费	27	
（五）其他	28	
八、准予扣除的捐赠额（附报《个人所得税公益慈善事业捐赠扣除明细表》）	29	
九、应纳税所得额（第 30 行＝第 1 行－第 6 行－第 7 行－第 10 行－第 11 行－第 16 行－第 23 行－第 29 行）	30	217 205.76
十、税率（%）	31	20%
十一、速算扣除数	32	16 920.00
十二、应纳税额（第 33 行＝第 30 行 × 第 31 行－第 32 行）	33	26 521.15

续表

全年一次性奖金个人所得税计算（无住所居民个人预判为非居民个人取得的数月奖金，选择按全年一次性奖金计税的填写本部分）

项　目	行次	金　额
一、全年一次性奖金收入	34	
二、准予扣除的捐赠额（附报《个人所得税公益慈善事业捐赠扣除明细表》）	35	
三、税率（%）	36	
四、速算扣除数	37	
五、应纳税额［第38行＝（第34行－第35行）×第36行－第37行］	38	0.00
税额调整		
一、综合所得收入调整额（需在"备注"栏说明调整具体原因、计算方式等）	39	
二、应纳税额调整额	40	
应补／退个人所得税计算		
一、应纳税额合计（第41行＝第33行＋第38行＋第40行）	41	26 521.15
二、减免税额（附报《个人所得税减免税事项报告表》）	42	
三、已缴税额	43	26 521.15
四、应补／退税额（第44行＝第41行－第42行－第43行）	44	0.00

无住所个人附报信息			
纳税年度内在中国境内居住天数		已在中国境内居住年数	

退税申请（应补／退税额小于0的填写本部分）

申请退税（需填写"开户银行名称""开户银行省份""银行账号"）　　□ 放弃退税

开户银行名称	招商银行（朝阳分行营业部）	开户银行省份	北京市
银行账号	621485651468××××		

备注

谨声明：本表是根据国家税收法律法规及相关规定填报的，本人对填报内容（附带资料）的真实性、可靠性、完整性负责。

纳税人签字：　　年　月　日

经办人签字：	受理人：
经办人身份证件类型：	
经办人身份证件号码：	受理税务机关（章）：
代理机构签章：	
代理机构统一社会信用代码：	受理日期：　　年　月　日

　　个人所得税年度自行纳税申报表（A表）申报解析如下。

　　本项目业务（1）、业务（2）属于综合所得，需要填列本表；业务（3）为财产租赁所得，不属于综合所得，不需要填列本表；业务（4）为经营所得，需填列《个人所得税经营所得纳税申报表（B表）》，不需要填列本表；业务（5）、业务（6）为利息、股息、红利所得，不属于综合所得，不需要填列本表。

（1）基本情况如下。

姓名：丁一

纳税人识别号：11010019880205××××

手机号码：1363860××××

电子邮箱：st1363860××××@163.com

邮政编码：10××××

联系地址：北京市朝阳区松柏街道松柏路××号

（2）纳税地点如下。

任职受雇单位所在地："√"

任职单位名称：北京万晟科技有限公司

任职单位纳税人识别号：91110105248639××××

（3）申报类型：首次申报。

（4）申报数据如下。

① 第2行：360 000.00。（根据业务（1）可知，工资、薪金金额为30 000×12=360 000（元））

② 第3行：4 200.00。（根据业务（2）可知）

③ 第4行：5 000.00。（根据业务（2）可知）

④ 第5行：7 000.00。（根据业务（2）可知）

⑤ 第10行：60 000.00。（根据《国家税务总局关于办理2019年度个人所得税综合所得汇算清缴事项的公告》（国家税务总局公告2019年第44号）可知，减除费用为6万元。）

⑥ 第12行：22 622.40。（根据业务（1）可知，基本养老保险费为1 885.20×12=22 622.40（元））

⑦ 第13行：7 200.00。（根据业务（1）可知，基本医疗保险费为660×12=7 200（元））

⑧ 第14行：720.00。（根据业务（1）可知，失业保险费为66×12=720（元））

⑨ 第15行：40 011.84。（根据业务（1）可知，住房公积金为3 334.32×12=40 011.84（元））

⑩ 第17行：12 000.00。（根据业务（1）可知，子女教育为1 000×12=12 000（元））

⑪ 第22行：12 000.00。（根据业务（1）可知，赡养老人为1 000×12=12 000（元））

⑫ 第31行：20%。（查找综合所得税率，应纳税所得额217 205.76元对应的税率为20%）

⑬ 第32行：16 920.00。（查找综合所得税率，税率20%对应的速算扣除数为16 920元）

⑭ 第43行：26 521.15。（根据业务（1）、（2）可知，已缴税额为26 521.15元）

任务5.5　个人所得税筹划管理

高收入人群需要缴纳更高的税费，个人所得税的税率最高可达45%。做好个人所得税的筹划管理，有利于减少个人自身的偷税、漏税等税收违法行为的发生，也将直接给个人带来更多的经济利益，同时正确引导个人所得税的纳税筹划对我国纳税人及税收经济发展具有比较重要的现实意义。

5.5.1 工资的个人所得税筹划

在个人所得税征收中，综合所得，适用3%~45%的超额累进税率；经营所得，适用5%~35%的超额累进税率；利息、股息、红利所得，财产租赁所得，财产转让所得和偶然所得，适用比例税率，税率为20%。

【案例5-3】员工刘鑫于2021年4月，在个税App端进行个人所得税汇算清缴申报。刘鑫2020年只有工资收入，总额是188 000元。专项扣除合计28 000元，专项附加扣除合计42 000元，无其他扣除，他在2020年10月有一笔奖金30 000元。从税收筹划的角度分析一下这笔奖金是并入当年综合所得申报还是单独申报？

筹划思路 根据税法规定，居民个人取得全年一次性奖金，在2023年12月31日前可以不并入当年综合所得，以全年一次性奖金收入，除以12个得到的数额确定适用税率和速算扣除数，单独计算纳税；也可以选择并入当年综合所得计算纳税。

方案1：并入当年综合所得申报。

综合所得 = 纳税年度的综合收入额 − 基本费用60 000元 − 专项扣除
 − 专项附加扣除 − 其他扣除

年应纳税额 = 年综合所得 × 适用税率 − 速算扣除数
 = （188 000−60 000−28 000−42 000）× 适用税率 − 速算扣除数
 = 58 000×10%−2 520 = 3 280（元）

方案2：单独申报。

奖金应纳税额 = 30 000÷12 = 2 500（元）

以此确定税率为3%，速算扣除数为0。

应纳税额 = 30 000×3% = 900（元）

除奖金外工资应纳税额 = （188 000−30 000−60 000−28 000−42 000）×3% = 840（元）
年度总个人所得税税额 = 900+840 = 1 740（元）

从税收筹划的角度分析，方案2比方案1节税3 280−1 740 = 1 540（元），所以刘志应该选择方案2，单独申报年终奖。

5.5.2 子女教育专项附加扣除

自2019年1月1日起，个人所得税法修正案施行，子女教育支出、继续教育、大病医疗等6项专项附加扣除，将更有力地释放个税改革红利，2022年1月1日起，又增加了纳税人照护3岁以下婴幼儿子女的相关支出可定额扣除的规定。作为重要的分配法之一，个人所得税法的正当性基础是可税性原理所蕴含的"收益性"要素。个人取得的收入首先是为了满足自己和家庭成员的生存需要。因此，在教育支出不断攀升并成为居民家庭支出主要部分以及全面二孩政策实施等背景下，"子女教育支出"一项的扣除，既有开创意义，也有现实价值。

【案例5-4】某公司员工谢海有个独生子在上小学，今年税前工资、薪金收入共计

120 000 元，本年专项扣除和依法确定的其他扣除合计为 19 500 元，专项附加扣除只有子女教育这一项符合税法扣除规定。谢海的妻子税前工资、薪金收入共计 220 000 元，本年专项扣除和依法确定的其他扣除合计为 56 500 元，专项附加扣除也只有子女教育这一项符合税法扣除规定，那么谢海采用哪种扣税方法更合适？

筹划思路 目前谢海有 3 种扣除方式可以选择：① 子女教育专项附加按扣除标准的 100% 由谢海全额扣除；② 子女教育专项附加按扣除标准的 100% 由谢海妻子全额扣除；③ 夫妻二人各按扣除标准的 50% 扣除。

方案 1：子女教育专项附加按扣除标准的 100% 由谢海全额扣除。

谢海本年综合所得的应纳税所得额 = 120 000 − 60 000 − 19 500 − 1 000 × 12

$$= 28\ 500（元）$$

谢海妻子本年综合所得的应纳税所得额 = 220 000 − 60 000 − 56 500 = 103 500（元）

谢海本年应纳个人所得税 = 28 500 × 3% = 855（元）

谢海妻子本年应纳个人所得税 = 103 500 × 10% − 2 520 = 7830（元）

方案 2：子女教育专项附加按扣除标准的 100% 由谢海妻子全额扣除。

谢海本年综合所得的应纳税所得额 = 120 000 − 60 000 − 19 500 = 40 500（元）

谢海妻子本年综合所得的应纳税所得额 = 220 000 − 60 000 − 56 500 − 1 000 × 12

$$= 91\ 500（元）$$

谢海本年应纳个人所得税 = 40 500 × 3% = 1 215（元）

谢海妻子本年应纳个人所得税 = 91 500 × 10% − 2 520 = 6 630（元）

方案 3：夫妻二人各按扣除标准的 50% 扣除。

谢海本年综合所得的应纳税所得额 = 120 000 − 60 000 − 19 500 − 500 × 12 = 34 500（元）

谢海妻子本年综合所得的应纳税所得额 = 220 000 − 60 000 − 56 500 − 500 × 12

$$= 97\ 500（元）$$

谢海本年应纳个人所得税 = 34 500 × 3% = 1 035（元）

谢海妻子本年应纳个人所得税 = 97 500 × 10% − 2 520 = 7 230（元）

因此，从节税的角度来看，应该选择方案 2，由谢海妻子 100% 扣除。

5.5.3 工资薪金转化为福利的税务筹划

工资薪金是属于个人所得税的征收项目，而没有列入公司的福利费。福利费虽然扣除限额为工资薪金的 14%，超过部分不得在所得税前扣除，但是在范围之内是可以税前扣除的，对于企业来说如果能将一些工资性质的支出转化为提高员工福利的形式就起到一定的避税效果，对于个人来说，有时也可以达到节税的效果。

【案例 5-5】 孙经理每个月工资 12 500 元（不含住房补贴），每月缴纳三险一金 2 600 元，专项附加扣除除了租房的专项扣除，没有其他附加扣除。公司给出了两种租房方案：① 公司每个月给她住房补贴 3 000 元，算入工资里面，自己租房住；② 公司提供集体宿舍，没有补贴。如果自己租房的话每个月房租 2 500 元，再加 500 元的交通费。

筹划思路 由于提供集体宿舍，属于人人有份但不可分割，因而发生的有关房屋费用计入福利费。福利费的扣除限额为工资薪金的14%，可在税前扣除。列入企业员工工资薪金制度、固定与工资薪金一起发放的福利性补贴，可作为企业发生的工资薪金支出，按规定在税前扣除。此案例在分析时应区分两种方案下员工的实际收益，收益高的方案为最优方案。

方案1：

累计收入 $= （12\,500 + 3\,000） \times 12 = 186\,000$（元）

累计减除费用 $= 60\,000$ 元

累计专项扣除 $= 2\,600 \times 12 = 31\,200$（元）

累计专项附加扣除 $= 1\,500 \times 12 = 18\,000$（元）

应交税所得额 $= 186\,000 - 60\,000 - 31\,200 - 18\,000 = 76\,800$（元）

应交个人所得税 $= 76\,800 \times 10\% - 2\,520 = 5\,160$（元）

实收工资 $= 186\,000 - 31\,200 - 5\,160 - 3\,000 \times 12 = 113\,640$（元）

方案2：

累计收入 $= 12\,500 \times 12 = 150\,000$（元）

累计减除费用 $= 60\,000$ 元

累计专项扣除 $= 2\,600 \times 12 = 31\,200$（元）

累计专项附加扣除 $= 0$ 元

应交税所得额 $= 150\,000 - 60\,000 - 31\,200 - 0 = 58\,800$（元）

应交个人所得税 $= 58\,800 \times 10\% - 2\,520 = 3\,360$（元）

实收工资 $= 150\,000 - 31\,200 - 3\,360 = 115\,440$（元）

从节税的角度看，应选择方案2，公司集体宿舍会帮助节约个人所得税金额1800元（$5\,160 - 3\,360$），净报酬额增加1800元（$115\,440 - 113\,640$）。

5.5.4 特许权使用费的筹划

特许权使用费所得，是指个人供应专利权、商标权、著作权、非专利技术，以及其他特许权的使用权取得的所得。在这方面的税收筹划对于从事高科技研究、创造等人来讲，意义特别重大。

【案例5-6】谢海每年工资的综合所得应纳税所得额为60000元，去年取得了一项专利，授予公司使用10年，专利费总额1000000元。公司给提供了三个方案：① 每年支付专利费100000元，共支付10次；② 每两年支付专利费200000元，共支付5次；③ 每五年支付专利费500000元，共支付2次。应该怎么选择？

筹划思路 三种方案的付款方式不同，适用的税率也不相同，因此应该选择收入最多的方案。

方案1：

每次支付专利费 $= 100\,000$ 元

支付专利费当年需缴纳个税 $= [60\,000 + 100\,000 \times （1 - 20\%）] \times 10\% - 2\,520 = 11\,480$（元）

支付次数 $= 10$ 次

10年缴纳个税合计数 $= 11\,480 \times 10 = 114\,800$（元）

10年税后收入 $= （60\,000 + 100\,000） \times 10 - 114\,800 = 1\,485\,200$（元）

方案 2：

每次支付专利费 = 200 000 元

支付专利费当年需缴纳个税 = [60 000+200 000×（1−20%）]×20%−16 920 = 27 080（元）

支付次数 = 5 次

10 年缴纳个税合计数 = （60 000×10%−2 520）×5+27 080×5 = 152 800（元）

10 年税后收入 = 60 000×10+200 000×5−152 800 = 1 447 200（元）

方案 3：

每次支付专利费 = 500 000 元

支付专利费当年需缴纳个税 = [60 000+500 000×（1−20%）]×30%−52 920 = 85 080（元）

支付次数 = 2 次

10 年缴纳个税合计数 = （60 000×10%−2 520）×8+85 080×2 = 198 000（元）

10 年税后收入 = 60 000×10+500 000×2−198 000 = 1 402 000（元）

　　根据以上计算，应选择收入最多的方案 1。

模 块 小 结

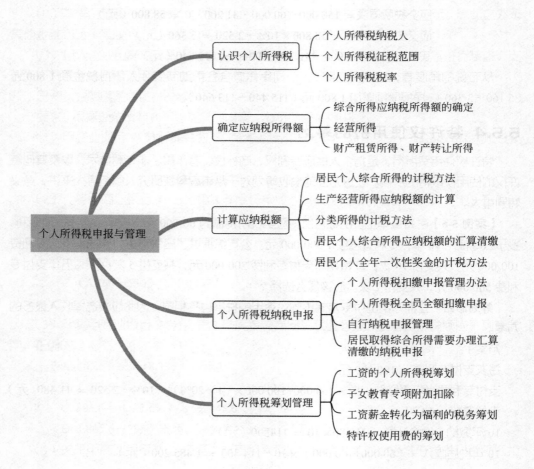

训　练　5

一、单项选择题

1. 居民纳税人赵某2021年6月工资收入为30 000元人民币，其中含差旅费津贴1 000元和托儿补助费500元，个人缴纳三险一金2 200元。已知赵某2021年每月收入金额相等，工资、薪金所得减除费用标准为每月5 000元，赵某无专项附加扣除和其他扣除项目，应纳税所得额超过36 000元至144 000元的适用预扣率为10%，速算扣除数2 520元，前五个月已预交个人所得税8 130元，则计算单位代扣代缴赵某6月应缴纳个人所得税的下列算式中，正确的是（　　）。

A.（30 000－5 000）×6×10% －2 520－8 130 = 4 350（元）

B.（30 000－1 000－500－5 000）×6×10% －2 520－8 130 = 3 450（元）

C.（30 000－1 000－500－5 000－2 200）×6×10% －2 520－8 130 = 2 130（元）

D.（30 000－500－2 200－5 000）×6×10% －2 520－8 130 = 2 730（元）

2. 某设计师为居民纳税人，业余时间为一非受雇企业做某项产品的设计，前两个月企业先支付了30 000元酬劳，第三个月设计完成后，又支付了剩余的50 000元，已知劳务报酬所得每次应纳税所得额超过20 000元至50 000元的，适用预扣率为30%，速算扣除数2 000，超过50 000元的，适用预扣率为40%，速算扣除数7 000；则计算该企业应代扣代缴该设计师的个人所得税的下列算式中，正确的是（　　）。

A.（30 000+50 000）×（1－20%）×40% －7 000 = 18 600（元）

B.（30 000+50 000）×40% －7 000 = 25 000（元）

C. 30 000×（1－20%）×30% – 2 000+50 000×（1－20%）×30% －2 000 = 15 200（元）

D. 30 000×30% －2 000+50 000×30% －2 000 = 20 000（元）

3. 个人因公务用车和通信制度改革而取得的公务用车、通信补贴收入，扣除一定标准的公务费用后，按照（　　）项目缴纳个人所得税。

A. 劳务、报酬所得　　　　　　　　　　B. 经营所得

C. 工资薪金所得　　　　　　　　　　　D. 偶然所得

4. 张教授的学生王某2020年购入一间价值20万元的住房，将其赠予了张教授，受赠房屋时张教授缴纳相关税费6.5万元，2019年年初张教授把该房屋转让，取得转让收入40万元，转让时缴纳除个人所得税之外的其他税费5.5万元，张教授2021年应缴纳个人所得税为（　　）万元。

A. 4　　　　　　　B. 2.9　　　　　　　C. 2　　　　　　　D. 1.6

5. 李某于2021年11月将市区自有住房出租，月不含税租金1 600元，租金19 200元，租期一年，租金每月收取。不考虑其他相关税费，其2019年应纳的个人所得税为（　　）元。

A. 180　　　　　　B. 160　　　　　　C. 310　　　　　　D. 320

6. 王某2021年12月的工资单由如下项目构成：基本工资8 000元，加班费400元，奖金1 000元，差旅费津贴600元，按规定扣缴的"三险一金"为720元。王某当月应缴纳个

人所得税（　　）元。

  A. 68.4   B. 80.4   C. 158   D. 230

7. 下列所得应按"工资薪金所得"缴纳个人所得税的是（　　）。

  A. 取得年终加薪

  B. 出租车属个人所有，但挂靠出租汽车经营单位或企事业单位，驾驶员向挂靠单位缴纳管理费的

  C. 个人从事彩票代销业务而取得的

  D. 所得误餐补助

8. 2021 年 10 月李某受邀讲学取得收入 5 000 元。已知劳务报酬所得适用的预扣率见居民个人劳务报酬所得预扣率表。李某当月讲学收入应预缴个人所得税税额的下列算式中，正确的是（　　）。

  A.（5 000－800）×20% = 30（万元） B. 50 000÷（1－20%）×20% = 1 250（元）

  C. 5 000×20% = 1 000（元） D. 5 000×（1－20%）×20% = 800（元）

9. 约翰赵是我国个人所得税的非居民纳税人，2021 年 4 月，在我国某大学授课一次取得课酬 8 000 元，支付交通费 200 元。已知劳务报酬所得每次应纳税所得额超过 3 000 元至 12 000 元的部分，适用税率为 10%，速算扣除数 210。约翰赵当月该笔收入应缴纳个人所得税税额的下列计算中，正确的是（　　）。

  A.（8 000－200）×（1－20%）×10% －210 = 414（元）

  B. 8 000×（1－20%）×10% －210－200 = 230（元）

  C. [8 000×（1－20% －200]×10% －210 = 410（元）

  D. 8 000×（1－20%）×10% － 210 = 430（元）

10. 某保险代理人郑某 2021 年 3 月与北京某家保险公司签约，提供兼职代理业务，其 5 月份取得佣金收入 5 万元、奖励费收入 1 万元。下列关于郑某取得佣金收入缴纳个人所得税的说法中，正确的是（　　）。

  A. 郑某的佣金收入应按照"工资薪金所得"计算征税

  B. 郑某取得的奖励费收入并非佣金，因此不缴纳个人所得税

  C. 郑某的佣金收入应按照"劳务报酬所得"计算征税

  D. 郑某在税前扣除的展业成本，为佣金收入 5 万元的 40%

11. 2021 年 4 月，中国公民李某在某杂志发表专业文章一篇，取得稿酬 3 500 元。根据个人所得税法律制度的规定，在计算李某 2019 年综合所得的应纳税所得额时该项收入应确认的收入额时下列算式正确的是（　　）。

  A. 3 500×（1－20%）   B. 3 500×（1－20%）×70%

  C. 3 500－800   D.（3 500－800）×70%

12. 某个人独资企业 2021 年度销售收入为 272 000 元，发生广告费和业务宣传费 50 000 元。根据个人所得税法律制度的规定，该企业当年可以在税前扣除的广告费和业务宣传费最高为（　　）元。

  A. 30 000   B. 38 080   C. 40 800   D. 50 000

13. 2021 年 10 月，张某为国内某公司提供设计服务，取得劳务报酬所得 5 000 元。已知

劳务报酬所得每次收入不超过 4 000 元的,减除费用按 800 元计算;每次收入 4 000 元以上的,减除费用按 20% 计算;预扣预缴应纳税所得额不超过 20 000 元的,预扣率为 20%。根据个人所得税法律制度的规定,该公司为张某预扣预缴的个人所得税税额为（　　　）元。

    A. 1 000　　　　　　B. 840　　　　　　C. 800　　　　　　D. 0

14. 根据个人所得税法律制度的规定,对个人转让自用一定期限并且是家庭唯一生活用房取得的所得暂免征收个人所得税。这个期限是指（　　　）。

    A. 一年以上　　　B. 三年以上　　　C. 两年以上　　　D. 五年以上

15. 根据个人所得税法律制度的规定,税务机关对扣缴义务人按照所扣缴的税款,付给一定比例的手续费。该比例为（　　　）。

    A. 1%　　　　　　B. 2%　　　　　　C. 3%　　　　　　D. 5%

二、多项选择题

1. 在计算经营所得个人所得税时,准予扣除其所发生的成本、费用,下列各项中,准予在计算个人所得税前全额扣除的有（　　　）。

    A. 支付个体工商户业主的工资 10 万元

    B. 支付雇员的工资 25 万元

    C. 合理的业务招待费

    D. 支付工商银行的经营性贷款利息

2. 根据个人所得税法律制度的规定,下列各项中属于个人综合所得的有（　　　）。

    A. 工资、薪金所得　　　　　　　　B. 稿酬所得

    C. 特许权使用费所得　　　　　　　D. 财产租赁所得

3. 下列属于个人所得税免税项目的有（　　　）。

    A. 个人取得的保险赔款　　　　　　B. 军人的复员费

    C. 被拆迁人取得的拆迁补偿款　　　D. 获得市级体育比赛一等奖奖金

4. 根据个人所得税法律制度的规定,下列重大事件应当依法办理纳税申报的有（　　　）。

    A. 业主的工资薪金所得

    B. 个人所得税税款

    C. 在生产经营活动中因自然灾害造成的损失

    D. 税收滞纳金

5. 根据个人所得税法律制度的规定,下列各项中免征个人所得税的有（　　　）。

    A. 军人领用的转业费　　　　　　　B. 教师工资所得

    C. 作家拍卖手稿所得　　　　　　　D. 工人取得的保险赔款

6. 根据个人所得税法律制度的规定,下列各项中免予缴纳个人所得税的有（　　　）。

    A. 剧本作者的剧本使用费　　　　　B. 职工的保险赔偿

    C. 模特的时装表演费　　　　　　　D. 军人的转业费

7. 下列情形中不征收个人所得税的是（　　　）。

    A. 企业通过价格折扣方式向个人销售商品

    B. 企业向个人提供劳务的同时给予赠品

    C. 企业对累积消费达到一定额度的个人按消费积分反馈礼品

D. 企业对累积消费达到一定额度的顾客，给予额外抽奖机会，个人获奖所得

三、判断题

1. 编剧从其任职的电视剧的制作中心取得的剧本使用费，按照"特许权使用费"所得税目征收个人所得税。　　　　　　　　　　　　　　　　　　　　（　　）

2. 职工的误餐补助，属于工资薪金性质的补贴收入，应计算个人所得税。（　　）

3. 作者拍卖本人文字作品手稿原件的收入按照"财产转让所得"征收个人所得税。（　　）

4. 个人独资企业从业人员实际支付的合理的工资薪金支出，允许在个人所得税前据实扣除。　　　　　　　　　　　　　　　　　　　　　　　　　　　（　　）

5. 对职工个人以股份形式取得的仅作为分红依据，不拥有所有权的企业量化资产，应按利息、股息、红利所得征收个人所得税。　　　　　　　　　　　　　（　　）

6. 个人通过网络收购玩家的虚拟货币加价向他人出售取得的收入，不征收个人所得税。　　　　　　　　　　　　　　　　　　　　　　　　　　　　（　　）

7. 个人通过非营利性的社会团体和国家机关向红十字事业的捐赠，准予在税前的所得额中全额扣除。　　　　　　　　　　　　　　　　　　　　　　（　　）

8. 企业按照国家有关法律规定宣告破产，从破产企业取得的一次性安置费收入，免予征收个人所得税。　　　　　　　　　　　　　　　　　　　　　（　　）

9. 合伙企业的自然人合伙人，为个人所得税纳税人。　　　　　　　（　　）

10. 退休人员再任职取得的收入，免征个人所得税。　　　　　　　（　　）

四、不定项选择题

1. 作家吴某任职于国内甲公司，2021年3月有关收入情况如下。

（1）从乙出版社取得小说稿酬30 000元。

（2）国内公开拍卖自己的小说手稿所得120 000元。

（3）在丙大学讲学，取得一次性讲学收入4 500元。

（4）符合国家规定标准的城镇房屋拆迁补偿款350 000元。

（5）境内A上市公司股票转让所得13 000元。

（6）体育彩票一次中奖收入10 000元。

已知：吴某每月从甲公司取得工资收入32 000元，且每月由任职单位扣缴"三险一金"1 620元；吴某夫妇正在偿还首套住房贷款，约定住房贷款利息专项附加扣除每月1 000元定额扣除由吴某全额扣除；吴某已由甲公司累计预缴个人所得税2 356元。个人所得税预扣率表（略）。

要求：根据上述资料，不考虑其他因素，分析回答下列小题。

（1）有关甲公司2021年3月应当为吴某预扣预缴的个人所得税税额，下列算式正确的是（　　）。

　　A.（32 000×3−1 620×3−1 000×3）×10%−2 520−2 356（元）

　　B.（32 000×3−5 000×3−1 620×3−1 000×3）×10%−2 520（元）

　　C.（32 000×3−5 000×3−1 620×3−1 000×3−2 356）×10%−2 520（元）

　　D.（32 000×3−5 000×3−1 620×3−1 000×3）×10%−2 520−2 356（元）

（2）吴某拍卖小说手稿所得120 000元，在计缴个人所得税时适用的税目是（　　）。

　　A. 劳务报酬所得　　　　　　　　　　B. 特许权使用费所得

C. 财产转让所得　　　　　　　　　D. 偶然所得

（3）吴某的下列收入中，纳入居民个人综合所得，按年计算个人所得税的是（　　　）。

A. 从乙出版社取得小说稿酬 30 000 元

B. 国内公开拍卖自己的小说手稿所得 120 000 元

C. 在丙大学讲学，取得一次性讲学收入 4 500 元

D. 体育彩票一次中奖收入 10 000 元

（4）吴某的下列收入中，免予（暂不）征收个人所得税的是（　　　）。

A. 讲学收入 4 500 元　　　　　　B. 拆迁补偿款 35 万元

C. 股票转让所得 13 000 元　　　　D. 体育彩票一次中奖收入 10 000 元

2. 中国公民李某为国内某大学教授。2021 年 1 月收支情况如下。① 取得基本工资 6 000 元，岗位补贴 1 950 元，托儿补助费 40 元，职务津贴 1 800 元。② 在某杂志发表一篇学术论文，取得收入 3 000 元。③ 在境内市场公开拍卖一部自己的小说手稿原件，取得收入 60 000 元。④ 取得某项专利权经济赔偿收入 2 000 元。⑤ 领取原提存住房公积金 15 000 元。⑥ 领取 W 上市公司非限售股股息 1 600 元，随后将该股票转让取得收入 30 000 元。该股票于 2019 年 1 月购入。

已知：稿酬所得、特许权使用费所得适用的个人所得税预扣率为 20%。

要求：根据上述材料，不考虑其他因素，分析回答下列小题。

（1）李某的下列各项收入中，应按照"工资、薪金所得"计提个人所得税的是（　　　）。

A. 托儿补助费 40 元　　　　　　B. 职务津贴 1 800 元

C. 岗位补贴 1 950 元　　　　　　D. 基本工资 6 000 元

（2）李某当月发表学术论文取得收入应预缴个人所得税税额的下列算式中，正确的是（　　　）。

A. 3 000 ×（1−20%）×70% ×20% ＝ 336（元）

B. 3 000 ×20% ＝ 600（元）

C.（3 000−800）×70% ×20% ＝ 308（元）

D. 3 000×70% ×20% ＝ 420（元）

（3）李某当月公开拍卖手稿原件取得收入应预缴纳个人所得税税额的下列算式中，正确的是（　　　）。

A. 60 000×70% ×20% ＝ 8 400（元）

B. 60 000×（1−20%）×70% ×20% ＝ 6 720（元）

C. 60 000×20% ＝ 12 000（元）

D. 60 000×（1−20%）×20% ＝ 9 600（元）

（4）李某当月的下列收入中，无须缴纳个人所得税的是（　　　）。

A. 专利权经济赔偿收入 2 000 元

B. W 上市公司非限售股股息 1 600 元

C. W 上市公司非限售股股票转让收入 30 000 元

D. 领取原提存住房公积金 15 000 元

3. 中国公民王某为境内甲公司技术人员。假设其 2021 年 10 月有关收支情况如下。

（1）取得基本工资、全勤奖金、效益奖金、加班补贴若干。

（2）提供维修服务，取得劳务报酬所得 1 500 元，购买修理用工具支出 200 元。

（3）发表专业文章，取得稿酬所得 5 000 元。

（4）持有境内 A 上市公司股票，取得股息 6 000 元，该股票于当月转让，持有期限为5 个月。

已知：利息、股息、红利所得个人所得税税率为 20%。

要求：根据上述资料，不考虑其他因素，分析回答下列小题。

（1）王某当月取得的下列所得中，应按照"工资、薪金所得"计缴个人所得税的是（　　　）。

    A. 效益奖金　　　　B. 基本工资　　　　　C. 全勤奖金　　　　　　D. 加班补贴

（2）有关王某提供维修服务取得的劳务报酬所得在计入综合所得应纳税所得额时的收入额，下列算式正确的是（　　　）。

    A. 1 500 ×（1−20%）=1 200（元）

    B.（1 500−200）×（1−20%）=1 040（元）

    C. 1 500 ×（1−20%）×70% =840（元）

    D.（1 500−200）×（1−20%）×70% =728（元）

（3）有关王某当月发表专业文章的稿酬所得在计入综合所得应纳税所得额时的收入额，下列算式正确的是（　　　）。

    A. 5 000 ×（1−20%）=4 000（元）

    B. 5 000 ×（1−20%）×70% =2 800（元）

    C.（5 000−800）×（1−20%）=3 360（元）

    D.（5 000−800）×（1−20%）×70% =2 352（元）

（4）有关王某当月取得 A 上市公司股息所得应缴纳个人所得税税额，下列算式正确的是（　　　）。

    A. 6 000×50% ×（1−20%）×20% = 480（元）

    B. 6 000×（1−20%）×20% = 960（元）

    C. 6 000×20% = 1 200（元）

    D. 6 000×50% ×20% = 600（元）

模块6

财产和行为税
申报与管理

☑ 学习目标

【能力目标】能够准确印花税、车船税、城镇土地使用税、房产税和契税，并能正确办理纳税申报及进行简单的筹划。

【知识目标】印花税、车船税、城镇土地使用税、房产税和契税的征税范围、纳税人、纳税申报的办理流程及办税过程中的注意事项，财产和行为税筹划原理。

【素质目标】在学习过程中，能够保持认真、严谨的工作作风，遇到不懂的问题能够主动探究并树立依法纳税意识。

📝 工作任务

在本模块中，我们将来到北京林源建筑有限公司，以税务会计的身份完成印花税、车船税、城镇土地使用税、房产税和契税的申报工作。

北京林源建筑有限公司成立于 2016 年 12 月 21 日，属于增值税一般纳税人，主要经营机械设备制造、销售；机械维修、安装；法定代表人李想，注册资金 300 万元，位于北京市丰台区朝阳东路 128 号，统一社会信用代码为 91330121795297689E，开户银行为工行朝阳支行，银行账号 33091362651429111。

自 2021 年 6 月 1 日起，纳税人申报缴纳城镇土地使用税、房产税、车船税、印花税、耕地占用税、资源税、土地增值税、契税、环境保护税、烟叶税中一个或多个税种时，使用《财产和行为税纳税申报表》，纳税人新增税源或税源变化时，需先填报《财产和行为税税源明细表》

任务 6.1　印花税申报与管理

任务描述　北京林源建筑有限公司 2019 年 12 月发生的与印花税有关的业务如下。

（1）签订钢管采购合同一份，采购金额 6 000 万元；签订以货换货合同一份，用库存的 100 万元甲型钢管换取对方相同金额的乙型钢管；签订销售合同一份，销售金额为 1 000 万元。

（2）公司作为受托方签订一份加工承揽合同，合同约定：由委托方提供主要材料，金额 200 万元，受托方只提供辅助材料，金额 10 万元，受托方另收取加工费 20 万元。

（3）公司作为受托方签订技术开发合同一份，合同约定：技术开发金额共计 500 万元。

（4）公司作为承包方签订建筑安装工程承包合同一份，承包金额 200 万元，公司随后又将其中的 100 万元业务分包给另一单位，并签订相关合同。

（5）公司新增实收资本 1 000 万元，资本公积 250 万元。

（6）公司启用其他账簿 8 本。

要求：请进行北京林源建筑有限公司 12 月印花税的申报。

在进行北京林源建筑有限公司印花税纳税申报工作前，我们首先要判断该企业是否应该缴纳印花税，如果应该缴纳，该缴纳多少？完成这一任务的依据是《中华人民共和国印花税暂行条例》中纳税人、征税对象和税率的规定。

6.1.1　认识印花税

印花税是以经济活动和经济交往中，书立、领受应税凭证的行为为征税对象征收的一种税。印花税因其采用在应税凭证上粘贴印花税票的方法缴纳税款而得名。征收印花税有利于增加财政收入、配合和加强经济合同的监督管理、培养企业纳税意识，同时配合对其他应纳税种的监督管理。

印花税法是指国家制定的用以调整印花税征收与缴纳权利及义务关系的法律规范。现行印花税法的基本规范是 1988 年 8 月 6 日国务院发布，并于同年 10 月 1 日实施的《中华人民共和国印花税暂行条例》（以下简称《印花税暂行条例》）。

1. 印花税纳税义务人

印花税的纳税义务人是在中国境内书立、使用、领受印花税法所列举的凭证并应依法履行纳税义务的单位和个人。

所称单位和个人，是指国内各类企业、事业、机关、团体、部队以及中外合资企业、合作企业、外资企业、外国公司和其他经济组织及其在华机构的单位和个人。

上述单位和个人，按照书立、使用、领受应税凭证的不同，可以分别确定为立合同人、立据人、立账簿人、领受人、使用人和各类电子应税凭证的签订人。

（1）立合同人。立合同人是指合同的当事人。所谓当事人，是指对凭证有直接权利义务关系的单位和个人，但不包括合同的担保人、证人、鉴定人。各类合同的纳税人是立合同人。各类合同，包括购销、加工承揽、建设工程承包、财产租赁、货物运输、仓储保管、借款、财产保险、技术合同或者具有合同性质的凭证。

所称合同，是指根据原《中华人民共和国经济合同法》《中华人民共和国涉外经济合同法》和其他有关合同法规订立的合同。所称具有合同性质的凭证，是指具有合同效力的协议、契约、合约、单据、确认书及其他各种名称的凭证。

当事人的代理人有代理纳税的义务，他与纳税人负有同等的税收法律义务和责任。

（2）立据人。产权转移书据的纳税人是立据人。立据人是指土地、房屋权属转移过程中买卖双方的当事人。

（3）立账簿人。营业账簿的纳税人是立账簿人。所谓立账簿人，指设立并使用营业账簿的单位和个人。例如，企业单位因生产、经营需要设立了营业账簿，该企业即为纳税人。

（4）领受人。权利、许可证照的纳税人是领受人。领受人是指领取或接受并持有该项凭证的单位和个人。例如，某人因其发明创造，经申请依法取得国家专利机关颁发的专利证书，该人即为纳税人。

（5）使用人。在国外书立、领受，但在国内使用的应税凭证，其纳税人是使用人。

（6）各类电子应税凭证的签订人。签订人是指以电子形式签订的各类应税凭证的当事人。

注意：对应税凭证，凡由两方或两方以上当事人共同书立的，其当事人各方都是印花税的纳税人，应各就其所持凭证的计税金额履行纳税义务。

2. 印花税征税范围

印花税的税目是指印花税法明确规定的应当纳税的项目，它具体划定了印花税的征税范围。一般来说，列入税目的就要征税，未列入税目的就不征税。印花税共有 13 个税目。

（1）购销合同：包括供应、预购、采购、购销结合及协作、调剂、补偿、贸易等合同。此外，还包括出版单位与发行单位之间订立的图书、报纸、期刊和音像制品的应税凭证，例如订购单、订数单等。还包括发电厂与电网之间、电网与电网之间（国家电网公司系统、南方电网公司系统、内部各级电网互供电量除外）签订的购售电合同。但是，电网与用户之间签订的供用电合同不属于印花税列举征税的凭证，不征收印花税。

（2）加工承揽合同：包括加工、定做、修缮、修理、印刷广告、测绘、测试等合同。

（3）建设工程勘察设计合同：包括勘察、设计合同。

（4）建筑安装工程承包合同：包括建筑、安装工程承包合同。承包合同包括总承包合同、分包合同和转包合同。

（5）财产租赁合同：包括租赁房屋、船舶、飞机、机动车辆、机械、器具、设备等合同，还包括企业、个人出租门店、柜台等签订的合同。

（6）货物运输合同：包括民用航空、铁路运输、海上运输、公路运输和联运合同，以及作为合同使用的单据。

（7）仓储保管合同：包括仓储、保管合同，以及作为合同使用的仓单、栈单等。

（8）借款合同：银行及其他金融组织与借款人（不包括银行同业拆借）所签订的合同，以及只填开借据并作为合同使用、取得银行借款的借据。银行及其他金融机构经营的融资租赁业务，是一种以融物方式达到融资目的的业务，实际上是分期偿还的固定资金借款，因此融资租赁合同也属于借款合同。

（9）财产保险合同：包括财产、责任、保证、信用保险合同，以及作为合同使用的单据。财产保险合同分为企业财产保险、机动车辆保险、货物运输保险、家庭财产保险和农牧业保险五大类。"家庭财产两全保险"属于家庭财产保险性质，其合同在财产保险合同之列，应照章纳税。

（10）技术合同：包括技术开发、转让、咨询、服务等合同，以及作为合同使用的单据。

（11）产权转移书据：包括财产所有权和版权、商标专用权、专利权、专有技术使用权等转移书据和专利实施许可合同、土地使用权出让合同、土地使用权转让合同、商品房销售合同等权利转移合同。

所称产权转移书据，是指单位和个人产权的买卖、继承、赠与、交换、分割等所立的书据。"财产所有权"转移书据的征税范围是指经政府管理机关登记注册的动产、不动产的所有权转移所立的书据，以及企业股权转让所立的书据，并包括个人无偿赠送不动产所签订的"个人无偿赠与不动产登记表"。当纳税人完税后，税务机关（或其他征收机关）应在纳税人印花税完税凭证上加盖"个人无偿赠与"印章。

（12）营业账簿：指单位或者个人记载生产经营活动的财务会计核算账簿。营业账簿按其反映内容的不同，可分为记载资金的账簿和其他账簿。

记载资金的账簿是指反映生产经营单位资本金数额增减变化的账簿。其他账簿是指除上述账簿以外的有关其他生产经营活动内容的账簿，包括日记账簿和各明细分类账簿。

（13）权利、许可证照：包括政府部门发给的房屋产权证、工商营业执照、商标注册证、专利证、土地使用证。

3. 印花税税率

印花税的税率有两种形式，即比例税率和定额税率。

1）比例税率

在印花税的 13 个税目中，各类合同以及具有合同性质的凭证（含以电子形式签订的各类应税凭证）、产权转移书据、营业账簿中记载资金的账簿，适用比例税率。

印花税的比例税率分为 4 个档次，分别是 0.05‰、0.3‰、0.5‰、1‰。

（1）适用 0.05‰税率的为"借款合同"。

（2）适用 0.3‰税率的为"购销合同""建筑安装工程承包合同""技术合同"。

（3）适用 0.5‰税率的为"加工承揽合同""建筑工程勘察设计合同""货物运输合同""产权转移书据""营业账簿"税目中记载资金的账簿。

（4）适用 1‰税率的为"财产租赁合同""仓储保管合同""财产保险合同"。

（5）在上海证券交易所、深圳证券交易所、全国中小企业股份转让系统买卖、继承、赠与优先股所书立的股权转让书据，均依书立时实际成交金额，由出让方按 1‰的税率计算缴纳证券（股票）交易印花税。

2）定额税率

在印花税的 13 个税目中，"权利、许可证照"和"营业账簿"税目中的其他账簿，适用定额税率，均为按件贴花，税额为 5 元。印花税税目、税率如表 6-1 所示。

表 6-1 花税税目、税率表

税　目	范　围	税　率	纳税人	说　明
1. 购销合同	供应、预购、采购、购销结合及协作、调剂、补偿、易货等合同	按购销金额 0.3‰贴花	立合同人	
2. 加工承揽合同	加工、定做、修缮、修理、印刷广告、测绘、测试等合同	按加工或承揽收入 0.5‰贴花	立合同人	
3. 建设工程勘察设计合同	勘察、设计合同	按收取费用 0.5‰贴花	立合同人	
4. 建筑安装工程承包合同	建筑、安装工程承包合同	按承包金额 0.3‰贴花	立合同人	
5. 财产租赁合同	租赁房屋、船舶、飞机、机动车辆、机械、器具、设备等合同	按租赁金额 1‰贴花。税额不足 1 元，按 1 元贴花	立合同人	
6. 货物运输合同	民用航空、铁路运输、海上运输、内河运输、公路运输和联运合同	按运输费用 0.5‰贴花	立合同人	单据作为合同使用的，按合同贴花
7. 仓储保管合同	仓储、保管合同	按仓储保管费用 1‰贴花	立合同人	仓单或栈单作为合同使用的，按合同贴花
8. 借款合同	银行及其他金融组织与借款人（不包括银行同业拆借）所签订的借款合同	按借款金额 0.05‰贴花	立合同人	单据作为合同使用的，按合同贴花
9. 财产保险合同	财产、责任、保证、信用等保险合同	按收取保险费 1‰贴花	立合同人	单据作为合同使用的，按合同贴花
10. 技术合同	技术开发、转让、咨询、服务等合同	按所记载金额 0.3‰贴花	立合同人	
11. 产权转移书据	财产所有权和版权、商标专用权、专利权、专有技术使用权等转移书据、土地使用权出让合同、土地使用权转让合同、商品房销售合同	按所记载金额 0.5‰贴花	立据人	
12. 营业账簿	生产、经营用账册	记载资金的账簿，按实收资本和资本公积的合计金额 0.5‰贴花。其他账簿按件贴花 5 元	立账簿人	
13. 权利、许可证照	政府部门发给的房屋产权证、工商营业执照、商标注册证、专利证、土地使用证	按件贴花 5 元	领受人	

【任务分析 6-1】北京林源建筑有限公司是在中国境内书立、使用、领受印花税法所列举的凭证并应依法履行纳税义务的单位，为印花税的纳税人。应当就其签订的合同、账簿等缴纳印花税。从背景资料分析，该企业涉及采购合同、以货换货合同、销售合同、加工承揽合同、技术开发合同、建筑安装工程承包合同、实收资本、资本公积等适用比例税率，其中"购销合同""建筑安装工程承包合同""技术合同"适用 0.3‰ 的税率；"加工承揽合同"、资金的账簿（包括实收资本和资本公积）适用 0.5‰ 的税率，而"营业账簿"税目中的其他账簿适用定额税率，均为按件贴花，税额为 5 元。

6.1.2 计算印花税税额

1. 计税依据的一般规定

印花税的计税依据为各种应税凭证上所记载的计税金额。具体规定如下。

（1）购销合同的计税依据为合同记载的购销金额。

【任务分析 6-2】依据业务（1）北京林源建筑有限公司签订钢管采购合同一份，采购金额 6 000 万元；签订以货换货合同一份，用库存的 100 万元甲型钢管换取对方相同金额的乙型钢管（相当于一份乙型钢管采购合同 100 万元、一份甲型钢管销售合同 100 万元）；签订销售合同一份，销售金额为 1 000 万元。应就合同记载的购销金额纳税，总计 7 200 万元。

① 对于由受托方提供原材料的加工、定做合同，凡在合同中分别记载加工费金额和原材料金额的，应分别按"加工承揽合同""购销合同"计税，两项税额相加数，即为合同应贴印花；若合同中未分别记载，则应就全部金额依照加工承揽合同计税贴花。

② 对于由委托方提供主要材料或原料，受托方只提供辅助材料的加工合同，无论加工费和辅助材料金额是否分别记载，均以辅助材料与加工费的合计数，依照加工承揽合同计税贴花。对委托方提供的主要材料或原料金额不计税贴花。

【任务分析 6-3】依据业务（2），公司作为受托方签订一份加工承揽合同，合同约定：由委托方提供主要材料，金额 200 万元，受托方只提供辅助材料，金额 10 万元，受托方另收取加工费 20 万元。对于由委托方提供主要材料 200 万元，受托方不缴纳印花税，受托方提供 10 万元的辅助材料和 20 万元的加工费，应该缴纳印花税。

（2）建设工程勘察设计合同的计税依据为收取的费用。

（3）建筑安装工程承包合同的计税依据为承包金额。

【任务分析 6-4】依据业务（4），公司作为承包方签订建筑安装工程承包合同一份，承包金额 200 万元，公司随后又将其中的 100 万元业务分包给另一单位，并签订相关合同，应该就其承包总额 200 万元及分包金额 100 万元缴纳印花税。

（4）财产租赁合同的计税依据为租赁金额；经计算，税额不足 1 元的，按 1 元贴花。

（5）货物运输合同的计税依据为取得的运输费金额（即运费收入），不包括所运货物的金额、装卸费和保险费等。

（6）仓储保管合同的计税依据为收取的仓储保管费用。

（7）借款合同的计税依据为借款金额。

（8）财产保险合同的计税依据为支付（收取）的保险费，不包括所保财产的金额。

（9）技术合同的计税依据为合同所载的价款、报酬或使用费。为了鼓励技术研究开发，对技术开发合同，只就合同所载的报酬金额计税，研究开发经费不作为计税依据。

【任务分析 6-5】依据业务（3），北京林源建筑有限公司作为受托方签订技术开发合同一份，合同约定技术开发金额共计 500 万元，应该缴纳印花税。

（10）产权转移书据的计税依据为所载金额。

（11）营业账簿税目中记载资金的账簿计税依据为"实收资本"与"资本公积"两项的合计金额。其他账簿的计税依据为应税凭证件数。

【任务分析 6-6】依据业务（5），北京林源建筑有限公司新增实收资本 1 000 万元，资本公积 250 万元，应该缴纳印花税，实际减半征收；依据业务（6）公司启用其他账簿 8 本，减免印花税。

（12）权利、许可证照的计税依据为应税凭证件数。

2. 计算印花税应纳税额

北京林源建筑有限公司在确定了印花税税目、金额及税率后，就可以计算印花税应纳税额了。

纳税人的应纳税额，根据应纳税凭证的性质，分别按比例税率或者定额税率计算，其计算公式如下。

$$应纳税额 = 应税凭证计税金额（或应税凭证件数） \times 适用税率$$

【任务分析 6-7】

业务（1）应纳印花税 =（60 000 000+1 000 000+1 000 000+10 000 000）×0.3‰ =21 600.00（元）

业务（2）应纳印花税 =（100 000+200 000）×0.5‰ =150.00（元）

业务（3）应纳印花税 =5 000 000×0.3‰ =1 500.00（元）

业务（4）应纳印花税 =（2 000 000+1 000 000）×0.3‰ =900.00（元）

业务（5）应纳印花税 =（10 000 000+2 500 000）×0.5‰ =6 250.00（元）

根据《财政部 税务总局关于对营业账簿减免印花税的通知》（财税〔2018〕50 号）规定，自 2018 年 5 月 1 日起，对按 0.5‰税率贴花的资金账簿减半征收印花税，对按件贴花 5 元的其他账簿免征印花税。

业务（5）实际缴纳印花税 =6 250÷2=3 125.00（元）

业务（6）应纳印花税 =8×5=40.00（元）（实际不用缴纳）

应纳税额合计 =21 600.00+150.00+1 500.00+900.00+3 125.00=27 275.00（元）

购买印花税票时，业务核算如下。

借：税金及附加　　　　27 275.00

　　贷：银行存款　　　　　27 275.00

6.1.3　申报印花税

北京林源建筑有限公司计算完企业印花税后，就可以进行企业印花税的纳税申报了。

1. 纳税方法

根据税额大小、贴花次数以及税收征收管理的需要，可分别采用以下三种纳税办法缴纳印花税。

1）自行贴花

自行贴花一般适用于应税凭证较少或者贴花次数较少的纳税人。纳税人在书立、领受或者使用印花税法列举的应税凭证时，纳税义务即已产生，应当根据应纳税凭证的性质和适用的税目税率自行计算应纳税额、自行购买印花税票、自行一次贴足印花税票并加以注销或划销，纳税义务才算全部履行完毕。

2）汇贴或汇缴

汇贴或汇缴一般适用于应纳税额较大或者贴花次数频繁的纳税人。一份凭证应纳税额超过 500 元的，应向当地税务机关申请填写缴款书或完税证，将其中一联粘贴在凭证上或者由税务机关在凭证上加注完税标记代替贴花。

3）委托代征

委托代征是指通过税务机关的委托，经由发放或者办理应纳税凭证的单位代为征收印花税税款。

2. 纳税环节

印花税应当在书立或领受时贴花。具体是指在合同签订时、账簿启用时和证照领受时贴花。如果合同是在国外签订，并且不便在国外贴花的，应在将合同带入境时办理贴花纳税手续。

3. 纳税地点

印花税一般实行就地纳税。对于全国性商品物资订货会（包括展销会、交易会等）上所签订合同应纳的印花税，由纳税人回其所在地后及时办理贴花完税手续；对地方主办、不涉及省际关系的订货会、展销会上所签合同的印花税，其纳税地点由各省、自治区、直辖市人民政府自行确定。

4. 申报流程

申报流程如图 6-1 所示。

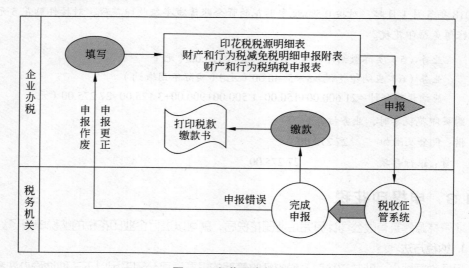

图 6-1　印花税申报流程

5. 印花税的纳税申报

【**任务分析 6-8**】进行北京林源建筑有限公司 12 月印花税的申报。申报表及其附表（表 6-2～表 6-4）及申报说明如下。

1）《印花税税源明细表》填写说明

（1）第1行"购销合同"：72 000 000.00（元）。

根据《国家税务局关于印花税若干具体问题的解释和规定的通知》（国税发〔1991〕155号）规定，商品购销活动中，采用以货换货业务签订的合同，是反映既购又销双重经济行为的合同。对此，应按合同所载的购、销合计金额计税贴花。合同为列明的金额的，应按合同所载购、销数量依照国家牌价或市场价格计算应纳税额。

根据业务（1）可知，计税金额为60 000 000.00+1 000 000.00×2+10 000 000.00=72 000 000.00（元）。

（2）第2行"加工承揽合同"：300 000.00（元）。

受托方只提供辅助材料的加工合同，无论加工费和辅助材料金额是否分别记载，均以辅助材料与加工费合计数依照《加工承揽合同》计税贴花。所以根据业务（2）可知，计税金额=100 000.00+200 000.00=300 000.00（元）。

（3）第3行"建筑安装工程承包合同"：3 000 000.00（元）。

根据业务（4）可知，计税金额为2 000 000.00+1 000 000.00=3 000 000.00（元）。

（4）第4行"技术合同"：5 000 000.00（元）。

根据业务（3）可知，计税金额为5 000 000.00（元）。

（5）第5行"营业账簿（记载资金的账簿）"：12 500 000.00（元）。

根据《国家税务总局关于资金账簿印花税问题的通知》（国税发〔1994〕25号）规定，生产经营单位执行"两则"后，其"记载资金的账簿"的印花税计税依据改为"实收资本"与"资本公积"两项的合计金额。因此，企业应在记载资金账簿的次月，按照"实收资本"与"资本公积"两项的合计金额申报缴纳印花税。

认缴制下的注册资金也不需要做账，待实际投资时再计入"实收资本"科目。投资者未实际投入的资金不需要贴花，待实际投资时再贴。

根据业务（5）可知，计税金额为10 000 000.00+2 500 000.00=12 500 000.00（元）。

（6）第6行"减免性质代码"：09129906。

（7）第6行"营业账簿（其他账簿）"：09129907。

2）《财产和行为税减免税明细申报附表》填写说明

根据《财政部、税务总局关于对营业账簿减免印花税的通知》（财税〔2018〕50号）规定，自2018年5月1日起，对按万分之五税率贴花的资金账簿减半征收印花税，对按件贴花5元的其他账簿免征印花税。

（1）营业账簿（记载资金的账簿）：减免性质代码为09129906，项目名称为"资金账簿减半征收印花税"。

$$减免税额=12\ 500\ 000.00×0.5‰×50\%=3\ 125.00（元）$$

（2）营业账簿（其他账簿）：减免性质代码为09129907，项目名称为"其他账簿免征印花税"。

$$减免税额=8.00×5.00=40.00（元）$$

表 6-2 印花税税源明细表

纳税人识别号（统一社会信用代码）：91330121795297689E

纳税人名称：北京林源建筑有限公司

金额单位：人民币元（列至角分）

序号	*税 目	*税款所属期起	*税款所属期止	应纳税凭证编号	应纳税凭证立书（领受）日期	*计税金额或件数	核定比例	*税 率	减免性质代码和项目名称
1	购销合同	2021-12-01	2021-12-31			72 000 000.00		0.000 3	
2	加工承揽合同	2021-12-01	2021-12-31			300 000.00		0.000 5	
3	建筑安装工程承包合同	2021-12-01	2021-12-31			3 000 000.00		0.000 3	
4	技术合同	2021-12-01	2021-12-31			5 000 000.00		0.000 3	
5	营业账簿（记载资金的账簿）	2021-12-01	2021-12-31			12 500 000.00		0.000 5	09129906
6	营业账簿（其他账簿）	2021-12-01				8.00		5.00	09129907
按期申报									
1									
2									
3									
按次申报									

表 6-3 财产和行为税减免税明细申报附表

纳税人识别号（统一社会信用代码）：91330121795297689E

纳税人名称：北京林源建筑有限公司

金额单位：人民币元（列至角分）

本期是否适用增值税小规模纳税人减征政策	□是 □否
本期适用增值税小规模纳税人减征政策起始时间	年 月
本期适用增值税小规模纳税人减征政策终止时间	年 月

城镇土地使用税

序号	土地编号	税款所属期起	税款所属期止	减免性质代码和项目名称	减免税额
1					
2					
小计	—			—	

合计减免税额

续表

房产税

序号	房产编号	税款所属期起	税款所属期止	减免性质代码和项目名称	减免税额
1					
2					
小计	—				

车船税

序号	车辆识别代码/船舶识别码	税款所属期起	税款所属期止	减免性质代码和项目名称	减免税额
1					
2					
小计	—			—	

印花税

序号	税目	税款所属期起	税款所属期止	减免性质代码和项目名称	减免税额
1	营业账簿（记载资金的账簿）	2021-12-01	2021-12-31	09129906	3 125.00
2	营业账簿（其他账簿）	2021-12-01	2021-12-31	09129907	40.00
小计	—			—	3 165.00

资源税

序号	税目	子目	税款所属期起	税款所属期止	减免性质代码和项目名称	减免税额
1						
2						
小计	—	—				

耕地占用税

序号	税源编号	税款所属期起	税款所属期止	减免性质代码和项目名称	减免税额
1					
2					
小计	—			—	

契税

序号	税源编号	税款所属期起	税款所属期止	减免性质代码和项目名称	减免税额
1					
2					

续表

契税

序号	税源编号	税款所属期起	税款所属期止	减免性质代码和项目名称	减免税额
	—		—	—	
小计					

土地增值税

序号	项目编号	税款所属期起	税款所属期止	减免性质代码和项目名称	减免税额
1	—			—	
2					
小计					

环境保护税

序号	税源编号	污染物类别	污染物名称	税款所属期起	税款所属期止	减免性质代码和项目名称	减免税额
1	—	—	—			—	
2							
小计							

声明：此表是根据国家税收法律法规及相关规定填写的，本人（单位）对填报内容（及附带资料）的真实性、可靠性、完整性负责。

纳税人（签章）：　　　　　　　　　年　月　日

经办人：

经办人身份证号：

代理机构签章：

代理机构统一社会信用代码：

受理人：

受理税务机关（章）：

受理日期：　　　年　月　日

表 6-4　财产和行为税纳税申报表

纳税人识别号（统一社会信用代码）：91330121795297689E

纳税人名称：北京林源建筑有限公司

金额单位：人民币元（列至角分）

序号	税种	税目	税款所属期起	税款所属期止	计税依据	税率	应纳税额	减免税额	已缴税额	应补（退）税额
1	印花税	购销合同	2021-12-01	2021-12-31	72 000 000.00	0.000 3	21 600.00			21 600.00
2	印花税	加工承揽合同	2021-12-01	2021-12-31	300 000.00	0.000 5	150.00			150.00
3	印花税	建筑安装工程承包合同	2021-12-01	2021-12-31	3 000 000.00	0.000 3	900.00			900.00

续表

序号	税 种	税 目	税款所属期起	税款所属期止	计税依据	税 率	应纳税额	减免税额	已缴税额	应补（退）税额
4	印花税	技术合同	2021-12-01	2021-12-31	5 000 000.00	0.000 3	1 500.00			1 500.00
5	印花税	营业账簿（记载资金的账簿）	2021-12-01	2021-12-31	12 500 000 000.00	0.000 5	6 250.00	3 125.00		3 125.00
6	印花税	营业账簿（其他账簿）	2021-12-01	2021-12-31	8	5	40.00	40.00		0.00
7										
8										
9	合 计	—	—	—	—	—	30 440.00	3 165.00	0.00	27 275.00

声明：此表是根据国家税收法律法规及相关规定填写的，本人（单位）对其报内容（及附带资料）的真实性、可靠性、完整性负责。

纳税人（签章）：　　　　　年　月　日

经办人：

经办人身份证号：

代理机构签章：

代理机构统一社会信用代码：

受理人：

受理税务机关（章）：

受理日期：　　年　月　日

6.1.4 印花税筹划管理

1. 减少合同主体的税收筹划

对于应税凭证，凡是由两方或两方以上当事人共同书立的，其当事人各方都是印花税的纳税人。如果几方当事人在书立合同时，能够不在合同上出现的当事人不以当事人身份出现在合同上，则效果就达到了。

2. 压缩合同记载金额的税收筹划

双方或多方当事人可以经过合理筹划，使各项费用及原材料等的金额通过非违法的途径从合同所载金额中得以减除，从而压缩合同的表面金额，达到少缴税款的目的。

【**案例 6-1**】美仟公司和东方公司欲签订一加工承揽合同，数额较大。由于加工承揽合同的计税依据是加工或承揽收入，而且这里的加工或承揽收入额是指合同中规定的受托方的加工费收入和提供的辅助材料金额之和，如果双方当事人能想办法将辅助材料金额压缩，问题便解决了。

具体的做法就是由委托方自己提供辅助材料，如果委托方自己无法提供或是无法完全自己提供，也可以由受托方提供，当然这时的筹划就要分两步进行。第一步，双方签订一份购销合同，由于购销合同适用的税率为 0.3‰，比加工承揽合同适用的税率 0.5‰要低。只要双方将部分或全部辅助材料先行转移所有权，加工承揽合同和购销合同要缴纳的印花税之和便会下降。第二步便是双方签订加工承揽合同，其合同金额仅包括加工承揽收入，而不包括辅助材料金额。

3. 运用模糊金额的税收筹划

经济当事人在签订数额较大的合同时，在能够明确的条件下，可以有意地使合同上所载金额不最终确定，以达到少缴印花税税款目的的一种行为。

【**案例 6-2**】嘉华设备租赁公司欲和山河生产企业签订一份租赁合同，假设租金每年 400.00 万元。但是如果在签订合同时明确规定租金 400.00 万元，则两企业均应交纳印花税。计算方法如下。

$$各自应纳税额 = 4\,000\,000.00 \times 1‰ = 4\,000.00（元）$$

对于本案例，应如何进行税收筹划？

如果两企业在签订合同仅规定每天的租金数，而不具体确定租赁合同的执行时限，则根据国税地字〔1988〕第 025 号文件规定，两企业只须各自缴纳 5 元的印花税，余下部分等到结算时才缴纳，从而达到了暂时节省税款的目的。当然这笔钱在以后还是要缴上去的，但现在不用缴便获得了货币时间价值，对企业来说是有利无弊的，而且筹划极其简单。

4. 选择低税率的税收筹划

对订立合同纳税筹划的重点之一是选择低税率的项目。

【**案例 6-3**】西同煤矿 2018 年 6 月与铁道部门签订运输合同，合同所载运输费及保管费共计 700.00 万元。货物运输合同的税率为 0.05%，仓储保管合同的税率为 0.1%．该煤矿应该如何就缴纳印花税进行筹划，可以减少多少税额？

筹划思路 （1）未分开核算时，因未分开记载金额，应按税率高的计税贴花，即按 0.1%税率计算应贴印花。

$$应纳印花税税额 = 700.00 \times 0.1\% = 0.70（万元）$$

（2）分开核算时，假定运输合同列明，含货物运输费 600.00 万元，仓储保管费 100.00 万元。

应纳印花税税额 =（600.00×0.05%）+（100.00×0.1%）= 0.40（万元）

企业通过简单的税务筹划，使得订立合同的双方均节省 3 000.00 元税款。

任务 6.2　车船税申报与管理

任务描述　北京林源建筑有限公司 2021 年发生与车船税有关的业务如下。

（1）12 月购进比亚迪货车 1 辆，每辆货车的整备质量为 1.8 吨。已知货车车船税税率为整备质量每吨年基准税额 16 元。

（2）12 月购买奥迪轿车一辆。规定该排气量乘用车每辆适用的车船税年税额为 960 元。

（3）1 月购买货车 3 辆，每辆货车的整备质量为 1.499 吨；挂车 1 辆，其整备质量为 1.2 吨；小汽车 2 辆。已知货车车船税税率为整备质量每吨年基准税额 16 元，挂车车船税税率为整备质量每吨年基准税额为货车税额的 50%，小汽车车船税税率为每辆年基准税额 360 元。

（4）2021 年公司拥有机动船 4 艘，每艘净吨位为 3 000 吨；拖船 1 艘，发动机功率为 1 500 千瓦。机动船舶车船税年基准税额为：净吨位 201 吨至 2 000 吨的，每吨 4 元；净吨位 2 001 吨至 10 000 吨的，每吨 5 元（拖船按照发动机功率每 1 千瓦折合净吨位 0.67 吨，且按照机动船舶税额的 50% 计算征收车船税）。公司取得所有权的日期为均 2017 年 12 月 1 日，发证日期均为 2017 年 12 月 20 日。

2021 年的车辆、船舶明细表如表 6-5 和表 6-6 所示。

表 6-5　车辆明细表

序号	车牌号 / 船舶登记号	车架号 / 船舶识别号	车辆类型	数量 / 吨位 / 千瓦	排（气）量	核定载客 / 人	备　注
1	京 G56789	ZSJJR52U85S110284	货车	1.8 吨	4	3	2021 年 12 月 1 日购入
2	京 G56811	ZSJJR52U85S110396	2.3L 小轿车	1 辆	2.3	5	2021 年 12 月 1 日购入
3	京 G56556	ZSJJR52U85S110113	货车	1.499 吨	3	2	
4	京 G56557	ZSJJR52U85S110114	货车	1.499 吨	3	2	
5	京 G56558	ZSJJR52U85S110115	货车	1.499 吨	3	2	2021 年 1 月 1 日购入
6	京 G56668	ZSJJR52U85S110487	挂车	1.2 吨	4	3	
7	京 G56111	ZSJJR52U85S110325	1.5L 小轿车	1 辆			
8	京 G56112	ZSJJR52U85S110326	1.5L 小轿车	1 辆			

表 6-6　船舶明细表

序号	船舶登记号	船舶识别号	船舶类型	数量 / 吨位 / 千瓦	*中文船名	初次登记号码	船籍港
1	100287545002	CN20174961845	机动船舶	3 000 吨	闽惠油 5 号	37000001	天津
2	100287545003	CN20174961846	机动船舶	3 000 吨	闽惠油 6 号	37000002	天津
3	100287545004	CN20174961847	机动船舶	3 000 吨	闽惠油 7 号	37000003	天津
4	100287545005	CN20174961848	机动船舶	3 000 吨	闽惠油 8 号	37000004	天津
5	100375005001	CN20184961996	拖船	1 500 千瓦	海港拖 8	37000005	天津

要求：请进行北京林源建筑有限公司 2019 年车船税的申报。

在进行北京林源建筑有限公司车船税纳税申报工作前，我们首先要判断该企业是否应该缴纳车船税，如果应该缴纳，该缴纳多少？完成这一任务的依据是《中华人民共和国车船税法》（以下简称《车船税法》）中纳税人、征税对象和税率的规定。

6.2.1　认识车船税

车船税是以车船为征税对象，向拥有车船的单位和个人征收的一种税。征收车船税有利于为地方政府筹集财政资金，有利于车船的管理和合理配置，也有利于调节财富差异。

1. 车船税纳税义务人

车船税是指在中华人民共和国境内的车辆、船舶的所有人或者管理人按照中华人民共和国车船税法应缴纳的一种税。

车船税的纳税义务人是指在中华人民共和国境内，车辆、船舶（以下简称"车船"）的所有人或者管理人，应当依照《车船税法》的规定缴纳车船税。

2. 车船税征税范围

车船税的征税范围是指在中华人民共和国境内属于车船税法所附《车船税税目税额表》规定的车辆、船舶。车辆、船舶是指：① 依法应当在车船管理部门登记的机动车辆和船舶；② 依法不需要在车船管理部门登记、在单位内部场所行驶或者作业的机动车辆和船舶；③ 境内单位和个人租入外国籍船舶的，不征收车船税。境内单位和个人将船舶出租到境外的，应依法征收车船税。

车船管理部门是指公安、交通运输、农业、渔业、军队、武装警察部队等依法具有车船登记管理职能的部门；单位是指依照中国法律、行政法规规定，在中国境内成立的行政机关、企业、事业单位、社会团体以及其他组织。

3. 车船税税率

车船税采用定额税率，即对征税的车船规定单位固定税额（表 6-7）。

1）机动船舶具体适用税额

（1）净吨位小于或者等于 200 吨的，每吨 3 元。

（2）净吨位 201~2 000 吨的，每吨 4 元。

（3）净吨位 2 001~10 000 吨的，每吨 5 元。

（4）净吨位 10 001 吨及以上的，每吨 6 元。

表 6-7　车船税税目税额表

税　目		计税单位	年基准税额 / 元	备　注
乘用车按发动机气缸容量（排气量分档）	1.0 升（含）以下的	每辆	60~360	核定载客人数 9 人（含）以下
	1.0 升以上至 1.6 升（含）的		300~540	
	1.6 升以上至 2.0 升（含）的		360~660	
	2.0 升以上至 2.5 升（含）的		660~1 200	
	2.5 升以上至 3.0 升（含）的		1 200~2 400	
	3.0 升以上至 4.0 升（含）的		2 400~3 600	
	4.0 升（含）以上的		3 600~5 400	
商用车	客车	每辆	480~1 440	核定载客人数 9 人（包括电动车）以上
	货车	整备质量每吨	16~120	①包括半挂牵引车、挂车、客货两用汽车、三轮汽车和低速载货汽车等 ②挂车按照货车税额的 50% 计算

续表

税 目		计税单位	年基准税额/元	备 注
其他车辆	专业作业车	整备质量每吨	16~120	不包括拖拉机
	轮式专业机械车	整备质量每吨	16~120	
摩托车		每辆	36~180	
船舶	机动船舶	净吨位每吨艇	3~6	拖船、非机动驳船分别按照机动船舶税额的50%计算；游艇的税务另行规定
	游艇	身长度每米	600~2 000	

拖船按照发动机功率每1千瓦折合净吨位0.67吨计算征收车船税。

2）游艇具体适用税额

（1）艇身长度不超过10米的游艇，每米600元。

（2）艇身长度超过10米但不超过18米的游艇，每米900元。

（3）艇身长度超过18米但不超过30米的游艇，每米1 300元。

（4）艇身长度超过30米的游艇，每米2 000元。

（5）辅助动力帆艇，每米600元。

【任务分析6-9】北京林源建筑有限公司在中华人民共和国境内属于车船税法所附《车船税税目税额表》规定的车辆、船舶并应依法履行纳税义务的单位，为车船税的纳税义务人，应当就其拥有的车辆、船舶缴纳车船税。从背景资料分析，该企业涉及货车、轿车、挂车、小汽车、机动船、拖船等征税范围，"货车"4辆，其中比亚迪货车的整备质量为1.8吨，其余3辆货车，每辆货车的整备质量为1.499吨，已知货车车船税税率为整备质量每吨年基准税额16元；奥迪轿车一辆，规定该排气量乘用车每辆适用的车船税年税额为960元；挂车1辆，其整备质量为1.2吨，挂车按照货车税额的50%计算；小汽车2辆，车船税税率为每吨年基准税额360元；机动船4艘，每艘净吨位为3 000吨（机动船舶车船税年基准税额为：净吨位201吨至2 000吨的，每吨4元；净吨位2 001吨至10 000吨的，每吨5元）；拖船1艘，发动机功率为1 500千瓦（拖船按照发动机功率每1千瓦折合净吨位0.67吨计算征收车船税）。

6.2.2 计算车船税

北京林源建筑有限公司在确定了车船税税目、金额及税率后，就可以计算车船税应纳税额了。

纳税人按照纳税地点所在的省、自治区、直辖市人民政府确定的具体适用税额缴纳车船税。车船税由地方税务机关负责征收。

（1）购置的新车船，购置当年的应纳税额自纳税义务发生的当月起按月计算。计算公式如下。

$$应纳税额 =（年应纳税额 \div 12）\times 应纳税月份数$$
$$应纳税月份数 = 12 - 纳税义务发生时间（取月份）+1$$

（2）在一个纳税年度内，已完税的车船被盗抢、报废、灭失的，纳税人可以凭有关管理机关出具的证明和完税证明，向纳税所在地的主管税务机关申请退还自被盗抢、报废、灭失月份起至该纳税年度终了期间的税款。

（3）已办理退税的被盗抢车船，失而复得的，纳税人应当从公安机关出具相关证明的当月起计算缴纳车船税。

（4）在一个纳税年度内，纳税人在非车辆登记地由保险机构代收代缴机动车车船税，且能够提供合法有效完税证明的，纳税人不再向车辆登记地的地方税务机关缴纳车辆车船税。

（5）已缴纳车船税的车船在同一纳税年度内办理转让过户的，不另纳税，也不退税。

【任务分析 6-10】

业务（1）、业务（2）应纳税月数 = 12－12+1=1（个）

业务（1）应纳车船税税额 =1.8×16.00÷12×1=2.40（元）

业务（2）应纳车船税税额 =960.00÷12×1=80.00（元）

业务（3）、业务（4）应纳税月数 =12－1+1=12（个）

业务（3）中：

1 辆货车应纳车船税税额 =1.499×16.00=23.98（元）

1 辆挂车应纳车船税税额 =1.2×16.00×50%=9.60（元）

应纳车船税税额 =23.98×3+9.60+2×360.00=801.54（元）

业务（4）中：

1 艘机动船应纳车船税税额 =3 000.00×5=15 000.00（元）

1 艘拖船应纳车船税税额 =1 500.00×0.67×4×50%=2 010.00（元）

应纳车船税税额 =15 000.00×4+2 010.00=62 010.00（元）

2021 年应纳车船税合计 =2.40+80.00+801.54+62 010.00=62 893.94（元）

计算确认应交的车船税时核算如下。

借：税金及附加   62 893.94

 贷：应交税费—应交车船税 62 893.94

实际交纳车船税时核算如下。

借：应交税费—应交车船税 62 893.94

 贷：银行存款   62 893.94

6.2.3　申报车船税

北京林源建筑有限公司计算完企业车船税后，就可以进行车船税的纳税申报了。

1. 纳税期限

车船税纳税义务发生时间为取得车船所有权或者管理权的当月。以购买车船的发票或其他证明文件所载日期的当月为准。

2. 纳税地点

车船税的纳税地点为车船的登记地或者车船税扣缴义务人所在地。依法不需要办理登记的车船，车船税的纳税地点为车船的所有人或者管理人所在地。扣缴义务人代收代缴车船税的，纳税地点为扣缴义务人所在地。纳税人自行申报缴纳车船税的，纳税地点为车船登记地的主管税务机关所在地。依法不需要办理登记的车船，纳税地点为车船所有人或者管理人主管税务机关所在地。

3. 纳税申报

车船税按年申报，分月计算，一次性缴纳。纳税年度为公历 1 月 1 日至 12 月 31 日。车船税按年申报缴纳。具体申报纳税期限由省、自治区、直辖市人民政府规定。

（1）税务机关可以在车船管理部门、车船检验机构的办公场所集中办理车船税征收事宜。

（2）公安机关交通管理部门在办理车辆相关登记和定期检验手续时，对未提交自上次检验后各年度依法纳税或者免税证明的，不予登记，不予发放检验合格标志。

（3）海事部门、船舶检验机构在办理船舶登记和定期检验手续时，对未提交依法纳税或者免税证明，且拒绝扣缴义务人代收代缴车船税的纳税人，不予登记，不予发放检验合格标志。

（4）对于依法不需要购买机动车交通事故责任强制保险的车辆，纳税人应当向主管税务机关申报缴纳车船税。

（5）纳税人在首次购买机动车交通事故责任强制保险时缴纳车船税或者自行申报缴纳车船税的，应当提供购车发票及反映排气量、整备质量、核定载客人数等与纳税相关的信息及其相应凭证。

（6）从事机动车第三者责任强制保险业务的保险机构为机动车车船税的扣缴义务人，应当在收取保险费时依法代收车船税，并出具代收税款凭证。

4. 车船税申报流程

车船税申报流程如图 6-2 所示。

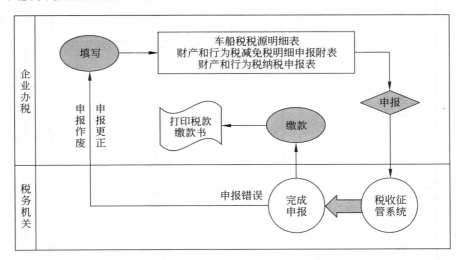

图 6-2　车船税申报流程图

5. 车船税的纳税申报

【**任务分析 6-11**】完成北京林源建筑有限公司 2019 年车船税的申报。申报表见表 6-8 和表 6-9。

《车船税税源明细表》填写说明如下。

（1）车辆税源明细。根据《车船税税目税额表》可知挂车按照货车税额的 50% 计算，已知货车整备质量每吨年基准税额 16.00 元。

挂车单位税额 =16.00×50%=8.00（元）

（2）船舶税源明细。根据"车船税税目税额表"可知拖船、非机动驳船分别按照机动船舶税额的 50% 计算，且拖船按照发动机功率每 1 千瓦折合净吨位 0.67 吨计算征收车船税。

拖船净吨位 =1 500.00×0.67=1 005（吨）

机动船舶，具体适用税额为"净吨位 201~2 000 吨的，每吨 4 元"。

拖船单位税额 =4.00×50%=2.00（元）

纳税人识别号（统一社会信用代码）：91330121795297689E

纳税人名称：北京林源建筑有限公司

表6-8 车船税税源明细表

体积单位：升；质量单位：吨；功率单位：千瓦；长度单位：米

车辆税源明细

序号	车牌号码	*车辆识别代号（车架号）	车辆品牌	*车辆类型	*车辆发票日期或注册登记日期	排（气）量	核定载客	整备质量	*单位税额	减免性质代码和项目名称	纳税义务终止时间
1	京G56789	ZSJJR52U85S110284		货车	2021-12-01	4	3	1.8	16.00		
2	京G56811	ZSJJR52U85S110396		2.0升以上至2.5升（含）的乘用车	2021-12-01	2.3	5	1.0	960.00		
3	京G56556	ZSJJR52U85S110113		货车	2021-01-01	3	2	1.499	16.00		
4	京G56557	ZSJJR52U85S110114		货车	2021-01-01	3	2	1.499	16.00		
5	京G56558	ZSJJR52U85S110115		货车	2021-01-01	3	2	1.499	16.00		
6	京G56668	ZSJJR52U85S110487		挂车	2021-01-01	4	3	1.2	8.00		
7	京G56111	ZSJJR52U85S110325		1.0升以上至1.6升（含）的乘用车	2021-01-01	1.5	5	1.0	360.00		
8	京G56112	ZSJJR52U85S110326		1.0升以上至1.6升（含）的乘用车	2021-01-01	1.5	5	1.0	360.00		

船舶税源明细

序号	船舶登记号	*船舶识别号	*船舶种类	*中文船名	初次登记号码	船籍港	发证日期	取得所有权日期	建成日期	净吨位	主机功率	艇身长度（总长）	*单位税额	减免性质代码和项目名称	纳税义务终止时间
1	100287545002	CN20174961845	净吨位超过10 000吨但不超过2 000吨的机动船舶	闽惠油5号	37000001	天津	2017-12-20	2017-12-01		3 000			5.00		
2	100287545003	CN20174961846	净吨位超过10 000吨但不超过2 000吨的机动船舶	闽惠油6号	37000002	天津	2017-12-20	2017-12-01		3 000			5.00		
3	100287545004	CN20174961847	净吨位超过10 000吨但不超过2 000吨的机动船舶	闽惠油7号	37000003	天津	2017-12-20	2017-12-01		3 000			5.00		

续表

船舶税源明细

序号	船舶登记号	*船舶识别号	*船舶种类	*中文船名	初次登记号码	船籍港	发证日期	取得所有权日期	建成日期	净吨位	主机功率	艇身长度（总长）	*单位税额	减免性质代码和项目名称	纳税义务终止时间
4	100287545005	CN20174961848	净吨位超过2 000吨但不超过10 000吨的机动船舶	闽惠油8号	37000004	天津	2017-12-20	2017-12-01		3 000			5.00		
5	100375005001	CN20184961996	净吨位超过200吨但不超过2 000吨的机动船舶	海港拖8	37000005	天津	2017-12-20	2017-12-01		1 005	1 500		2.00		

251

表 6-9 财产和行为税纳税申报表

纳税人识别号（统一社会信用代码）：9133012179529768E

纳税人名称：北京林源建筑有限公司

金额单位：人民币元（列至角分）

序号	税种	税目	税款所属期起	税款所属期止	计税依据	税率	应纳税额	减免税额	已缴税额	应补（退）税额
1	车船税	货车	2021-12-01	2021-12-31	1.8	16.00	2.40			2.40
2	车船税	2.0升以上至2.5升（含）的乘用车	2021-12-01	2021-12-31	1.0	960.00	80.00			80.00
3	车船税	货车	2021-01-01	2021-12-31	1.499	16.00	23.98			23.98
4	车船税	货车	2021-01-01	2021-12-31	1.499	16.00	23.98			23.98
5	车船税	货车	2021-01-01	2021-12-31	1.499	16.00	23.98			23.98
6	车船税	挂车	2021-01-01	2021-12-31	1.2	8.00	9.60			9.60
7	车船税	1.0升以上至1.6升（含）的乘用车	2021-01-01	2021-12-31	1.0	360.00	360.00			360.00
8	车船税	1.0升以上至1.6升（含）的乘用车	2021-01-01	2021-12-31	1.0	360.00	360.00			360.00
9	车船税	净吨位超过2 000吨但不超过10 000吨的机动船舶	2021-01-01	2021-12-31	3 000	5.00	15 000.00			15 000.00
10	车船税	净吨位超过2 000吨但不超过10 000吨的机动船舶	2021-01-01	2021-12-31	3 000	5.00	15 000.00			15 000.00
11	车船税	净吨位超过2 000吨但不超过10 000吨的机动船舶	2021-01-01	2021-12-31	3 000	5.00	15 000.00			15 000.00
12	车船税	净吨位超过2 000吨但不超过10 000吨的机动船舶	2021-01-01	2021-12-31	3 000	5.00	15 000.00			15 000.00
13	车船税	净吨位超过200吨但不超过2 000吨的机动船舶	2021-01-01	2021-12-31	1 005	2.00	2 010.00			2 010.00
14	合计		—	—	—	—	62 893.94	0.00	0.00	62 893.94

声明：此表是根据国家税收法律法规及相关规定填写的，本人（单位）对填报内容（及附带资料）的真实性、可靠性、完整性负责。

纳税人（签章）： 年 月 日

经办人：

经办人身份证号：

代理机构签章：

代理机构统一社会信用代码：

受理人：

受理税务机关（章）：

受理日期： 年 月 日

6.2.4　车船税筹划管理

1. 临界点的税收筹划

通过降低计税依据的方法可以降低适用税率。

【案例 6-4】甲企业欲购买一艘船，现有 2 010 吨和 2 010 吨两种净吨位可供选择。请对上述业务进行税收筹划。

筹划思路　方案 1：购买净吨位为 2 010 吨的船，适用税额为 5 元 / 吨。

$$应纳车船税 = 2 010 × 5.00 = 10 050.00（元）$$

方案 2：购买净吨位为 2 000 吨的船，适用税额为 4 元 / 吨。

$$应纳车船税 = 2 000 × 4.00 = 8 000.00（元）$$

方案 2 比方案 1 少缴纳车船税 10 050.00 − 8 000.00 = 2 050.00（元）。

2. 降低适用税率的税收筹划

通过降低适用税率的方法可以降低适用税率。

【案例 6-5】河北某企业 2021 年需要购置 20 辆乘用汽车，汽车市场上有这样两种乘用汽车可供选择：排气量为 2.5 升的乘用汽车和排气量为 2.6 升的乘用汽车。该地区乘用汽车的车船税税率为：排气量 2.0 升以上至 2.5 升（含）的，每辆 900.00 元；排气量 2.5 升以上至 3.0 升（含）的，每辆 1 800.00 元。请对上述业务进行税收筹划。

筹划思路　方案 1：购买 20 辆排气量为 2.5 升的乘用汽车，应纳车船税 20 × 900.00 = 18 000.00(元)。

方案 2：购买 20 辆排气量为 2.6 升的乘用汽车，应纳车船税为 20 × 1 800.00 = 36 000.00（元）。

方案 1 比方案 2 少缴纳车船税 36 000.00 − 18 000.00 = 18 000.00（元）。

任务 6.3　城镇土地使用税和房产税申报与管理

任务描述　北京林源建筑有限公司 2021 年发生的与城镇土地使用税、房产税有关的资料如下。

（1）公司使用土地面积为 10 000 平方米。经税务机关核定，该土地为应税土地，土地等级为二级，宗地号：京〔2017〕34 号，每平方米年税额为 4 元。

（2）2021 年 9 月购入一幢办公楼，原值 20 000 万元，占用土地使用面积 1 000 平方米，办公楼于 2021 年 9 月 20 日交付使用。经税务机关核定，该土地为应税土地，土地等级为一级，宗地号：京〔2021〕34 号，每平方米年税额为 10 元，当地规定房产原值减除比例为 30%。

（3）公司 2016 年购置办公大楼原值 10 000 万元，当地规定房产原值减除比例为 30%。

（4）将其中部分闲置房间出租（原值 500 万元），租期 2 年。租金每年 15 万元（不含增值税）。

请完成该公司 2021 年城镇土地使用税、房产税的纳税申报。

在进行北京林源建筑有限公司城镇土地使用税、房产税纳税申报工作前，我们首先要判断该企业是否应该缴纳城镇土地使用税、房产税，如果应该缴纳，该缴纳多少？完成这一任务的依据是《中华人民共和国城镇土地使用税暂行条例》和《中华人民共和国房产税暂行条例》中纳税人、征税对象和税率的规定。

6.3.1　认识城镇土地使用税和房产税

城镇土地使用税是以国有土地为征税对象，对拥有土地使用权的单位和个人征收的一种税。征收城镇土地使用税有利于促进土地的合理使用，调节土地级差收入，也有利于筹集地方财政资金。

房产税是以房屋为征税对象，以房屋的计税余值或租金收入为计税依据，向房屋产权所有人征收的一种财产税。房产税有利于地方政府筹集财政收入，也有利于加强房产管理。

1. 认识城镇土地使用税

1）城镇土地使用税的纳税义务人

城镇土地使用税是以国有土地或集体土地为征税对象，对拥有土地使用权的单位和个人征收的一种税。

在城市、县城、建制镇、工矿区范围内使用土地的单位和个人，为城镇土地使用税的纳税人。

上述所称单位，包括国有企业、集体企业、私营企业、股份制企业、外商投资企业、外国企业以及其他企业和事业单位、社会团体、国家机关、军队以及其他单位；所称个人，包括个体工商户以及其他个人。

城镇土地使用税的纳税人通常包括以下几类。

（1）拥有土地使用权的单位和个人。

（2）拥有土地使用权的单位和个人不在土地所在地的，其土地的实际使用人和代管人为纳税人。

（3）土地使用权未确定或权属纠纷未解决的，其实际使用人为纳税人。

（4）土地使用权共有的，共有各方都是纳税人，由共有各方分别纳税。

（5）在城镇土地使用税征税范围内，承租集体所有建设用地的，由直接从集体经济组织承租土地的单位和个人，缴纳城镇土地使用税。

几个人或几个单位共同拥有一块土地的使用权，这块土地的城镇土地使用税的纳税对象是这块土地拥有使用权的每一个人或每一个单位。他们应以其实际使用的土地面积占总面积的比例，分别计算缴纳土地使用税。例如，某城市的甲与乙共同拥有一块土地的使用权，这块土地面积为 3 000 平方米，甲实际使用 1/3，乙实际使用 2/3，则甲应是其所占的 1 000 平方米（3 000×1/3）土地的城镇土地使用税的纳税人，乙是其所占的 2 000 平方米

（3 000×2/3）土地的城镇土地使用税的纳税人。

2）城镇土地使用税的征税范围

城镇土地使用税的征税范围，包括在城市、县城、建制镇和工矿区内的国家所有和集体所有的土地。

上述城市、县城、建制镇和工矿区分别按以下标准确认。

（1）城市是指经国务院批准设立的市。

（2）县城是指县人民政府所在地。

（3）建制镇是指经省、自治区、直辖市人民政府批准设立的建制镇。

（4）工矿区是指工商业比较发达，人口比较集中，符合国务院规定的建制镇标准，但尚未设立建制镇的大中型工矿企业所在地，工矿区须经省、自治区、直辖市人民政府批准。

上述城镇土地使用税的征税范围中，城市的土地包括市区和郊区的土地，县城的土地是指县人民政府所在地的城镇的土地，建制镇的土地是指镇人民政府所在地的土地。

建立在城市、县城、建制镇和工矿区以外的工矿企业不需要缴纳城镇土地使用税。

3）城镇土地使用税税率

城镇土地使用税采用定额税率，即采用有幅度的差别税额，按大、中、小城市和县城、建制镇、工矿区分别规定每平方米城镇土地使用税年应纳税额。具体标准如下。

（1）大城市 1.5~30 元。

（2）中等城市 1.2~24 元。

（3）小城市 0.9~18 元。

（4）县城、建制镇、工矿区 0.6~12 元。

城镇土地使用税税率如表 6-10 所示。

表 6-10 城镇土地使用税税率

级　别	人口/人	税额/（元/m²）
大城市	50 万以上	1.5~30
中等城市	20 万~50 万	1.2~24
小城市	20 万以下	0.9~18
县城、建制镇、工矿区		0.6~12

各省、自治区、直辖市人民政府可根据市政建设情况和经济繁荣程度在规定税额幅度内，确定所辖地区的适用税额幅度。经济落后地区，城镇土地使用税的适用税额标准可适当降低，但降低额不得超过上述规定最低税额的 30%。经济发达地区的适用税额标准可以适当提高，但须报财政部批准。

4）计税依据

城镇土地使用税以纳税人实际占用的土地面积为计税依据，土地面积计量标准为每平方米。即税务机关根据纳税人实际占用的土地面积，按照规定的税额计算应纳税额，向纳税人征收城镇土地使用税。

纳税人实际占用的土地面积按下列办法确定：

（1）由省、自治区、直辖市人民政府确定的单位组织测定土地面积的，以测定的面积为准。

（2）尚未组织测定，但纳税人持有政府部门核发的土地使用证书的，以证书确认的土地面积为准。

（3）尚未核发土地使用证书的，应由纳税人申报土地面积，并据以纳税，待核发土地使用证书以后再做调整。

（4）对在城镇土地使用税征税范围内单独建造的地下建筑用地，按规定征收城镇土地使用税。其中，已取得地下土地使用权证的，按土地使用权证确认的土地面积计算应征税款；未取得地下土地使用权证或地下土地使用权证上未标明土地面积的，按地下建筑垂直投影面积计算应征税款。

对上述地下建筑用地暂按应征税款的 50% 征收城镇土地使用税。

【任务分析 6-12】北京林源建筑有限公司是依法在中国境内成立的企业，其为使用城市土地的单位，为城镇土地使用税的纳税人，应当就使用的土地面积和单位税额缴纳城镇土地使用税。从背景资料分析，其中一块土地使用面积为 10 000 平方米，经税务机关核定，该土地为应税土地，土地等级为二级，宗地地号：京〔2017〕34 号，每平方米年纳税额为 4 元；另外一块土地使用面积为 1 000 平方米，是 2021 年 9 月 20 日交付使用的一幢办公楼，经税务机关核定，该土地为应税土地，土地等级为一级，宗地地号：京〔2021〕34 号，每平方米年纳税额为 10 元。

2. 认识房产税

1）房产税的纳税义务人

房产税是以房屋为征税对象，按照房屋的计税余值或租金收入，向产权所有人征收的一种财产税。房产税以在征税范围内的房屋产权所有人为纳税人。具体规定如下。

（1）产权属国家所有的，由经营管理单位纳税；产权属集体和个人所有的，由集体单位和个人纳税。

以上所称单位，包括国有企业、集体企业、私营企业、股份制企业、外商投资企业、外国企业以及其他企业和事业单位、社会团体、国家机关、军队以及其他单位；所称个人，包括个体工商户以及其他个人。

（2）产权出典的，由承典人纳税。所谓产权出典，是指产权所有人将房屋、生产资料等的产权在一定期限内典当给他人使用，而取得资金的一种融资业务。

（3）产权所有人、承典人不在房屋所在地的，或者产权未确定及租典纠纷未解决的，由房产代管人或者使用人纳税。

所谓租典纠纷，是指产权所有人在房产出典和租赁关系上，与承典人、租赁人发生各种争议，特别是权利和义务的争议悬而未决的。此外还有一些产权归属不清的问题，也都属于租典纠纷。对租典纠纷尚未解决的房产，规定由代管人或使用人为纳税人，主要目的在于加强征收管理，保证房产税及时入库。

（4）无租使用其他房产的问题。无租使用其他单位房产的应税单位和个人，依照房产余值代缴纳房产税。

2）房产税的征税范围

房产税以房产为征税对象。所谓房产，是指有屋面和围护结构（有墙或两边有柱），能够遮风避雨，可供人们在其中生产、学习、工作、娱乐、居住或储藏物资的场所。房地产开发企业建造的商品房，在出售前，不征收房产税；但对出售前房地产开发企业已使用或出租、出借的商品房应按规定征收房产税。

房产税的征税范围为城市、县城、建制镇和工矿区。具体规定如下。

（1）城市是指国务院批准设立的市。

（2）县城是指县人民政府所在地的地区。

（3）建制镇是指经省、自治区、直辖市人民政府批准设立的建制镇。

（4）工矿区是指工商业比较发达、人口比较集中、符合国务院规定的建制镇标准但尚未设立建制镇的大中型工矿企业所在地。开征房产税的工矿区须经省、自治区、直辖市人民政府批准。房产税的征税范围不包括农村，这主要是为了减轻农民的负担。因为农村的房屋，除农副业生产用房外，大部分是农民居住用房。对农村房屋不纳入房产税征税范围，有利于农业发展，繁荣农村经济，促进社会稳定。

3）房产税税率

我国现行房产税采用的是比例税率。由于房产税的计税依据分为从价计征和从租计征两种形式，所以房产税的税率也有两种：① 按房产原值一次减除 10%~30% 后的余值计征的，税率为 1.2%；② 按房产出租的租金收入计征的，税率为 12%。自 2008 年 3 月 1 日起，对个人出租住房，不区分用途，按 4% 的税率征收房产税。对企事业单位、社会团体以及其他组织向个人、专业化规模化住房租赁企业出租住房的，减按 4% 的税率征收房产税。

4）计税依据

房产税的计税依据是房产的计税余值或房产的租金收入。按照房产计税余值征税的，称为从价计征；按照房产租金收入计征的，称为从租计征。

（1）从价计征。《房产税暂行条例》规定，从价计征房产税的计税余值，是指依照税法规定按房产原值一次减除 10%~30% 损耗价值以后的余值。各地扣除比例由当地省、自治区、直辖市人民政府确定。

① 房产原值，是指纳税人按照会计制度规定，在会计核算账簿"固定资产"科目中记载的房屋原价。

② 房产原值应包括与房屋不可分割的各种附属设备或一般不单独计算价值的配套设施。

③ 纳税人对原有房屋进行改建、扩建的，要相应增加房屋的原值。

④ 凡在房产税征收范围内的具备房屋功能的地下建筑，包括与地上房屋相连的地下建筑以及完全建在地面以下的建筑、地下人防设施等，均应当依照有关规定征收房产税。

（2）从租计征。房产出租的，以房产租金收入为房产税的计税依据。

所谓房产的租金收入，是房屋产权所有人出租房产使用权所得的报酬，包括货币收入和实物收入。

如果是以劳务或者其他形式为报酬抵付房租收入的，应根据当地同类房产的租金水平，确定一个标准租金额从租计征。

对出租房产，租赁双方签订的租赁合同约定有免收租金期限的，免收租金期间由产权所有人按照房产原值缴纳房产税。

出租的地下建筑，按照出租地上房屋建筑的有关规定计算征收房产税。

【任务分析 6-13】北京林源建筑有限公司是依法在中国境内成立的企业，是房屋产权所有人，为房产税纳税义务人，应当根据房产余值和房产出租的租金收入，分别按 1.2% 和 12% 的税率缴纳房产税。从背景资料分析，2021 年 9 月购入一幢办公楼，原值 20 000 万元，当地规定房产原值减除比例为 30%，也就是房产余值为 14 000 万元，按 1.2% 缴纳全年房产税；2016 年购置的办公大楼，原值 10 000 万元，当地规定房产原值减除比例为 30%，也就是房产余值为 7 000 万元，按 1.2% 缴纳全年房产税；而其闲置房间出租的部分，按年租金 15 万元（不含增值税）和 12% 的税率缴纳全年房产税。

6.3.2 计算城镇土地使用税和房产税

北京林源建筑有限公司在确定了城镇土地使用税和房产税的纳税义务人、征税范围及税率后，就可以计算城镇土地使用税和房产税了。

1. 计算城镇土地使用税

城镇土地使用税的应纳税额可以通过纳税人实际占用的土地面积乘以该土地所在地段的适用税额求得。其计算公式如下。

$$全年应纳税额 = 实际占用应税土地面积（平方米）× 适用税额$$

【任务分析 6-14】

业务（1）应纳城镇土地使用税税额 =10 000.00×4=40 000.00（元）

业务（2）应纳城镇土地使用税税额 =（1 000.00×10）÷4=2 500.00（元）

2021 年应纳城镇土地使用税合计税额 =40 000.00+2 500.00=42 500.00（元）

（1）计算确认应交的城镇土地使用税时核算如下。

借：税金及附加　　　　　　　　　　　　42 500.00

　　贷：应交税费——应交城镇土地使用税　　　　　　　　42 500.00

（2）实际交纳城镇土地使用税时核算如下。

借：应交税费——应交城镇土地使用税　　　42 500.00

　　贷：银行存款　　　　　　　　　　　　　　　　42 500.00

2. 计算房产税

房产税应纳税额的计算有两种：①从价计征的计算；②从租计征的计算。

1）从价计征的计算

从价计征是按房产的原值减除一定比例后的余值计征，其计算公式如下。

$$应纳税额 = 应税房产原值 \times （1 - 扣除比例）\times 1.2\%$$

如前所述，房产原值是"固定资产"科目中记载的房屋原价；减除一定比例是省、自治区、直辖市人民政府规定的 10%~30% 的减除比例；计征的适用税率为 1.2%。

【任务分析 6-15】

业务（2）应纳房产税税额 =200 000 000.00×（1−30%）×1.2%×3/12=420 000.00（元）

业务（3）应纳房产税税额 =（100 000 000−5 000 000）×（1−30%）×1.2%=798 000.00（元）

2021 年从价计征房产税合计税额 =420 000.00+798 000.00=1 218 000.00（元）

（1）计算确认应交的房产税时核算如下。

借：税金及附加   1 218 000.00

　　贷：应交税费—应交房产税   1 218 000.00

（2）实际交纳房产税时核算如下。

借：应交税费—应交房产税   1 218 000.00

　　贷：银行存款   1 218 000.00

2）从租计征的计算

从租计征是按房产的租金收入计征，其计算公式如下。

$$应纳税额 = 租金收入 \times 12\%（或 4\%）$$

【任务分析 6-16】

业务（4）应纳房产税税额 =150 000×12%=18 000（元）

（1）计算确认应交的房产税时核算如下。

借：税金及附加   18 000.00

　　贷：应交税费—应交房产税   18 000.00

（2）实际交纳房产税时核算如下。

借：应交税费—应交房产税   18 000.00

　　贷：银行存款   18 000.00

6.3.3　申报城镇土地使用税和房产税

公司在计算了企业的城镇土地使用税和房产税后，就可以进行城镇土地使用税和房产税的纳税申报了。

1. 城镇土地使用税和房产税征收管理的相关规定

1）城镇土地使用税征收管理的相关规定

（1）纳税期限

城镇土地使用税实行按年计算、分期缴纳的征收方法，具体纳税期限由省、自治区、直辖市人民政府确定。

（2）纳税义务发生时间

① 纳税人购置新建商品房，自房屋交付使用之次月起，缴纳城镇土地使用税。

② 纳税人购置存量房，自办理房屋权属转移、变更登记手续，房地产权属登记机关签发房屋权属证书之次月起，缴纳城镇土地使用税。

③ 纳税人出租、出借房产，自交付出租、出借房产之次月起，缴纳城镇土地使用税。

④ 以出让或转让方式有偿取得土地使用权的，应由受让方从合同约定交付土地时间的次月起缴纳城镇土地使用税；合同未约定交付时间的，由受让方从合同签订的次月起缴纳城镇土地使用税。

⑤ 纳税人新征用的耕地，自批准征用之日起满 1 年时开始缴纳城镇土地使用税。

⑥ 纳税人新征用的非耕地，自批准征用次月起缴纳城镇土地使用税。

⑦ 自 2009 年 1 月 1 日起，纳税人因土地的权利发生变化而依法终止城镇土地使用税纳税义务的，其应纳税款的计算应截止到土地权利发生变化的当月末。

（3）纳税地点和征收机构

城镇土地使用税在土地所在地缴纳。

纳税人使用的土地不属于同一省、自治区、直辖市管辖的，由纳税人分别向土地所在地的税务机关缴纳城镇土地使用税；在同一省、自治区、直辖市管辖范围内，纳税人跨地区使用的土地，其纳税地点由各省、自治区、直辖市税务局确定。

2）房产税征收管理的相关规定

（1）房产税纳税义务发生时间

① 纳税人将原有房产用于生产经营，从生产经营之月起缴纳房产税。

② 纳税人自行新建房屋用于生产经营，从建成之次月起缴纳房产税。

③ 纳税人委托施工企业建设的房屋，从办理验收手续之次月起缴纳房产税。

④ 纳税人购置新建商品房，自房屋交付使用之次月起缴纳房产税。

⑤ 纳税人购置存量房，自办理房屋权属转移、变更登记手续，房地产权属登记机关签发房屋权属证书之次月起缴纳房产税。

⑥ 纳税人出租、出借房产，自交付出租、出借房产之次月起缴纳房产税。

⑦ 房地产开发企业自用、出租、出借本企业建造的商品房，自房屋使用或交付之次月起缴纳房产税。

⑧ 纳税人因房产的实物或权利状态发生变化而依法终止房产税纳税义务的，其应纳税款的计算应截止到房产的实物或权利状态发生变化的当月末。

（2）纳税期限

房产税实行按年计算、分期缴纳的征收方法，具体纳税期限由省、自治区、直辖市人民政府确定。

（3）纳税地点

房产税在房产所在地缴纳。房产不在同一地方的纳税人，应按房产的坐落地点分别向房产所在地的税务机关纳税。

2. 申报流程

城镇土地使用税、房产税申报流程如图 6-3 所示。

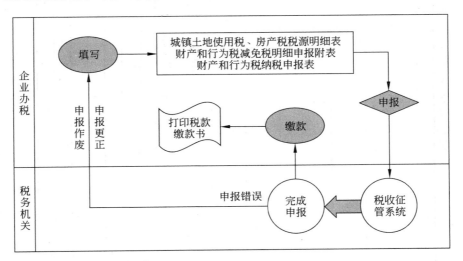

图 6-3 城镇土地使用税、房产税申报流程

3. 城镇土地使用税和房产税的纳税申报

【任务分析 6-17】完成北京林源建筑有限公司 2021 年城镇土地使用税、房产税的纳税申报。申报表见表 6-11~ 表 6-14。

《城镇土地使用税、房产税税源明细表》填写说明如下。

根据业务（2）及税法规定，购置新建商品房，自房屋交付使用之次月起计征城镇土地使用税。办公楼于 2021 年 9 月 20 日交付使用，税款所属期起为 2021-10-01。

（1）从价计征房产税如下。

① 房产原值：200 000 000.00；计税比例：70%；税率：1.2%；所属期起：2021-10-01；所属期止：2021-12-31。

② 房产原值：100 000 000.00；出租房产原值：5 000 000.00；计税比例：70%；税率：1.2%；所属期起：2021-01-01；所属期止：2021-12-31。

（2）从租计征房产税如下。

本期申报租金收入：150 000.00；税率：12%

《财产和行为税纳税申报表》填写说明如下。

根据税法规定，从价计征是按房产的原值减除一定比例后的余值计征，其计算公式如下。

$$应纳税额 = 应税房产原值 \times （1 - 扣除比例） \times 1.2\%$$

房产税计税依据如下。

序号 3 从价计征：20 000.00 × （1−30%）=14 000.00（万元）

序号 4 从价计征：（10 000.00−500.00）× （1−30%）=6 650.00（万元）

表6-11 城镇土地使用税房产税税源明细表

纳税人识别号（统一社会信用代码）：91330121795297689E
纳税人名称：北京林源建筑有限公司

金额单位：人民币元（列至角分）；面积单位：平方米

一、城镇土地使用税税源明细

项目	内容	项目	内容
*纳税人类型	土地使用权人√ 集体土地使用人□ 实际使用人□ 无偿使用人□ 代管人□（必选）	土地使用权人纳税人识别号（统一社会信用代码）	91330121795297689E	土地使用权人名称	北京林源建筑有限公司
*土地编号（由系统赋予编号）	××××××××	土地名称	××1#	不动产权证号	京（××××）北京市不动产权第××××号
不动产单元代码	××××××××××	宗地号	京（××）××号	*土地性质	国有√ 集体□ 其他□（必选）
*土地取得方式	划拨□ 出让√ 转让□ 租赁□ 其他□（必选）	*土地用途	工业□ 商业√ 居住□ 综合□ 房地产开发企业的开发用地□ 其他□（必选）		
*土地坐落地址（详细地址）	北京 省（自治区、直辖市）××（区）县（区）×× 乡镇（街道）××××××（必填）				
*土地所属主管税务所（科、分局）					

*土地取得时间	变更类型	纳税义务终止（权属转移□ 其他□） 信息项变更（土地面积变更□ 土地等级变更□ 减免税变更□ 其他□）	变更时间 年 月
2021年1月	地价 10 000.00		

*占用土地面积	*土地等级 二级	*税额标准	减免税土地面积	月减免税金额

减免税部分

序号	减免性质代码和项目名称	减免起始月份 年 月	减免终止月份 年 月	减免起止时间	减免终止时间	税额标准	减免税土地面积	月减免税金额
1								
2								
3								

二、房产税税源明细

（一）从价计征房产税明细

*纳税人类型	产权所有人□ 经营管理人□ 承典人□ 承租人□ 融资租赁□ 房屋代管人□ 房屋使用人□ 承租人□（必选）	所有权人纳税人识别号（统一社会信用代码）	所有权人名称

续表

二、房产税税源明细

(一)从价计征房产税明细

*房产编号	房产名称
不动产权证号	不动产单元代码
*房屋坐落地址（详细地址）	省（自治区、直辖市） 市（区） 县（区） 乡镇（街道）（必填）
*房产所属主管税务所（科、分局）	
房屋所在土地编号	
*房产取得时间 年 月	
*建筑面积	
*房产原值	
*房产用途	工业□ 商业及办公□ 住房□ 其他□
纳税义务终止（权属转移□ 其他□） 信息项变更（房产原值变更□ 减税变更□ 申报租金收入变更□ 其他□）（必选）	其中：出租房产面积 其中：出租房产原值
变更类型	变更时间 年 月

减免税部分						
序号	减免性质代码和项目名称	减免起止时间		减免税房产原值	计税比例	月减免税金额
		减免起始月份 年 月	减免终止月份 年 月			
1						
2						
3						

（二）从租计征房产税明细

*房产编号	房产名称
*房产所属主管税务所（科、分局）	
承租方纳税人识别号（统一社会信用代码）	承租方名称
*出租面积	*申报租金收入
*申报租金所属期租赁期起	*申报租金所属期租赁终止

减免税部分					
序号	减免性质代码和项目名称	减免起止时间		减免税租金收入	月减免税金额
		减免起始月份 年 月	减免终止月份 年 月		
1					
2					
3					

纳税人识别号（统一社会信用代码）：91330121795297689E
纳税人名称：北京林源建筑有限公司

表 6-12　城镇土地使用税 房产税税源明细表

金额单位：人民币元（列至角分）；面积单位：平方米

一、城镇土地使用税税源明细

项目	内容	项目	内容
*纳税人类型	土地使用权人√　代管人□　实际使用人□（必选）	土地使用权人纳税人识别号（统一社会信用代码）	91330121795297689E	土地使用权人名称	北京林源建筑有限公司
*土地编号	（由系统赋予编号）	土地名称	××2#	不动产权证号	京（××××）北京市不动产权证第×××××××号
不动产单元代码	××××××××××××	宗地号	京（××）××号	*土地性质	国有√　集体□　其他□（必选）
*土地取得方式	划拨□　出让√　转让□　租赁□　其他（必选）	*土地用途	工业□　商业√　居住□　综合□　房地产开发企业的开发用地□　其他□（必选）
*土地坐落地址（详细地址）	北京省（自治区、直辖市）×× 区（县）××乡镇（街道）×××××××（必填）
*土地所属主管税务所（科、分局）	
*土地取得时间	2021年9月	变更类型	纳税义务终止（权属转移□　其他□）信息项变更（土地面积变更□　土地等级变更□　减免税变更□　其他□）	变更时间	年　月
*占用土地面积	1 000.00	地价		*土地等级	一级	*税额标准	10

减免税部分

序号	减免性质代码和项目名称	减免起始时间 减免起始月份	减免终止时间 减免终止月份	减免税土地面积	月减免税金额
1		年　月	年　月		
2					
3					

续表

二、房产税税源明细

（一）从价计征房产税明细

*纳税人类型	产权所有人人√　经营管理人□　房屋代管人□　房屋使用人□　承典人□　融资租赁承租人□（必选）		
*房产编号	（由系统赋予编号）	所有权人纳税人认定号（统一社会信用代码）	91330121795297689E
		所有权人名称	北京林源建筑有限公司
不动产权证号	京（××××）北京市不动产权第××××号	房产名称	××大厦
*房屋坐落地址（详细地址）	北京省（自治区、直辖市）××市（区）××县（区）××乡镇（街道）××××（必填）	不动产单元代码	××××××××××××××××××××××××××
*房产所属主管税务所（科、分局）			
房屋所在土地编号		*房产用途	工业□　商业及办公√　住房□　其他□　（必选）
*房产取得时间	2021年9月		
变更类型	××××	纳税义务终止□　信息顶变更（房产原值变更）□　减免税变更□　申报租金收入变更□　其他□	变更时间　年　月
*建筑面积		其中：出租房产面积	计税比例　0.7
*房产原值	200 000 000.00	其中：出租房产原值　减免税房产原值	月减免税金额

减免税部分	序号	减免性质代码和项目名称	减免起止时间		月减免税金额
			减免起始月份　年　月	减免终止月份　年　月	
	1				
	2				
	3				

（二）从租计征房产税明细

*房产编号	房产名称
*房产所属主管税务所（科、分局）	
承租方纳税人认定号（统一社会信用代码）	承租方名称

续表

二、房产税税源明细

（二）从租计征房产税明细

* 出租面积

* 申报租金所属租赁期起　　　　* 申报租金所属租赁期止

* 申报计征房产税明细

减免性质代码和项目名称	序号	申报租金收入	减免起止时间		减免租金收入	月减免税金额
			减免起始月份	减免终止月份		
			年　月	年　月		
减免税部分	1					
	2					
	3					

纳税人识别号（统一社会信用代码）：91330121795297689E

纳税人名称：北京林源建筑有限公司

表6-13 城镇土地使用税 房产税税源明细表

纳税人识别号（统一社会信用代码）：91330121795297689E

纳税人名称：北京林源建筑有限公司　　　　金额单位：人民币元（列至角分）；面积单位：平方米

一、城镇土地使用税税源明细

* 纳税人类型	土地使用权人√　集体土地使用人□　无偿使用人□　代管人□　实际使用人□（必选）	土地使用权人纳税人识别号（统一社会信用代码）	土地使用权人名称
		91330121795297689E	北京林源建筑有限公司
* 土地编号	×××××××××××（由系统赋予编号）	土地名称	京（××××）北京市××××第××××号
不动产单元代码	×××××××××××××××	不动产权证号	×× 2#
* 土地取得方式	划拨□　出让√　转让□　租赁□　其他□（必选）	宗地号	京（××）××号
		* 土地性质	国有√　集体□　其他□（必选）
* 土地用途	工业□　商业√　居住□　综合□　房地产开发企业的开发用地□（必选）		
* 土地坐落地址（详细地址）	北京 省（自治区、直辖市）×× 市（区）县（区）×× 乡镇（街道）×××××××××（必选）		
* 土地所属主管税务所（科、分局）			

续表

一、城镇土地使用税税源明细

*土地取得时间	变更类型		变更时间
2021年9月	纳税义务终止（权属转移□　其他□）信息项变更（土地面积变更□　土地等级变更□　减免税变更□　其他□）		年　月
*占用土地面积	地价	*土地等级	*税额标准
1 000.00		一级	一级

序号	减免性质代码和项目名称	减免起始时间 减免起始月份 年　月	减免终止时间 减免终止月份 年　月	减免税土地面积	月减免税额
减免税部分	1				10.00
	2				
	3				

二、房产税税源明细

（一）从价计征房产税明细

*纳税人类型	产权所有人√　经营管理人□　房屋代管人□　房屋使用人□　承典人□　融资租赁承租人□（必选）	所有权人纳税人识别号（统一社会信用代码）	91330121795297689E	所有权人名称	北京林源建筑有限公司
*房产编号	（由系统赋予编号）	房产名称	××大厦		
不动产权证号	京（××××）北京市不动产权第××××××号	不动产单元代码	×××××××××××××××××××××××××		
*房屋坐落地址（详细地址）	北京省（自治区、直辖市）××市（区）××县（区）××乡镇（街道）××××××（必填）				
房产所属主管税务所（科、分局）		*房屋所在土地编号		*房产用途	工业□　商业及办公√　住房□　其他□（必选）
*房产取得时间	变更类型	纳税义务终止（权属转移□　其他□）信息项变更（房产原值变更□　出租房产原值变更□　减免税变更□　其他□）申报租金收入变更□　其他□）		变更时间	
2016年1月	××××			年　月	
*建筑面积	××××	其中：出租房产面积		计税比例	0.7
*房产原值	100 000 000.00	其中：出租房产原值	5 000 000.00	计税比例	0.7

续表

二、房产税源明细

（一）从价计征房产税明细

	序号	减免性质代码和项目名称	减免起止时间		减免税房产原值	月减免税金额
			减免起始月份 年 月	减免终止月份 年 月		
减免税部分	1					
	2					
	3					

*房产编号（由系统赋予编号）　　房产名称　××××

*房产所属主管税务所（科、分局）

承租方名称　　*申报租金收入　150000.00

*出租面积

*申报租金所属租赁期起　2021-01-01　　*申报租金所属租赁期止　2021-12-31

（二）从租计征房产税明细

	序号	减免性质代码和项目名称	减免起止时间		减免税租金收入	月减免税金额
			减免起始月份 年 月	减免终止月份 年 月		
减免税部分	1					
	2					
	3					

表6-14　财产和行为税纳税申报表

纳税人识别号（统一社会信用代码）：91330121795297689E

纳税人名称：纳税人名称：北京林源建筑有限公司　　　　　金额单位：人民币元（列至角分）

序号	税　种	税　目	税款所属期起	税款所属期止	计税依据	税率	应纳税额	已缴税额	减免税额	应补（退）税额
1	城镇土地使用税	二级	2021-01-01	2021-12-31	10 000.00	4.00	40 000.00			40 000.00
2	城镇土地使用税	一级	2021-10-01	2021-12-31	1 000.00	10.00	2 500.00			2 500.00
3	房产税	从价计征	2021-10-01	2021-12-31	140 000 000.00	0.012	420 000.00			420 000.00

续表

序号	税　种	税　目	税款所属期起	税款所属期止	计税依据	税率	应纳税额	减免税额	已缴税额	应补（退）税额
4	房产税	从价计征	2021-01-01	2021-12-31	66 500 000.00	0.012	798 000.00			798 000.00
5	房产税	从租计征	2021-01-01	2021-12-31	150 000.00	0.12	18 000.00			18 000.00
6										
7										
8										
9										
10										
11	合　计	—			—	—	1 278 500.00			1 278 500.00

声明：此表是根据国家税收法律法规及相关规定填写的，本人（单位）对填报内容（及附带资料）的真实性、可靠性、完整性负责。

纳税人（签章）：　　　年　月　日

经办人：

经办人身份证号：

代理机构签章：

代理机构统一社会信用代码：

受理人：

受理税务机关（章）：

受理日期：　年　月　日

6.3.4　城镇土地使用税和房产税筹划管理

1. 房产税

1）计税依据的税收筹划

筹划思路　降低租金收入的税收筹划。

【**案例 6-6**】创世股份有限公司位于北京市丰台区，其旗下一商务宾馆效益不佳。2018 年 1 月，创世公司将该宾馆及旁边的露天停车场以及一处空地一并对外出租，合同约定年租金为 600 万元。

筹划思路　（1）在签订租赁合同时，没有将露天停车场及空地的租金分别列明，而是统一以 600 万元的价格签订租赁合同。

$$应纳房产税 = 600 \times 12\% = 72.00（万元）$$

（2）合同分别列明宾馆、露天停车场和空地的租金，如宾馆租金为 400 万元，露天停车场和空地的租金均为 100 万元，那么创世公司仅就宾馆的租金收入计算房产税。

$$应纳房产税为 400 \times 12\% = 48.00（万元）$$

2）计征方式选择的纳税筹划

筹划思路　房产税的计征方式有两种，一种是从价计征，另一种是从租计征。从价计征的房产税，以房产余值为计税依据，即按房产原值一次减除 10%~30% 后的余值的 1.2% 计征。从租计征的房产税，以房屋出租取得的租金收入为计税依据，税率为 12%。企业可以根据实际情况选择计征方式，通过比较两种方式税负的大小，选择税负低的计征方式，以达到节税的目的。

【**案例 6-7**】红石企业现有 2 栋闲置库房，房产原值为 4 000 万元，企业经研究提出以下两种利用方案：① 将闲置库房出租收取租赁费，年租金为 400 万元；② 配备保管人员将库房改为仓库，为客户提供仓储服务，年仓储收入为 400 万元，但需每年支付给保管人员 4 万元。当地房产原值的扣除比例为 30%。

筹划思路

方案 1：采用出租方案。

$$应纳房产税 = 400 \times 12\% = 48.00（万元）$$

$$应纳营业税 = 400 \times 5\% = 20.00（万元）$$

$$应交城建税及教育费附加 = 20.00 \times （7\% + 3\%） = 2.00（万元）$$

$$总支出 = 48.00 + 20.00 + 2.00 = 70.00（万元）$$

方案 2：采用仓储方案。

$$应纳房产税 = 4 000 \times （1 - 30\%） \times 1.2\% = 33.60（万元）$$

$$应纳营业税 = 400 \times 5\% = 20.00（万元）$$

$$应交城建税及教育费附加 = 20.00 \times （7\% + 3\%） = 2.00（万元）$$

$$总支出 = 33.60 + 20.00 + 2.00 + 4.00 = 59.60（万元）$$

方案 2 比方案 1 少支出 70.00－59.60=10.40（万元）。

2. 城镇土地使用税

1）利用土地级别的不同进行纳税筹划

筹划思路 根据征税范围和相关规定的不同，城镇土地使用税的税额有一定幅度的差别。纳税人在投资建厂时可以在不影响经营的情况下选择低税率地区，以达到节约城镇土地使用税的目的。

【案例 6-8】 甲、乙两人拟投资设立一家新企业，现在有三个地址可供选择：① A 地，其适用的土地使用税税率为每平方米 10 元；② B 地，其适用的土地使用税税率为每平方米 7 元；③ C 地，其适用的土地使用税税率为每平方米 4 元。企业需要占地 20 000 平方米。不考虑其他因素，那么企业应当选择在何地设立？

筹划思路 在 A 地时，应缴纳土地使用税 20 000×10=200 000.00（元）；

在 B 地时，应缴纳土地使用税 20 000×7=140 000.00（元）；

在 C 地时，应缴纳土地使用税 20 000×4=80 000.00（元）。

显然，选择 C 地最合适。

这种选择还包括：征税区与非征税区之间；经济发达与经济欠发达地区之间；城市和工矿区之间；不同等级的土地之间。

2）计税依据的纳税筹划

法律规定，城镇土地使用税的计税依据是纳税人实际占用的土地面积，采用定额税率形式，根据征税范围的不同规定不同幅度的差别税额。在不同的情况下，计税的土地面积并不相同，这就为纳税人筹划提供了可能性。

如果纳税人尚未核发土地使用证书，可以根据纳税人自己申报的土地面积缴纳城镇土地使用税。虽然土地使用证书核发以后还要调整，但是利用时间差获取纳税的时间价值，对企业也是有利无弊的。

【案例 6-9】 2021 年 4 月 10 日，甲企业与乙企业签订了土地使用权转让合同，约定甲企业将面积为 12 000 平方米的土地使用权转让给乙企业，合同未约定交付土地使用权时间。甲企业最终交付土地的时间为 2021 年 9 月 20 日，当地规定的土地使用税为 10 元 / 平方米。按照此合同乙企业要自 2021 年 5 月开始履行土地使用税纳税义务，纳税义务的发生时间比实际接手土地的时间早了 4 个月。

筹划思路 如果乙企业要求在合同中约定甲企业于 9 月向乙企业交付土地，则乙企业自 2021 年 10 月开始产生土地使用税纳税义务，乙企业可以少缴纳土地使用税 12 000×100÷12×5=50 000.00（元）。当然，乙企业少缴纳土地使用税意味着甲企业多缴纳土地使用税。

3）利用税收优惠政策进行纳税筹划

纳税人可以准确核算用地面积，将享受优惠政策的土地与其他土地区别开，就可以享受免税条款带来的税收优惠。

【案例 6-10】 某企业厂区外有一块 60 000 平方米的空地没有利用。由于该地在厂区后面远离街道，位置不好，目前的商业开发价值不大，所以一直闲置。现在主要是职工及其家属以及周边的居民将其作为休闲娱乐场所。该地区的城镇土地使用税为 5 元 / 平方米，企业须为该地块一年负担的城镇土地使用税为 60 000×5=300 000.00（元）。有没有办法免缴该部分城镇土地使用税？

筹划思路 企业把那块空地改造成公共绿化用地，植些树、栽些花草。根据《国家税务总局关于印发〈关于土地使用税若干具体问题的补充规定〉的通知》（国税地〔1989〕140 号）的规定，对厂区包括生产、办公及生活区的绿化用地，应照章征收土地使用税，而对厂区以外的公共绿化用地和向社会开放的公园用地，暂免征收土地使用税，据初步预算，将该地块改造成绿化用地需投资 160 000 元。

假设该企业预计三年后开发该地块，这三年时间可节省城镇土地使用税 300 000×3－160 000=740 000.00（元）。

任务 6.4 契税申报与管理

任务描述 北京林源建筑有限公司 2019 年 12 月发生以下与契税相关的业务。

（1）公司从北京芳菲苑有限公司购买房产一套，不含税成交价格为 1 200 000 元，转让方信息和房屋转让合同信息表如表 6-15 所示。

表 6-15 转让方和房屋转让合同信息表

转让方信息			
公司名称	北京芳菲苑有限公司	法定代表人	郭凯敏
统一社会信用代码	91330121795297××××	公司类型	有限责任公司
行 业	房地产业	联系电话	010-4391×××
地 址	北京市平谷区黄河路街道打浦路 1504 号		
房屋转让合同信息			
合同签订日期	2021 年 12 月 1 日	房屋地址	北京市丰台区朝阳东路 215 号
权属转移对象	房屋 - 存量房 - 非住房	用 途	商业
房屋面积	80 平方米	契税税率	4%

（2）公司将另一套房与北京旭腾有限公司交换，并支付给北京旭腾有限公司差价款 300 000 元（不含税），转让方信息和房屋交换合同信息表如表 6-16 所示。

表 6-16 转让方和房屋交换合同信息表

转让方信息			
公 司 名 称	北京旭腾有限公司	法定代表人	胡伟伟
统一社会信用代码	91330121795297××××	公司类型	有限责任公司
行 业	建筑业	联系电话	010-1094×××
地 址	北京市房山区文汇街道史家路 3972 号		
房屋交换合同信息			
合同签订日期	2021 年 12 月 1 日		
权属转移对象	房屋 - 存量房 - 非住房	用 途	商业
换入房屋地址	北京市丰台区朝阳东路 147 号	换出房屋地址	北京市平谷区七里河街道北城路 7122 号

续表

房屋交换合同信息			
换入面积	500 平方米	换出面积	450 平方米
成交单价 （不含税）	6 000 元 / 平方米	契税税率	4%

请进行北京林源建筑有限公司 2021 年 12 月契税的申报。

6.4.1 认识契税

契税法是指国家制定的用于调整契税征收与缴纳权利及义务关系的法律规范。现行契税法的基本规范是 1997 年 7 月 7 日国务院发布，并于同年 10 月 1 日开始施行的《中华人民共和国契税暂行条例》（以下简称《契税暂行条例》）。

契税是以在中华人民共和国境内转移土地、房屋权属为征税对象，向产权承受人征收的一种财产税。征收契税有利于增加地方财政收入，有利于保护合法产权，避免产权纠纷。

在进行北京林源建筑有限公司契税纳税申报工作前，我们首先要判断该企业是否应该缴纳契税，如果应该缴纳，该缴纳多少？完成这一任务的依据是《契税暂行条例》中纳税人、征税对象和税率的规定。

1. 纳税义务人

契税的纳税义务人是境内转移土地、房屋权属，承受的单位和个人。境内是指中华人民共和国实际税收行政管辖范围内。土地、房屋权属是指土地使用权和房屋所有权。转移土地、房屋权属，是指下列行为。

（1）土地使用权出让。

（2）土地使用权转让，包括出售、赠与、互换，不包括土地承包经营权和土地经营权的转移。

（3）房屋买卖、赠与、互换。

单位是指企业单位、事业单位、国家机关、军事单位和社会团体以及其他组织。个人是指个体经营者及其他个人，包括中国公民和外籍人员。

2. 征税范围

征收契税的土地、房屋权属，具体为土地使用权、房屋所有权。

契税是以在中华人民共和国境内转移土地、房屋权属为征税对象，向产权承受人征收的一种财产税。具体征税范围包括以下五项内容。

1）国有土地使用权出让

国有土地使用权出让是指土地使用者向国家交付土地使用权出让费用，国家将国有土地使用权在一定年限内让与土地使用者的行为。

2）土地使用权的转让

土地使用权的转让是指土地使用者以出售、赠与、交换或者其他方式将土地使用权转移给其他单位和个人的行为。土地使用权的转让不包括农村集体土地承包经营权的转移。

3）房屋买卖

房屋买卖即以货币为媒介，出卖者向购买者过渡房产所有权的交易行为。以下几种特殊情况，视同买卖房屋。

（1）以作价投资（入股）、偿还债务等应交付经济利益的方式转移土地、房屋权属的，参照土地使用权出让、出售或房屋买卖确定契税适用税率、计税依据等。

例如，甲某因无力偿还乙某债务，而以自有的房产折价抵偿债务。经双方同意，有关部门批准，乙某取得甲某的房屋产权，在办理产权过户手续时，按房产折价款缴纳契税。如以实物（金银首饰等等价物品）交换房屋，应视同以货币购买房屋。

再如，甲企业以自有房产投资于乙企业取得相应的股权。其房屋产权变为乙企业所有，故产权所有人发生变化。因此，乙企业在办理产权登记手续后，按甲企业入股房产现值（国有企事业房产须经国有资产管理部门评估核价）缴纳契税。如丙企业以股份方式购买乙企业房屋产权，则丙企业在办理产权登记后，要按取得房产买价缴纳契税。

（2）以划转、奖励等没有价格的方式转移土地、房屋权属的，参照土地使用权或房屋赠与确定契税适用税率、计税依据等。

税务机关依法核定计税价格，应参照市场价格，采用房地产价格评估等方法合理确定。

以自有房产作股投入本人独资经营的企业，免纳契税。因为以自有的房地产投入本人独资经营的企业，产权所有人和使用权使用人未发生变化，不需要办理房产变更手续，也不需要办理契税手续。

（3）买房拆料或翻建新房，应照章征收契税。例如，甲某购买乙某房产，无论其目的是取得该房产的建筑材料或是翻建新房，实际均构成房屋买卖。甲某应首先办理房屋产权变更手续，并按买价缴纳契税。

4）房屋赠与

房屋赠与是指房屋产权所有人将房屋无偿转让给他人所有。其中，将自己的房屋转交给他人的法人和自然人，称作房屋赠与人；接受他人房屋的法人和自然人，称为受赠人。房屋赠与的前提必须是产权无纠纷，赠与人和受赠人双方自愿。

由于房屋是不动产，价值较大，故法律要求赠与房屋应有书面合同（契约），并到房地产管理机关或农村基层政权机关办理登记过户手续，才能生效。如果房屋赠与行为涉及涉外关系，还需公证处证明和外事部门认证，才能有效。房屋的受赠人要按规定缴纳契税。

房屋的受赠人原则上要按规定缴纳契税。对于《中华人民共和国继承法》规定的法定继承人（包括配偶、子女、父母、兄弟姐妹、祖父母、外祖父母）继承土地、房屋权属的，不征收契税；非法定继承人根据遗嘱承受死者生前的土地房屋权属，属于赠与行为，应征收契税。

以获奖方式取得房屋产权，实质上是接受赠与房产的行为，也应缴纳契税。

5）房屋交换

房屋交换是指房屋所有者之间互相交换房屋的行为。

3. 税率

契税实行 3%~5% 的幅度税率。具体执行税率由各省、自治区、直辖市人民政府在 3%~5%

的幅度内提出，报同级人民代表大会常务委员会决定，并报全国人民代表大会常务委员会和国务院备案。

省、自治区、直辖市可以依照上述规定的程序对不同主体、不同地区、不同类型的住房的权属转移确定差别税率。

自2010年10月1日起，对个人购买90平方米及以下且属家庭唯一住房的普通住房，减按1%的税率征收契税。

【任务分析6-18】北京林源建筑有限公司是中国境内转移土地、房屋权属承受的单位，是契税的纳税义务人，应对承受的房产计算缴纳契税。业务（1）：公司从北京芳菲苑有限公司购买了房产一套，成交价格为1 200 000元；业务（2）：公司将另一套房与北京旭腾有限公司交换，并支付给北京旭腾有限公司差价款300 000元。公司应当依据成交价格、差价款和确定的契税税率缴纳契税。

4. 计税依据

契税计税依据不包括增值税，具体情如下。

（1）土地使用权出售、房屋买卖，承受方计征契税的成交价格不含增值税；实际取得增值税发票的，成交价格以发票上注明的不含税价格确定。

（2）土地使用权互换、房屋互换，契税计税依据为不含增值税价格的差额。

（3）税务机关核定的契税计税价格为不含增值税价格。

由于土地、房屋权属转移方式不同，定价方法不同，因而具体计税依据视不同情况而决定。

（1）土地使用权出售、房屋买卖，其计税依据为土地、房屋权属转移合同确定的价格，包括应交付的货币、实物、其他经济利益对应的价款。

（2）土地使用权赠与、房屋赠与以及其他没有价格的转移土地、房屋权属行为，其计税依据为税务机关参照土地使用权出售、房屋买卖的市场价格依法核定的价格。

（3）以划拨方式取得的土地使用权，经批准改为出让方式重新取得该土地使用权的，应由该土地使用权人以补缴的土地出让价款为计税依据缴纳契税。

（4）先以划拨方式取得土地使用权，后经批准转让房地产，划拨土地性质改为出让的，承受方应分别以补缴的土地出让价款和房地产权属转移合同确定的成交价格为计税依据缴纳契税。

（5）先以划拨方式取得土地使用权，后经批准转让房地产，划拨土地性质未发生改变的，承受方应以房地产权属转移合同确定的成交价格为计税依据缴纳契税。

（6）土地使用权及所附建筑物、构筑物等（包括在建的房屋、其他建筑物、构筑物和其他附着物）转让的，计税依据为承受方应交付的总价款。

（7）土地使用权出让的，计税依据包括土地出让金、土地补偿费、安置补助费、地上附着物和青苗补偿费、征收补偿费、城市基础设施配套费、实物配建房屋等应交付的货币以及实物、其他经济利益对应的价款。

（8）房屋附属设施（包括停车位、机动车库、非机动车库、顶层阁楼、储藏室及其他房屋附属设施）与房屋为同一不动产单元的，计税依据为承受方应交付的总价款，并适用与房屋相同的税率；房屋附属设施与房屋为不同不动产单元的，计税依据为转移合同确定的成交价格，并按当地确定的适用税率计税。

（9）承受已装修房屋的，应将包括装修费用在内的费用计入承受方应交付的总价款。

（10）土地使用权互换、房屋互换，互换价格相等的，互换双方计税依据为零；互换价格不相等的，以其差额为计税依据，由支付差额的一方缴纳契税。

【任务分析 6-19】 北京林源建筑有限公司是中国境内转移土地、房屋权属承受的单位，是契税的纳税义务人，应对承受的房产计算缴纳契税。业务（1）公司从北京芳菲苑有限公司购买了房产一套，成交价格为 1 200 000 元；业务（2）公司将另一套房产与北京旭腾有限公司进行交换，并支付给北京旭腾有限公司差价款 300 000 元。公司应当依据成交价格、差价款和确定的契税税率缴纳契税。

6.4.2　计算契税税额

确定了北京林源建筑有限公司的契税纳税人、征税对象和适用税率后，接下来要计算公司应缴纳的契税税额。

契税采用比例税率。应纳契税税额的计算公式如下。

$$应纳契税税额 = 计税依据 × 税率$$

【任务分析 6-20】 业务（1）公司应缴纳契税税额 =1 200 000.00×4%=48 000.00（元）。计算应缴纳的契税时核算如下。

借：固定资产　　　　　　　　48 000.00

　　贷：应交税费—应交契税　　　　　　　48 000.00

实际交纳契税时核算如下。

借：应交税费—应交契税　　48 000.00

　　贷：银行存款　　　　　　　　　　　　48 000.00

业务（2）公司应缴纳契税税额 =300 000.00×4%=12 000.00（元）。计算应交纳的契税时核算如下。

借：固定资产　　　　　　　　12 000.00

　　贷：应交税费—应交契税　　　　　　　12 000.00

2.实际交纳契税时核算如下。

借：应交税费—应交契税　　12 000.00

　　贷：银行存款　　　　　　　　　　　　12 000.00

6.4.3　申报契税

北京林源建筑有限公司计算完契税后，就应该对契税进行纳税申报了。首先了解一下契税征收管理的相关规定。

1. 纳税义务发生时间

契税的纳税义务发生时间是纳税人签订土地、房屋权属转移合同的当天，或者纳税人取得的其他具有土地、房屋权属转移合同性质凭证的当天。

2. 纳税期限

纳税人应当在依法办理土地、房屋权属登记手续前申报缴纳契税。

3. 纳税地点

契税在土地、房屋所在地的征收机关缴纳。

4. 申报流程

契税申报流程如图 6-4 所示。

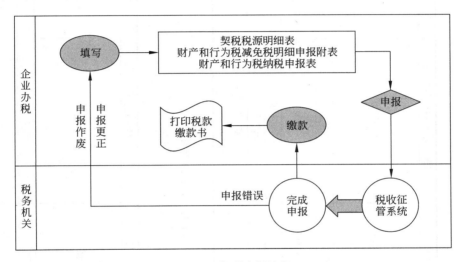

图 6-4　契税申报流程

契税纳税人依法纳税申报时，应填报相关表格，并根据具体情形提交下列资料。

（1）纳税人身份证件。

（2）土地、房屋权属转移合同或其他具有土地、房屋权属转移合同性质的凭证。

（3）交付经济利益方式转移土地、房屋权属的，提交土地、房屋权属转移相关价款支付凭证，其中，土地使用权出让为财政票据，土地使用权出售、互换和房屋买卖、互换为增值税发票。

（4）因人民法院、仲裁委员会的生效法律文书或者监察机关出具的监察文书等因素发生土地、房屋权属转移的，提交生效法律文书或监察文书等。

符合减免税条件的，应按规定附送有关资料或将资料留存备查。

【任务分析6-21】完成北京林源建筑有限公司2021年12月契税的申报。申报表见表6-17~表6-21。

表 6-17　契税税源明细表（一）

纳税人识别号（统一社会信用代码）：91330121795297689E
纳税人名称：北京林源建筑有限公司

金额单位：人民币元（列至角分）；面积单位：平方米

*税源编号	（系统自动带出）	*土地房屋坐落地址	北京市丰台区朝阳东路 215 号	不动产单元代码	（有不动产权证的，必填）
合同编号	（有合同编号的，必填）	*合同签订日期	2021-12-01	*共有方式	☑单独所有 □按份共有 （转移份额：＿＿＿） □共同共有 （共有人：＿＿＿）
*权属转移对象	非住房	*权属转移方式	房屋买卖	*用途	非居住用房
*成交价格 （不含增值税）	12 000 00.00	*权属转移面积	80.00	*成交单价	15 000.00
*评估价格	1 200 000.00	*计税价格	1 200 000.00		
*适用税率	0.04	*权属登记日期	2021-12-01		
居民购减免房减免性质代码 和项目名称		其他减免性质代码和项目名称 （抵减金额：＿＿＿）			

表 6-18　契税税源明细表（二）

纳税人识别号（统一社会信用代码）：91330121795297689E
纳税人名称：北京林源建筑有限公司

金额单位：人民币元（列至角分）；面积单位：平方米

*税源编号	（系统自动带出）	*土地房屋坐落地址	北京市丰台区朝阳东路 147 号	不动产单元代码	（有不动产权证的，必填）
合同编号	（有合同编号的，必填）	*合同签订日期	2021-12-01	*共有方式	☑单独所有 □按份共有 （转移份额：＿＿＿） □共同共有 （共有人：＿＿＿）
*权属转移对象	非住房	*权属转移方式	房屋交互	*用途	非居住用房
*成交价格 （不含增值税）	3 000 000.00	*权属转移面积	500.00	*成交单价	6 000.00

续表

*评估价格	3 000 000.00	*计税价格	300 000.00
*适用税率	0.04	权属登记日期	2021-12-01
居民购房减免性质代码和项目名称		其他减免性质代码和项目名称（抵减金额：2700000）	15011740

表6-19 权属转移对象、方式、用途逻辑关系对照表

权属转移对象			权属转移方式		用 途
一级（大类）	二级（小类）	三级（细目）			
土地	国有土地	无	土地使用权转让	土地使用权出让	1. 住宅用地 2. 非住宅用地
				土地使用权出售（包括作价投资入股、偿还债务等应交付经济利益的方式）	1. 住宅用地 2. 非住宅用地
				土地使用权赠与（包括以划拨、奖励、继承等没有价格的方式）	1. 住宅用地 2. 非住宅用地
				土地使用权互换	1. 住宅用地 2. 非住宅用地
	集体土地	无	土地使用权转让	土地使用权出让	1. 住宅用地 2. 非住宅用地
				土地使用权出售（包括作价投资入股、偿还债务等应交付经济利益的方式）	1. 住宅用地 2. 非住宅用地
				土地使用权赠与（包括以划拨、奖励、继承等没有价格的方式）	1. 住宅用地 2. 非住宅用地
				土地使用权互换	1. 住宅用地 2. 非住宅用地

续表

权属转移对象			权属转移方式	用 途
一级（大类）	二级（小类）	三级（细目）		
房屋	增量房	住房	1.房屋买卖（包括作价投资入股、偿还债务等应交付经济利益的方式）2.房屋赠与（包括以划账、奖励、继承等没有价格的方式）3.房屋互换	居住用房
		非住房	1.房屋买卖（包括作价投资入股、偿还债务等应交付经济利益的方式）2.房屋赠与（包括以划账、奖励、继承等没有价格的方式）3.房屋互换	非居住用房
	存量房	住房	1.房屋买卖（包括作价投资入股、偿还债务等应交付经济利益的方式）2.房屋赠与（包括以划账、奖励、继承等没有价格的方式）3.房屋互换	居住用房
		非住房	1.房屋买卖（包括作价投资入股、偿还债务等应交付经济利益的方式）2.房屋赠与（包括以划账、奖励、继承等没有价格的方式）3.房屋互换	非居住用房

表 6-20　财产和行为税税源明细申报附表

纳税人识别号（统一社会信用代码）：91330121795297689E

纳税人名称：北京林源建筑有限公司

本期是否适用增值税小规模纳税人减征政策　□是　□否

合计减免税额

金额单位：人民币元（列至角分）

本期适用增值税小规模纳税人减征政策起始时间	年月
本期适用增值税小规模纳税人减征政策终止时间	年月

城镇土地使用税

序号	土地编号	税款所属期起	税款所属期止	减免性质代码和项目名称	减免税额
1					
2	—				
小计					

房产税

序号	房产编号	税款所属期起	税款所属期止	减免性质代码和项目名称	减免税额
1				—	

续表

房产税

序号	房产编号	税款所属期起	税款所属期止	减免性质代码和项目名称	减免税额
2	—			—	
小计					

车船税

序号	车辆识别代码/船舶识别码	税款所属期起	税款所属期止	减免性质代码和项目名称	减免税额
1					
2					
小计					

印花税

序号	税目	税款所属期起	税款所属期止	减免性质代码和项目名称	减免税额
1	—			—	
2					
小计					

资源税

序号	税目	子目	税款所属期起	税款所属期止	减免性质代码和项目名称	减免税额
1	—	—			—	
2						
小计						

耕地占用税

序号	税源编号	税款所属期起	税款所属期止	减免性质代码和项目名称	减免税额
1					
2					
小计					

契税

序号	税源编号	税款所属期起	税款所属期止	减免性质代码和项目名称	减免税额
1	—	2021-12-1	2021-12-31	15011740	108 000.00
2				—	
小计					

续表

土地增值税

序号	项目编号	税款所属期起	税款所属期止	减免性质代码和项目名称	减免税额
1	—			—	
2					
小计					

环境保护税

序号	税源编号	污染物编号	污染物类别	污染物名称	税款所属期起	税款所属期止	减免性质代码和项目名称	减免税额
1	—	—	—				—	
2								
小计								

声明：此表是根据国家税收法律法规及相关规定填写的，本人（单位）对填报内容（及附带资料）的真实性、可靠性、完整性负责。

经办人：
经办人身份证号：
代理机构签章：
代理机构统一社会信用代码：

| 受理人： |
| 受理税务机关（章）： |
| 受理日期： 年 月 日 |

纳税人（签章）： 年 月 日

表6-21 财产和行为税纳税申报表

纳税人识别号（统一社会信用代码）：9133012179529768E

纳税人名称：北京林源建筑有限公司　　　　　　　　　　　　金额单位：人民币元（列至角分）

序号	税种	税目	税款所属期起	税款所属期止	计税依据	税率	应纳税额	减免税额	已缴税额	应补（退）税额
1	契税	契税	2021-12-01	2021-12-31	1 200 000.00	0.04	48 000.00	0.00	48 000.00	
2	契税	契税	2021-12-01	2021-12-31	300 000.00	0.04	120 000.00	108 000.00		12 000.00
3										
4										
5										
6										
7										

续表

序号	税种	税目	税款所属期起	税款所属期止	计税依据	税率	应纳税额	减免税额	已缴税额	应补（退）税额
8										
9										
10										
11	合计	—	—	—	—	—	168 000.00	108 000.00	0.00	60 000.00

声明：此表是根据国家税收法律法规及相关规定填写的，本人（单位）对填报内容（及附带资料）的真实性、可靠性、完整性负责。

纳税人（签章）：　　　　　　　　年　月　日

经办人：

经办人身份证号：

代理机构签章：

代理机构统一社会信用代码：

受理人：

受理税务机关（章）：

受理日期：　　年　月　日

《契税税源明细表》填写说明如下。

（1）业务（1）《契税税源明细表》。根据转让方和房屋转让合同信息表和权属转移对象、方式、用途逻辑关系对照表可知以下信息。

①税源编号：（系统自动带出）。

②土地房屋坐落地址：北京市丰台区朝阳东路215号。

③合同签订日期：2021-12-01。

④共有方式：单独所有。

⑤权属转移对象：非住房。

⑥权属转移方式：房屋买卖。

⑦用途：非居住用房。

⑧成交价格（不含增值税）：1 200 000.00。

⑨权属转移面积：80.00（平方米）。

⑩成交单价：15 000.00（系统自动带出）。

⑪评估价格：1 200 000.00（系统自动带出）。

⑫计税价格：1 200 000.00（系统自动带出）。

⑬使用税率：0.04（系统自动带出）。

⑭权属登记日期：2021-12-01。

（2）业务（2）《契税税源明细表》。根据转让方和房屋转让合同信息表可知以下信息。

①税源编号：（系统自动带出）。

②土地房屋坐落地址：北京市丰台区朝阳东路147号。

③合同签订日期：2021-12-01。

④共有方式：单独所有。

⑤权属转移对象：非住房。

⑥权属转移方式：房屋交互。

⑦用途：非居住用房。

⑧成交价格（不含增值税）：3 000 000.00。

⑨权属转移面积：500.00（平方米）。

⑩成交单价：6 000.00（系统自动带出）。

⑪评估价格：3 000 000.00（系统自动带出）。

⑫计税价格：300 000.00（系统自动带出）。

⑬使用税率：0.04（系统自动带出）。

⑭权属登记日期：2021-12-01。

⑮其他减免性质代码和项目名称。其他减免性质代码：15011740；项目名称：土地使用权互换、房屋互换，按互换价格差额征收契税；抵减金额：2 700 000.00元（3 000 000.00－300 000.00）。

6.4.4　契税筹划管理

1. 签订等价交换合同，享受免征契税政策

根据《中华人民共和国契税暂行条例》及《中华人民共和国契税暂行条例实施细则》的规定，土地使用权、房屋交换，契税的计税依据为所交换的土地使用权、房屋的价格差额，由多交付货币、实物、无形资产或其他经济利益的一方缴纳税款，交换价格相等的，免征契税。

【案例6-11】 金海公司有一块土地价值6 000万元，拟出售给北方公司，然后从北方公司购买其另外一块价值6 000万元的土地。双方签订土地销售与购买合同后，金海公司应缴纳契税6 000×4%=240（万元），北方公司应缴纳契税6 000.00×4%=240（万元）。

根据上述文件对于免征契税的规定，提出纳税筹划方案如下。

金海公司与北方公司改变合同定立方式，签订土地使用权交换合同，约定以6 000万元的价格等价交换双方土地。根据契税的规定，金海公司和北方公司各自免征契税240万元。

2. 改变抵债时间，享受免征契税政策

根据《财政部 国家税务总局关于改制重组若干契税政策的通知》（财税〔2003〕184号）文件的规定，企业按照有关法律、法规的规定实施关闭、破产后，债权人（包括关闭、破产企业职工）承受关闭、破产企业土地、房屋权属以抵偿债务的，免征契税。

【案例6-12】 金海公司因严重亏损准备关闭，尚欠主要债权人明珠公司4 000万元，准备以公司一块价值4 000万元的土地偿还所欠债务。明珠公司接受金海公司土地抵债，应缴纳契税4 000×4%=160.00（万元）。

筹划思路　根据上述文件对于免征契税的规定，提出纳税筹划方案如下。

明珠公司改变接受金海公司以土地抵债的时间，先以主要债权人身份到法院申请金海公司破产，待金海公司破产清算后再以主要债权人身份接受金海公司以价值4 000万元的土地抵偿债务，可享受免征契税，节约契税支出160万元。

3. 改变投资方式，享受免征契税政策

根据《财政部 国家税务总局关于改制重组若干契税政策的通知》（财税〔2003〕184号）文件的规定，非公司制企业可按照《中华人民共和国公司法》的规定整体改建为有限责任公司（含国有独资公司）或股份有限公司，或者有限责任公司整体改建为股份有限公司的，对改建后的公司承受原企业土地、房屋权属，免征契税。

【案例6-13】 张晓有一栋商品房价值1 000万元，王迪有货币资金600万元。两人共同投资开办钰海有限责任公司，钰海公司注册资本为1 600万元。钰海公司接受房产投资后应缴纳契税1 000.00×4%=40.00（万元）。

筹划思路　根据上述文件对于免征契税的规定，提出纳税筹划方案如下。

（1）张晓到工商局注册登记成立张晓个人独资公司，将自有房产投入张晓个人独资公司，由于房屋产权所有人和使用人未发生变化，故无须办理房产变更手续，无须缴纳契税。

（2）张晓对其个人独资公司进行公司制改造，改建为有限责任公司，吸收王迪投资，改建为钰海有限责任公司，改建后的钰海有限责任公司承受张晓个人独资公司的房屋，免征契税，新华公司减少契税支出40万元。

模 块 小 结

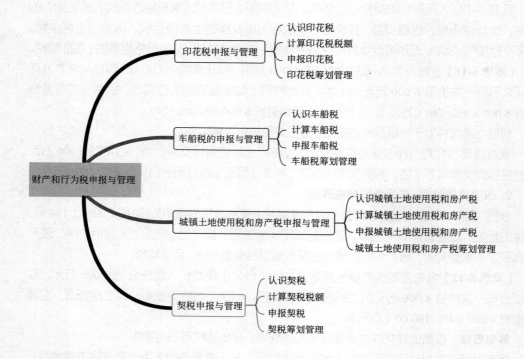

训 练 6

一、单项选择题

1. 下列车船中应征收车船税的是（　　）。

　　A. 捕捞渔船　　　　　　　　　　　　B. 符合国家有关标准的纯电动商用车

　　C. 消防车　　　　　　　　　　　　　D. 观光游艇

2. 下列各项中不属于房产税纳税人的是（　　）。

　　A. 城区房产使用人　　　　　　　　　B. 县城房产代管人

　　C. 建制镇房屋所有人　　　　　　　　D. 工矿区房屋出典人

3. 根据印花税法律制度的有关规定，下列凭证中不属于印花税征税范围的是（　　）。

　　A. 记账凭证　　　　　B. 工商营业执照　　　C. 买卖合同　　　　　D. 融资租赁合同

4. 下列各项中应当缴纳土地增值税的是（　　）。

　　A. 房地产代建　　　　　　　　　　　B. 以房产作抵押向银行贷款

　　C. 出售房屋　　　　　　　　　　　　D. 出租房屋

5. 下列关于房产税的说法中，正确的是（　　）。

　　A. 产权属于国家所有的免征房产税

B. 赵某将个人拥有产权的房屋出租给侯某，则赵某为该房屋房产税的纳税人

C. 纳税单位和个人租赁房产管理部门、免税单位及纳税单位的房产，由承租人缴纳房产税

D. 房地产开发企业建造的商品房、在出售前已使用应按规定征收房产税

6. 据印花税法律制度的规定，下列各项不征收印花税的是（　　）。

A. 发电厂与电网之间签订的购电合同　　B. 以电子形式签订的买卖合同

C. 建设工程合同的分包合同　　D. 企业与主管部门签订的租赁承包合同

7. 下列用地中，免予缴纳城镇土地使用税的是（　　）。

A. 港口的码头用地　　B. 邮政部门坐落在县城内的土地

C. 水电站的发电厂房用地　　D. 火电厂厂区围墙内的用地

8. 根据土地增值税法律制度的规定，下列各项中属于土地增值税纳税人的是（　　）。

A. 出售房屋的企业　　B. 购买房屋的个人

C. 出租房屋的个人　　D. 购买房屋的企业

9. 甲公司拥有一栋办公楼，该办公楼原值为 6 000 万元，已计提折旧 2 000 万元，当地政府规定的扣除比例为 20%，2019 年 6 月 30 日，甲公司以每月 60 万元的价格将该办公楼出租，2021 年共取得租金 360 万元（不含税）。已知房产税从价计征的税率为 1.2%，从租计征的税率为 12%，则甲公司 2021 年应缴纳的房产税的下列计算中，正确的是（　　）。

A. $60 \times 6 \times 12\% = 43.2$（万元）

B. $6\ 000 \times (1 - 20\%) \times 1.2\% = 57.6$（万元）

C. $(6\ 000 - 2\ 000) \times (1 - 20\%) \times 1.2\% \div 12 \times 6 + 60 \times 6 \times 12\% = 62.4$（万元）

D. $6\ 000 \times (1 - 20\%) \times 1.2\% \div 12 \times 6 + 60 \times 6 \times 12\% = 72$（万元）

10. 2021 年 9 月甲公司开发住宅社区经批准，共占用耕地 300 000 平方米，其中 1 600 平方米兴建幼儿园，10 000 平方米修建学校，已知耕地占用税适用税率为 30 元 / 平方米，甲公司应缴纳耕地占用税税额的下列算式中，正确的是（　　）。

A. $300\ 000 \times 30 = 9\ 000\ 000$（元）

B. $(300\ 000 - 1\ 600 - 10\ 000) \times 30 = 8\ 652\ 000$（元）

C. $(300\ 000 - 10\ 000) \times 30 = 8\ 700\ 000$（元）

D. $(300\ 000 - 1\ 600) \times 30 - 8\ 952\ 000$（元）

11. 周某原有两套住房，2021 年 8 月出售其中一套，成交价为 70 万元，将另一套以市场价格 60 万元与谢某的住房进行了等价置换，又以 100 万元价格购置了一住房，已知契税的税率为 3%，计算周某应缴纳契税的下列方法中正确的是（　　）。

A. $100 \times 3\% = 3$（万元）

B. $(100 + 60) \times 3\% = 4.8$（万元）

C. $(100 + 70) \times 3\% = 5.1$（万元）

D. $(100 + 70 + 60) \times 3\% = 6.9$（万元）

12. 甲公司开发一项房地产项目，取得土地使用权支付的金额为 1 000 万元，发生开发成本 6 000 万元，发生开发费用 2 000 万元，其中利息支出 600 万元无法提供金融机构贷款利息证明。已知，当地省人民政府规定房地产开发费用的扣除比例为 10%。根据土地增值税

法律制度的规定，甲公司计算缴纳土地增值税时，可以扣除的房地产开发费用的下列计算中，正确的是（　　）。

　　A. 2 000－600＝1 400（万元）

　　B. 6 000×10%＝600（万元）

　　C.（6 000+1 000）×10%＝700（万元）

　　D. 2 000×10%＝200（万元）

13. 某人获得奖励住宅一套，市场价格100万元。随后该人以150万元的价格将奖励住宅出售，当地契税适用税率为3%，该纳税人应缴纳的契税税额的下列计算中正确的是（　　）。

　　A. 100×3%＝3（万元）

　　B.（150－100）×3%＝1.5（万元）

　　C. 150×3%＝4.5（万元）

　　D. 0

14. 甲企业2021年全年将原值500万元的仓库出租给乙企业，换回价值30万元的原材料。已知当地规定的房产税扣除比例为30%，从租计征房产税税率为12%。甲企业当年应缴纳房产税税额的下列计算中，正确的是（　　）。

　　A. 500×（1－30%）×12%+30×12%＝45.6（万元）

　　B. 500×（1－30%）×12%＝42（万元）

　　C. 500×12%＝60（万元）

　　D. 30×12% ＝ 3.6（万元）

15. 根据印花税法律制度的规定，下列表述中不正确的是（　　）。

　　A. 专利申请权转让合同应按技术合同贴花

　　B. 对发电厂与电网之间签订的购售电合同，按购销合同征收印花税

　　C. 证券交易的计税依据，为成交金额

　　D. 纳税人出让或者转让不动产产权的，应当向纳税人居住地的税务机关申报缴纳印花税

二、多项选择题

1. 根据税收征收管理法律制度的规定，下列各项中属于纳税申报方式的有（　　）。

　　A. 简易申报　　　B. 数据电文申报　　　C. 自行申报　　　D. 邮寄申报

2. 下列各项中，应缴纳资源税的有（　　）。

　　A. 湖盐原盐　　　　　　　　　B. 石灰石原石

　　C. 与原油同时开采的天然气　　　D. 原木家具

3. 根据船舶吨税法律制度的规定，下列船舶中免征船舶吨税的有（　　）。

　　A. 捕捞渔船

　　B. 非机动驳船

　　C. 应纳税额在人民币500元以下的船舶

　　D. 自境外取得船舶所有权初次进口到港空载船舶

4. 根据车船税法律制度的规定，下列车辆中应当缴纳车船税的有（　　）。

　　A. 小轿车　　　B. 半挂牵引车　　　C. 专用作业车　　　D. 自行车

5. 下列各项中，不征收契税的有（　　）。

A. 接受作价房产入股
B. 承受抵债房产

C. 承租房产
D. 继承房产进口到港的空载船舶

6. 下列关于车船税计税依据的表述中，正确的有（　　　）。

A. 商用货车以辆数为计税依据
B. 商用客车以辆数为计税依据

C. 机动船舶以净吨位数为计税依据
D. 游艇以艇身长度为计税依据

7. 下列各项中，按 4% 的税率征收房产税的有（　　　）。

A. 赵某出租住房给甲公司用于职工宿舍

B. 侯某出租住房给赵某用于居住

C. 乙公司按市场价格出租房屋给丙公司用于生产经营

D. 丁公司按市场价格出租房屋给张某用于居住

8. 根据土地增值税的相关税收法律制度，下列表述正确的有（　　　）。

A. 取得土地使用权所支付的金额可以据实扣除

B. 房地产开发费用是指与房地产开发项目有关的销售费用、管理费用和财务费用

C. 房地产开发企业在转让房产时缴纳的印花税已列入管理费用中，故不允许单独作为税金扣除

D. 从事房地产开发的纳税人可以加计 10% 扣除

三、判断题

1. 甲公司与乙公司签订的买卖合同中注明价款和增值税的合计金额为 226 万元，其中合同价款和增值税未分别列明，已知，甲、乙公司适用的增值税的税率为 13%，则该合同甲、乙公司印花税的计税依据为 200 万元。　　　　　　　　　　　　　　（　　　）

2. 农村居民在规定用地标准以内占用耕地建设自用住宅，可以免征耕地占用税。（　　　）

3. 烟叶税在烟叶收购环节征收。　　　　　　　　　　　　　　　　　　　（　　　）

4. 对依法查处没收的违法收购的烟叶，由被罚没烟叶的单位缴纳烟叶税。　（　　　）

5. 甲公司购入一栋大楼作为办公用房，已办理完所有权转移手续，但尚未取得房产证和土地使用证，则甲公司可暂不缴纳城镇土地使用税，待核发土地使用权证书后再进行补缴。

　　　　　　　　　　　　　　　　　　　　　　　　　　　　　　　　　（　　　）

6. 个人之间互换自有居住用房地产的，经当地税务机关核实，可以免征土地增值税。

　　　　　　　　　　　　　　　　　　　　　　　　　　　　　　　　　（　　　）

7. 已缴纳印花税的凭证所载价款或者报酬增加的，其增加部分不再补贴印花。　（　　　）

8. 建设直接为农业生产服务的生产设施占用税法规定的农用地的，减半征收耕地占用税。

　　　　　　　　　　　　　　　　　　　　　　　　　　　　　　　　　（　　　）

四、不定项选择题

1. 某生产企业位于城市郊区，公司相关情况如下。

（1）该企业 2020 年年初实际占用的 100 000 平方米土地面积中，企业厂区内的公路占地 8 000 平方米，经批准改造的废弃土地占地 10 000 平方米（已使用 3 年），厂区内直接用于生猪养殖的用地 16 000 平方米，除上述土地外，其余土地均为该企业生产经营用地。另外，2020 年 6 月 21 日，经批准，此企业新征用非耕地 10 000 平方米。

（2）2021 年企业拥有 16 辆客车；整备质量为 5 吨的三轮汽车 10 辆；整备质量 15 吨的

载货卡车 20 辆。

已知：当地政府规定，该地每平方米城镇土地使用税年税额为 3 元；载客汽车年单位税额 450 元，载货卡车、三轮汽车的车船税税额均为 70 元/吨。

要求：根据上述资料，不考虑其他因素，分析回答下列小题。

（1）该企业 2020 年应缴纳城镇土地使用税税额的下列计算中，正确的是（　　）。

A.（100 000－10 000）×3+10 000×3=300 000（元）

B.（100 000－16 000）×3+10 000×3=282 000（元）

C.（100 000－10 000－16 000）×3+10 000×3×6÷12=237 000（元）

D. 100 000×3+10 000×3×6÷12=315 000（元）

（2）该企业 2020 年应缴纳的车船税是（　　）元。

A. 50 000　　　　　B. 22 250　　　　　C. 34 100　　　　　D. 31 700

（3）该企业 2020 年所占用的土地中，可以享受城镇土地使用税的税收减免的是（　　）。

A. 厂区内直接用于生猪养殖的用地

B. 经批准改造的废弃土地

C. 企业厂区内的公路占地

D. 经批准新征用的非耕地

（4）下列关于车船税的相关表述中，正确的是（　　）。

A. 车船税的纳税地点为车船的登记地或者车船税扣缴义务人所在地

B. 从事机动车第三者责任强制保险业务的保险机构为机动车车船税的扣缴义务人

C. 扣缴义务人代收代缴车船税的，纳税地点为扣缴义务人所在地

D. 车船税按年申报，分月计算，一次性缴纳

2. 某企业 2021 年 1 月发生下列事项。

（1）与其他企业订立销售合同一份，所载金额 100 万元。

（2）订立借款合同一份，所载金额 200 万元。

（3）订立加工合同一份，列明加工收入 10 万元，受托方提供原材料金额 90 万元。

（4）订立财产保险合同一份，投保金额 200 万元，保险费 5 万元。

（5）签订建筑安装工程总承包合同一份，承包金额 5 000 万元，其中 1 000 万元分包给其他单位，已签订分包合同。

已知：购销合同税率为 0.3‰；借款合同税率为 0.05‰；加工承揽合同税率为 0.5‰；财产保险合同税率为 1‰；建筑安装工程承包合同税率为 0.3‰。

要求：根据上述资料，分析回答下列小题。

（1）该企业加工合同应缴纳的印花税为（　　）元。

A. 270　　　　　B. 500　　　　　C. 320　　　　　D. 300

（2）该企业工程承包合同应缴纳的印花税为（　　）元。

A. 15 000　　　　　B. 18 000　　　　　C. 3 000　　　　　D. 30 000

（3）该企业当月应缴纳的印花税是（　　）元。

A. 18 770　　　　　B. 18 650　　　　　C. 18 670　　　　　D. 18 470

（4）下列证件中，按每件 5 元贴花的有（　　）。

A. 房屋产权证　　B. 工商营业执照　　C. 专利证　　　　D. 土地使用证

3. 位于市区的甲企业 2019 年 12 月的业务如下。

（1）进口一批原材料，境外成交价格为 100 万元，到达我国境内输入地点起卸前的运费、保险费合计 20 万元，支付给境外自己采购代理人的佣金 10 万元，支付给其他中介机构的佣金 10 万元，缴纳了相关税费后，海关放行，并取得了海关增值税专用缴款书，运抵我国境内之后，运输到甲企业的不含增值税运费为 5 万元，取得了增值税专用发票。

（2）甲企业与乙企业由于业务需要，交换了在市区内各自的写字楼，甲企业写字楼价值为 80 万元，乙企业写字楼价值为 100 万元，甲企业支付了差价 20 万元。（上述金额均不含增值税）

（3）向农民收购烟叶一批，收购价款为 200 万元，按照收购价款的 10% 支付了价外补贴，该批烟叶甲企业加工成烟丝，以不含增值税价格 400 万元全部销售给丙烟草批发公司。

已知：增值税税率为 13%，关税税率为 20%，契税税率为 3%，烟丝消费税税率为 30%，城建税税率为 7%，教育费附加征收比率为 3%。

要求：根据上述资料，分析回答下列问题。

（1）甲企业进口原材料应缴纳的关税为（　　）万元。

　　A. 29　　　　　B. 26　　　　　C. 28　　　　　D. 24

（2）根据业务（2），下列说法正确的是（　　）。

　　A. 由甲企业缴纳契税，应纳契税为 3 万元

　　B. 由甲企业缴纳契税，应纳契税为 0.6 万元

　　C. 由乙企业缴纳契税，应纳契税为 3 万元

　　D. 由乙企业缴纳契税，应纳契税为 0.6 万元

（3）根据业务（3），下列说法正确的是（　　）。

　　A. 甲企业为烟叶税的纳税人

　　B. 农民为烟叶税的纳税人

　　C. 该业务应纳的烟叶税为 44 万元

　　D. 该业务应纳的烟叶税为 40 万元

（4）业务（1）中，甲企业进口原材料应缴纳的进口环节增值税为（　　）万元。

　　A. 17.16　　　　B. 18.72　　　　C. 15.6　　　　D. 20.28

参 考 文 献

[1] 中国注册会计师协会 .2021 年度注册会计师全国统一考试辅导教材税法 [M]. 北京：经济科学出版社，2021.

[2] 全国税务师职业资格考试教材编写组 . 税法（Ⅰ）[M]. 北京：中国税务出版社，2021.

[3] 全国税务师职业资格考试教材编写组 . 税法（Ⅱ）[M]. 北京：中国税务出版社，2021.

[4] 财政部会计资格评价中心 . 经济法基础 [M]. 北京：中国财政经济出版社，2021.